KB046324

융의 영혼의 지도

머리 스타인 지음 | 김창한 옮김

문예출판사

Jung's Map of the Soul

Copyright © Murray Stein

Korean Translation Copyright © 2015 by MOONYE PUBLISHING CO., LTD.
Korean edition is published by arrangement with Open Court
through Duran Kim Agency, Seoul.

이 책의 한국어판 저작권은 듀란킴 에이전시를 통한 Open Court와의 독점계약으로
(주)문예출판사에 있습니다. 저작권법에 의하여 한국 내에서
보호를 받는 저작물이므로 무단 전재와 무단 복제를 금합니다.

사라와 크리스토퍼를 위해

감사의 글

인내심을 갖고 타이핑하고 교정과 편집을 한 린 월터Lynne Walter의 도움이 없었다면 이 책이 나오는 것은 불가능했을 것입니다. 나는 그녀의 헌신과 열성에 감사한 마음을 보냅니다. 잰 말란Jan Marlan의 격려와 열정적인 지원에도 감사한 마음을 빼놓을 수 없습니다. 이 책에서 자세히 논의되지는 않았지만, 여러 해 내 강의를 들으면서 질문과 경청을 통해 여러모로 도움을 준 분들의 공로도 인정하지 않을 수 없습니다. 여러분 모두에게 감사합니다.

서론

> 아프리카 서부 해안선에서 멀리 벗어나지 않고 조심스레 남쪽으로 내려
> 가면 안전한 항해를 할 수 있는데, 방향을 돌려 서쪽 망망대해로 가면 두
> 려움으로 가득 차게 된다. 이 미지의 세계는 '우리의 바다'가 아닌 미스터
> 리의 바다, 마레 이그노툼(Mare Ignotum)이다.
>
> – 카를로스 푸엔테스(Carlos Fuentes)의 《묻힌 거울(The Buried Mirror)》에서

내가 대학에 갈 준비를 하던 1961년 여름, 카를 융Carl Jung이 세상을
떠났다. 이때 인간은 우주를 탐험하기 시작했고, 이렇게 시작된 경쟁으
로 미국과 러시아 두 나라 중 누가 먼저 달에 도달하느냐에 관심이 모
아졌다. 모든 시선은 우주 탐험이라는 위대한 모험에 집중되었다. 역
사상 처음으로 사람들은 '지구terra firma'를 떠나 별들을 향한 여행에 성
공했다. 그런데 나는 카를 융 같은 사람들이 당시 스푸트니크호와 아
폴로호보다 몇십 년 앞서 내면세계로의 여행으로 20세기를 확실히 장
식했다는 것을 미처 깨닫지 못했다. 존 글렌과 닐 암스트롱이 외부 우
주의 개척자들이라면, 융은 우리 내부에 존재하는 미지 세계의 개척자,
용감하고 대담한 항해자다.

융이 살던 집은 스위스 취리히를 조금 벗어난 외곽에 있었다. 그는
이 집 서편의 잔잔한 호수가 내다보이는 방에서 고이 잠들었다. 집 남

쪽으로는 알프스 산맥이 마주 보였다. 융은 세상을 떠나기 전날 아들의 도움으로 창문으로 다가가 끔찍이 좋아하던 산을 마지막으로 바라보았다. 융은 일생에 걸쳐 내면의 우주를 탐험하고, 이 탐험에서 발견한 것을 그의 저술에서 보여주었다. 물론 우연이겠지만, 닐 암스트롱이 달 표면에 발을 내딛은 바로 그해에 나는 융 연구소에서 융에 대해 공부하려고 취리히로 떠났다. 나는 그 뒤로 지난 30년 동안 융이 만든 영혼의 지도를 연구해 얻은 핵심 사상을 이제 이 책에서 독자들과 나누려 한다.

이 책의 목적은 융의 저술에서 알 수 있듯이 그가 영혼 탐험을 통해 발견한 것을 설명하는 데 있다. 융을 알아가는 과정 자체는, 스페인을 떠나 대서양을 가로질러 항해한 초창기 탐험가들의 이야기를 잘 표현한 푸엔테스의 '미스터리의 바다'로 빠져드는 것과 다르지 않다. 이렇게 먼 곳으로 항해를 시작하는 것은 신 나는 일이지만 두렵기도 하다. 나는 항해를 하려고 처음으로 시도했던 여러 일들을 잊을 수가 없다. 나는 앞날에 대한 기대와 흥분에 도취된 나머지 초조한 마음으로 많은 교수들에게 조언을 구했다. 내가 감행할 항해가 과연 '안전한지' 확신할 수 없었던 것이다. 융이 보여준 항해 지도는 아주 매혹적이었다. 그의 연구를 진실이라고 받아들이기엔 지나치게 멋져 보였다. 항해 도중 길을 잃고 헤매고 있지는 않은가, 혼돈에 빠져든 것은 아닌가, 잘못 가고 있지는 않은가? 다행스럽게도 내 스승들은 잘하고 있다는 청신호를 보내주었고, 그때 이후로 줄곧 나는 보물을 찾아 나서는 여행을 할 수 있었다.

융 자신도 지도 없이 영혼 여행을 하면서 두렵기까지 했을 것이다. 그는 이 여행에서 보물을 찾을 수 있을지, 아니면 먼 우주로 향하는 변두리에서 벗어나 나락으로 떨어져버릴지 전혀 알 수 없었다. 융 자신이 처음으로 들어간 무의식 세계는 바로 '미스터리의 바다Mare Ignotum'였다. 하지만 그는 젊은 데다 용기도 대단해서 두렵지 않았고, 새로운 발견을 할 수 있으리라는 확고한 믿음이 있었다. 그래서 그는 먼 길을 떠났다.

융은 자신을 미지의 인간 영혼의 신비를 알아내려는 개척자 또는 탐험가로 생각했던 것 같다. 그는 모험가 정신이 충만한 사람이었을 것이다. 그에게 (우리도 마찬가지지만) 인간 영혼이란 가늠하기 힘든 광활한 영토이며, 당시 이 영토는 아직 제대로 연구되지 않은 미개척지였다. 이 영토는 새로운 발견을 할 수 있으리라는 생각에 흥분을 감추지 못하는 모험적인 사람에겐 도전 정신을, 광기 어린 위협에 빠질지 모른다고 믿는 겁 많은 사람에겐 두려움을 주는 그런 신비한 것이었다. 융에게 영혼 연구란 역사적으로 매우 중요한 일이기도 했다. 그가 언젠가 이야기했듯이, 전 세계는 한 가닥 실에 매달려 있고 이 실이 바로 인간 영혼이기 때문에, 이 영혼에 대한 탐구는 중요하지 않을 수가 없다. 그러므로 우리 모두가 이 실에 친숙해지는 것은 꼭 필요한 일이다.

물론 여기서 중대한 질문이 제기되지 않을 수 없다. 즉 인간 영혼은 파악될 수 있고, 그 깊이를 가늠할 수 있으며, 그 광대한 영역이 지도로 표기될 수 있는가 하는 것이다. 융, 프로이트Freud, 아들러Adler 같은 심층심리학의 초기 선구자들은 아마도 19세기의 위대한 과학이 해결하지 못한 이 미완의 과제를 과감히 떠맡아, 형언할 수 없고 극도로 불가해한 인간 정신을 정의 내릴 수 있다고 생각했던 것 같다. 이에 그들은 이 '미스터리의 바다'를 향한 항해를 진짜 시작했고, 융은 내면세계를 탐구하는 크리스토퍼 콜럼버스 같은 사람이 되었다. 20세기는 모든 분야에서 과학적으로 눈부신 성과를 이루고 기술상 혁신적 변화를 불러온 시대였다. 이 시대는 인간이 공동으로 갖는 주관성subjectivity을 깊이 성찰하고 탐구하던 때로서, 이러한 연구는 오늘날 심층심리학으로 잘 알려지게 되었다.

우리 스스로 정신이 무엇인지 알 수 있는 방법 가운데 하나는, 이 같은 위대한 선구자들이 완성해낸 정신의 지도들을 연구하는 것이다〔스타인은 이 책 전반에 걸쳐 '정신'과 '성격'을 '영혼'과 동의어로 사용한다—옮긴이 주(이후로 옮긴이 주는 〔〕로 표기)〕. 그들이 남긴 업적 덕분에 우리는 가야 할 지점들을 찾아낼 수 있고, 연구를 계속 수행하며 새로운 발견을 하는 데 자극받게 될 것이다. 우리가 미지의 영토에 대한 지도를 처음 제작할 때 그러하듯, 융이 처음으로 시도한 정신의 지도는 여전히 준비 단계에 있으며 세련된 상태가 아니어서 변경의 여지가 있다. 그렇지만 그의 지도는 내면의 우주, 즉 정신세계에 들어가면서도 길을 완전히 잃지 않기를 바라는 사람들에게는 여전히 크게 도움이 된다. 융이 탐험가 또는 지도 제작자의 역할을 스스로 맡았듯이, 나는 융이 제시한 그 인간 정신에 대한 이론을 안내하려고 한다. 정신은 영토, 즉 그가 탐험했던 미지의 영역이다. 융의 이론은 자신이 이해한 정신을 사람들과 소통하려고 만든 지도다. 그래서 융의 저작의 영토로 독자인 당신을 안내하기 위해 내가 이 책에서 서술하려는 것이 바로 융이 만든 영혼의 지도. 독자 여러분이 융의 삶과 사상의 바다로 여행을 떠날 때, 그가 만든 지도를 이해하려고 내가 만든 또 다른 지도가 도움이 되기를 바란다.

모든 지도 제작자와 마찬가지로, 융은 당대에 얻을 수 있는 도구와 증거를 갖고 연구 작업에 임했다. 1875년에 태어난 융은 1900년 무렵 스위스 바젤대학에서 기초의학 공부를 마쳤고, 1905년부터 취리히 부르크횔즐리Burghölzli 진료소에서 정신의학 수련을 받았다. 그와 프로이트 사이의 중요한 교류는 1907~1913년에 이뤄졌다. 융은 심층적인 자아 분석을 하는 데 여러 해를 보냈다. 이후 그는 자신만의 특징적인 심리학 이론인 분석심리학을 들고 나왔으며, 1921년《심리유형Psychological Types》[1]이라는 책을 통해 세상에 알렸다. 55세가 되는 1930년 무렵에는 이론의 기초적 특징을 대부분 구축했지만, 중요한 세부 사항들은 나중에 발전시킬 수 있었다. 이 세부적 발전은 1930년 이후 제시되었고, 그는 1961년 사망할 때까지 이러한 노력의 펜을 놓지 않았다.

융은 성인이 되면서 인간 정신을 과학적으로 탐구할 계획을 세웠다. 그의 첫 탐구는 박사 학위 논문인 〈이른바 오컬트 현상의 심리학과 병리학에 관하여On the Psychology and Pathology of So-Called Occult Phenomena〉[2]에 정리되어 있다. 이것은 재능 있는 한 젊은 여성의 내면세계에 대한 심리학적 진술이다. 이 여성은 우리에게 알려진 융의 사촌 헬레네 프라이스베르크Helene Preiswerk였다. 당시 10대였던 그녀는 비상한 능력이 있었는데, 죽은 자의 영매 역할을 할 수 있었다. 그녀를 통해서 죽은 자의 음성과 어투가 살아 있을 때와 똑같이 표현되곤 했다. 이처럼 쉽게 이해되지 않는 수수께끼 같은 심리적 현상에 매혹된 융은 이것을 이해하고 해석하는 일에 착수했다. 그는 열의를 다해 이전에 파악

---

1   융,《전집》6권.
2   융,《전집》1권, 3~88쪽.

할 수 없었던 정신 깊숙이 감춰진 특성을 밝히려고 단어 연상 검사를 시도하기도 했다. 이러한 노력은 여러 논문으로 결실을 맺었으며, 지금은 그의 《전집The Collected Works》 2권에 수록되어 있다. 융은 새롭게 발견한 무의식의 특성들을 '콤플렉스complexes'라고 명명했다. 이 새로운 개념은 사람들의 기억에서 사라지지 않고 맴돌아 그를 유명하게 만들었다. 이후 융은 당대의 두 가지 주요 난제로 떠오른 정신병적 문제, 정신병과 정신분열증에 대한 이론을 발전시켜 《조발성치매의 심리학 The Psychology of Dementia Praecox》[3]이라는 책으로 출간했다. 융은 이 책을 프로이트(프로이트는 신경학자였다)에게 보냈다. 융 자신이 행한 연구의 한 사례를 보여주고 프로이트 사상의 일부가 정신의학에 적용될 수 있으리라는 제안을 하기 위해서였다. 프로이트에게서 따뜻하고 열성적인 환영을 받은 융은 프로이트와 전문가적 교류를 나누게 되었고, 당시 새롭게 등장한 정신분석학 운동〔여기서 '운동'이란 정신분석학이 하나의 제도적 학문으로 확립되기 전의 활동을 의미한다〕의 지도자로 뚜렷이 부각되었다. 이와 더불어 융은 신경증이 유발되는 조건의 어두운 면을 연구하기 시작했고, 마침내 심층적 정신 영역에 나타난 불변의 보편적 환상과 행위 형태(원형)를 발견하게 되었다. 이것이 바로 융이 주장하는 '집단 무의식collective unconscious'이라는 개념이다. 원형과 집단 무의식에 대한 서술과 상세한 진술인 그의 지도는 심층의 정신, 즉 무의식을 연구하는 다른 모든 탐험가와 구별되는 표식이 되었다.

　1930년은 전문가로서의 융의 삶이 거의 정확히 절반으로 나뉘는 해

3　융,《전집》3권, 1~152쪽.

였다. 그는 1900년 부르크휠츨리 진료소에서 수련의 생활과 정신병 치료 연구를 시작했고, 1961년 취리히 호수 주변에 있는 작은 도시 퀴스나흐트의 집에서 노구의 현자로 세상을 떠났다. 돌이켜보건대 그가 전문가로 일한 전반 30년은 상당히 창조적인 활동을 한 시기였다. 이 기간 동안 융은 당시 주요한 수많은 난제들을 다루었을 뿐만 아니라 기념비적인 심리학적 이론의 기초 요소들을 만들어냈다. 후반 30년은 새로운 이론 구축이라는 측면에서 혁신성이 약간 떨어지긴 하지만, 전반보다 훨씬 더 왕성하게 책과 논문을 출간했다. 이 후반기에 그는 초기의 가설들과 직관적 사상에 더 깊이 있고 분명한 근거를 제시하고자 노력했다. 그는 자신의 이론들을 역사·문화·종교 연구로까지 확대했고, 현대 물리학과의 핵심적 연결 고리를 모색하기도 했다. 전문인으로서의 그의 삶 전반부는 정신 질환자들과 정신분석을 받는 사람들을 다루는 임상 작업에 모든 정력과 노력을 쏟아붓는 기간이었다. 이러한 고투는 1940년 이후에야 비로소 최소한도로 줄었다. 이때 유럽은 세계대전에 휘말려 정상적인 생활을 할 수 없는 지경에 이르렀는데, 융 자신도 이즈음에 심장 발작으로 고통을 겪어야만 했다.

정신에 대한 융의 연구는 매우 개인적인 일이기도 했다. 무의식의 마음을 탐험하는 일은 단지 환자나 실험 대상에 한정되어 이뤄진 것이 아니었다. 그는 자신을 실험 대상으로 삼아 분석하기도 했다. 사실 얼마 동안은 자기 스스로 주요 연구 대상이 되었다. 주의 깊게 자신의 꿈을 관찰하고 적극 상상active imagination 기법을 발전시킴으로써, 자신의 내면세계라는 숨겨진 공간 깊숙이 들어가는 길을 찾아냈다. 환자들과 자신을 이해하기 위해 융은 인간의 문화, 신화, 종교에 대한 비교 연구를 가능하게 하는 해석 방법을 발전시켰다. 사실 그는 세계 역사에서 정신 과정과 연관성을 갖는 자료는 무엇이든 모두 사용하고자 했다. 이 방법을 융은 '확충amplification'이라고 불렀다.

융 사상의 근간을 형성한 다양한 원천과 기원은 아직까지 제대로 명확히 정리된 것이 없다. 융은 자신의 글에서 괴테, 칸트, 쇼펜하우어, 카루스Carus, 하르트만Hartmann, 니체 등의 초기 사상가들에게 빚을 졌다고 밝힌다. 더 중요한 사실은 융 자신이 고대 영지주의와 중세 연금술의 계보에 있다고 보았다는 점이다. 그가 좋아한 철학자는 칸트였다. 헤겔의 변증법에서 받은 영향도 그의 이론에 명백히 드러난다. 프로이트 역시 그에게 영향을 미쳤다. 융 사상은 그의 전문 활동 기간에 발달하고 성장했다고 볼 수 있지만, 그의 기본적인 지적 방향은 놀랄 정도로 연속적인 면을 보여준다. 몇몇 융 연구가들에 따르면, 그의 후기 심리학 이론의 씨앗은 이미 학창 시절 발표하고 '초핑기아 강좌Zofingia Lectures'라는 이름으로 출판된 논문들에 분명히 표명되고 있다. 그가 바젤대학 학부생이던 1900년 이전에 작성한 논문들이었다. 역사가 앙리 엘런베르거Henri Ellenberger〔정신의학 역사가. 부모가 스위스계이고, 프랑스에서 교육을 받았으며, 캐나다 몬트리올대학에서 교수로 재직한 캐나다인〕는 융의 분석심리학의 기초 사상이 초핑기아 학생회의 토론이나 그의 영매인 어린 사촌 헬레네 프라이스베르크와 한 실험에서 발견된다고 주장하기도 한다.[4] 종교와 신비적 체험을 과학적·경험적 연구에 연관시키려고 한 데서 알 수 있듯이, 초핑기아 강좌는 전 생애에 걸쳐 그를 사로잡은 여러

---

4   앙리 엘런베르거,《무의식의 발견(The Discovery of the Unconscious)》, 687쪽.

주제들을 가지고 이미 초기에 고군분투했다는 것을 보여준다. 심지어 청년 융은 그런 주제들을 경험적 조사에 개방해야 하며 열린 마음으로 접근해야 한다고 주장했다. 이러한 관점은 그가 1909년 클라크대학에서 윌리엄 제임스를 만났을 때 절정에 달했다. 왜냐하면 제임스도 이미 동일한 관점을 갖고 있었고, 그의 고전적 저술인 《종교적 경험의 다양성 The Varieties of Religious Experience》은 이러한 경험적·과학적 방법을 엄밀히 채택했기 때문이다.

융은 이러한 모든 연구와 경험을 기반으로 인간 영혼의 지도를 그려냈다. 이 지도는 바로 가능한 한 모든 차원에서 정신을 서술하고 그 내적 역동성을 설명하는 것이다. 그러나 융은 정신의 궁극적 미스터리에 대한 존중을 잃지 않고 항상 유의했다. 그의 이론은 영혼의 지도로 읽힐 수는 있지만 합리적 용어나 범주로는 궁극적으로 포착할 수 없는 미스터리에 대한 지도다. 이것은 살아 있는 신 머큐리(그리스신화의 헤르메스와 거의 동일하게 상업, 문학, 소통 등을 관장하는 고대 로마의 신)가 행한 안내와 같은 역할을 보여주는 정신의 지도다.

우리는 융을 읽을 때 이 지도가 영토가 아님을 상기할 필요가 있다. 지도를 안다는 것이 심층적 정신을 체험하는 것과 같을 수 없다. 지도란 방향과 안내를 원하는 사람들을 위한 유용한 도구에 지나지 않는다. 다른 누군가에게 지도는 융이 말하는 바를 체험하려는 강력한 욕망을 자극할 수 있을 것이다. 나는 융을 처음 읽었을 때 나 자신의 꿈들을 써 내려가기 시작했다. 훗날 나는 취리히 융 연구소에서 4년간 연구했다. 나는 무의식 분석과 개인적 체험을 통해 융이 발견한 많은 것들을 직접적으로 제대로 인식하게 되었다. 하지만 나의 내적 세계는 융의 세계와 같지 않다. 융의 지도는 길을 보여줄 수 있고 대체로 윤곽을 알려주지만, 특별한 내용을 제공해주지는 않는다. 이것은 본인 스스로를 위한 발견이 되어야 한다.

이 지도가 갖는 많은 특성들을 보자면, 융은 과학적 직관과 놀랄 정도로 엄밀한 상상에 의존한다. 예를 들어 그 당시의 과학적 방법이 집단 무의식에 대한 그의 가설을 확정하거나 부정할 수 없었을 테지만, 오늘날 우리는 과학적 방법에 더 쉽게 다가가 연구할 수 있다. 그런데 융은 창조적 사유를 통해 마음의 내면세계를 그림으로 그려낸 예술가였다. 지도 제작이 과학적으로 이뤄지기 전 고대와 르네상스 시대에 아름답게 도해된 지도들처럼, 융이 만든 지도는 단지 추상적이지만은 않고 보기에도 멋졌다. 여기서 우리는 인어, 용, 영웅, 악인들을 발견하게 된다. 물론 과학적 연구자로서 그는 자신의 직감과 가설적 구성물을 경험적으로 시험해야 했다. 그러나 이것은 여전히 신화적 상상을 위한 많은 여지를 남겨두고 있다.

융이 가끔 언급하듯이, 그는 정신의학 또는 의료심리학 분야에서 연구 활동을 했다. 융의 초창기 스승은 유명한 정신의학자 오이겐 블로일러Eugen Bleuler였는데, 융은 취리히 부르크횔츨리 진료소에서 그의 제자로 있었다. 블로일러는 가장 심각한 정신병 가운데 하나인 '정신분열증schizophrenia'이라는 말을 고안한 인물로서, 반대 감정이 양립하는 심리학적 문제에 대해 상당히 많은 글을 남겼다. 융은 되도록 많은 외부 자료나 자신이 직접 체험해서 발전시킨 이론 및 가설을 뒷받침할 수 있는 증거를 제시하고 검증하려고 노력했다. 그가 읽고 연구한 범위는 매우 넓었다. 융은 영혼에 대해 경험적 연구를 하는 사람으로서 자기 내면세계의 영토뿐 아니라 인간 영혼의 일반적 특성을 설명하는 지도를 그렸다. 위대한 예술가들의 작품과 마찬가지로, 그가 그린 지도라는 그림들은 수많은 세대의 인간과 문화에 영향력을 행사할 만한 것이었다.

이 스위스 심리학자의 이름이 널리 알려지고 그 업적 또한 높이 평가되는 것은 사실이지만, 한편으로 그의 저작은 부주의하게 읽히면서 일관성 없고 모순적인 면을 드러낸다는 비판을 받기도 한다. 하지만 실제로 따져보면, 그는 일관성 있는 심리학 이론을 창출했다. 내가 보기에 그의 이론은 정신의 여러 수준들, 그리고 이들 간의 역동적 상호 관계를 잘 보여주는 3차원적 지도다. 이 지도는 그를 제대로 아는 사람들에게는 호소력이 있고 그 자체로 일관성 있는 예술 작품이다. 이 지도가 제시하는 가정들은 과학적 명제로 간주되지만, 사실 이들 중 많은 것들은 경험적으로 증명하거나 부정하기가 매우 어렵다는 문제점을 안고 있다. 이 분야에 중요한 작업이 계속 진행되고 그 결과가 보여주는 것이 무엇이든, 융이 이룬 업적의 주요 부분은 계속 관심과 경탄의 대상이 될 것이 분명하다. 이 지도들이 시대가 진보하고 방법론이 변함으로써 그 타당성을 잃을 수도 있겠지만, 융이 이룬 예술 작품으로서의 업적이 낡아서 사라질 일은 없을 것이다.

제한된 분량으로 융이 만든 정신의 지도를 설명하는 책을 쓰는 작업이 전혀 새로운 것은 아니다. 욜란드 야코비Jolande Jacobi와 프리다 포담Frieda Fordham이 한 것처럼, 이전에 유사한 안내서들이 제법 나왔다. 나는 이 책에서 융 이론이 갖는 내적 일관성과 상호 연계를 제대로 규명해보고자 한다. 융 이론들이 종종 보여주듯이 그의 중심 사상들은 여기저기 산재해 있어서, 그 사상의 모든 단편이 하나의 통일된 비전(나는 이것을 영혼의 숭고한 비전으로 본다)에서 형성되어 나왔는지는 그다지 명백하지 않은데, 이것을 나는 체계적으로 밝히고자 한다. 또한 이들 초기 안내서들이 나온 지 오래되어서 새로운 안내서가 필요하기도 하다.

융이 그려낸 지도에는 분명 공백과 부조화가 있다. 그런데 논리적 정밀도보다 훨씬 심오하고 근본적인 통일된 비전을 융의 지도가 담고 있다는 사실을 보여주는 것이 이 책의 목적이다. 이 책은 융 사상의 발전 단계를 보여주거나 심리 치료와 분석에서 그의 이론을 적용하는 문제에 관심을 기울이지 않는다. 오히려 주된 관심은 융의 모든 저작에서 복잡하게 얽혀 있는 세세한 설명 이면에 깔린 지적 통일성을 밝혀내는 데 있다. 이 책을 통해서 독자는 융 사상이 담고 있는 핵심 부분을 발견하고 이들이 단일한 전체로 통합되고 있음을 파악하는 것은 물론, 융 자신이 설명했듯이 분석심리학 이론 전반도 파악할 수 있을 것이다.

정신에 대한 융의 설명이 놀랍도록 통일성을 갖는 이유는, 그의 사상 체계가 그의 경험적 방법론에만 의존해서 성장하지 않았다는 데 있다. 융은 플라톤과 쇼펜하우어 같은 이전 철학자들의 방식을 따라 직관에 의존한 창조적 사상가였다. 그가 당시의 전반적 과학과 지성계에 통용되던 사상의 영향을 받아 영혼의 지도를 만든 것은 사실이다. 하지만 그는 이러한 사상들을 자신만의 독특한 것으로 만들었다. 그는 시대 유행에 맞춰 급격히 변하는 새로운 개념들을 따라잡는 데 급급하기보다 당시 이용 가능한 것들을 취해서 새로운 자기만의 독창적 사상으로 만들었다. 그는 그림을 그리는 예술가처럼 당시 이용 가능한 이미지와 자료를 활용하고 이런 요소들을 남들과 별로 다르지 않은 요소들과 결합했지만, 전에는 결코 없던 새로운 것을 만들어냈다.

융은 또한 마이스터 에크하르트Meister Eckhart, 뵈메Böhme, 블레이크Blake, 에머슨Emerson의 전통에 있는 예지가였다. 그가 보여준 최상의 직관들은 그러한 전통이 주는 숭고함의 경험에서 나왔으며, 그것은 꿈과 비전 및 적극 상상의 형태로 그에게 왔다. 융에게 '정신의 실재'에 대해서 가르침을 준 최고의 선생은 필레몬Philemon이라는 인물이었다. 융은 자신의 자서전에서 공개적으로 언급하길, 처음에 필레몬은 꿈에 나타났고 이후 몇 년 동안 적극 상상을 통해서 그와 교류했다고 했다.[5] 영혼의 직접 체험은 융 이론의 궁극적 원천이고, 이러한 사실은 그 체험이 심층적인 내적 통일성과 자기 일관성이 있다는 것을 보여준다.

그러나 융은 과학적 연구를 하는 학자이기도 했으므로, 그의 작업은 시인이나 신비주의자의 글들과 구별된다. 이 작업이 과학적 방법에 기반을 두었다는 것은 그의 연구가 과학계에서 요구하는 수준에 맞아야 하고 경험적 검증 절차를 따라야 함을 의미했다. 그가 가진 이른바 비전, 직관, 내적 구현 등은 이들 각자가 갖는 특성에 매몰되어도 된다는 것이 아니었다. 이러한 특성들은 일반적으로 인간이 갖는 경험과 대조되는 것이었다. 과학적이고 경험적이어야 한다는 강한 요청은 그의 이론에서 다른 것과 비교할 수 없는 중요한 자리를 차지한다. 순수 지력과 명상을 통해서라면 쉽게 근접할 수 있었겠지만, 그는 과학적·경험적 방법의 필요성을 깊이 인지하고 있었다. 체험되는 삶이라는 경험 세계는 뒤죽박죽이라서 인간의 사고와 상상으로 산뜻하게 상자 안에 꼭 맞게 들어가지 않는다. 융은 예지적 직관을 갖춘 사상가인 동시에 경험

---

5   융,《기억, 꿈, 회상(Memories, Dreams, Reflections)》, 182~183쪽.

과학자였으므로, 그가 만든 인간 정신의 지도는 논리적 정연함은 있지만 체계와 일관성이 다소 떨어지는 편이다.

내가 20년 넘게 융의 저작들을 꾸준히 평가하고 연구한 이유는 그가 자신의 사상을 억지로 짜 맞추듯 일관성을 유지하려 하지 않았기 때문이다. 나는 틸리히Tillich나 헤겔 같은 정말 체계적인 사상가를 연구할 때마다 그들의 확고한 정신의 엄정함에 불편함을 경험하곤 했다. 내가 볼 때 그들의 사상은 너무나 체계적으로 조직되어 있는 것 같다. 혼잡함이 있는 데 삶의 윤기가 있는 것은 아닐까? 이러한 생각 때문에 나는 철학자나 신학자보다 1차적으로 예술가나 시인에게 더 관심을 갖게 되었다. 나는 엄밀한 논리적 체계를 그다지 신뢰하지 않는다. 이러한 체계는 내게 편집증을 불러일으킨다. 융의 저작은 엄밀한 체계로 내게 영향을 미친 적이 결코 없다.

나는 융을 읽을 때마다 인간 영혼의 미스터리를 그가 깊이 존중하고 있음을 감지하며, 이러한 그의 태도로 지평은 계속 확장된다. 융의 지도는 우리가 볼 수 있는 조망을 가로막기보다 오히려 더 넓혀준다. 나역시 독자 여러분에게 융같이 이러한 열린 인상을 주기를 기대한다.

이 책은 일종의 안내서다. 내가 기대하는 진짜 독자는 융이 설파한 것을 알고 싶어 하지만 그 광대한 저작과 복잡한 사유에 아직 제대로 입성조차 하지 못한 초보자들이다. 물론 그에 대한 이해의 초보적 단계를 넘어선 사람들 역시 이 책을 읽고 얻는 것이 있기를 바란다. 이 책의 각 장은 융 이론의 체계 중 한 주제씩 다루고 있다. 나는 융의《전집》에서 그의 지도를 설명할 때 중요하다고 생각되는 특별한 구절들을 다룰 것이다. 이러한 인용 구절에 특별히 자극받은 성실한 독자는 여유를 갖고 자유롭게 그 출처를 직접 찾아 살펴볼 수도 있다. 이러한 원문을 통해서 독자는 1차 자료가 주는 맛에 빠져들 수 있으며, 때론 융의 글들이 보여주는 모호한 의미와 씨름하고 그 함축적 의미를 제대로 파악해야 하는 과제에 직면하게 될 것이다.

융의 저작에서 뽑아내어 읽을 자료는 순전히 내 개인적 선택에 따라 정해졌다.《전집》이외에 융의 중요한 다른 저작들도 공정하게 인용되었어야 하는 것은 두말할 나위도 없다. 그래서 융이 보여주는 비전의 본질적 일관성을 설명하고자 그의 저작에서 가장 분명하고 대표적인 글과 구절을 선택하려고 노력했다. 정신에 대한 융의 지도는 지력, 관찰, 창조적 직관으로 일궈낸 커다란 성취다. 18권으로 된《전집》, 세 권으로 된 편지, 다양한 인터뷰와 틈틈이 쓴 글들의 모음집, 그리고 아니엘라 야페Aniela Jaffe와 함께 쓴 그의 자서전 등 이렇게 엄청난 양의 저작이 보존된 현대 사상가는 거의 없다. 이 산더미 같은 자료에서 나는 그의 이론을 설명하는 데 가장 적합한 주제들을 선택했고, 문화와 역사및 종교에 대한 분석적 작업이나 해석과 관련된 내용은 제외했다.

앞에서 내가 제기한 질문으로 다시 돌아가보자. 융의 저작에는 진짜체계가 있기는 한가? 그는 체계적 사상가인가? 이 질문에 대한 대답을조심스럽게 하자면, 그렇다고 볼 수 있다. 스위스는 네 가지 언어를 사용하지만 국가로서의 일관성을 갖춘 나라다. 이와 마찬가지로, 그의 이론에는 일관성이 있다. 융의 전체 저작은 여러 부분이 홀로 떨어져 있어서 꽤나 독립적으로 기능하는 것처럼 보일지 모르지만, 서로 일관되게 들어맞는다. 철학자가 기본 전제를 설정하고 논증의 여러 부분들이모순 없이 서로 적합성을 갖는 방식을 취하는 것과 달리, 융은 체계적으로 사고하지 않았다. 그는 경험과학자이기를 원했다. 그래서 경험 세계가 연구자의 인식 틀에 꼭 들어맞지 않는 무질서를 보여주듯이, 그의 이론화 작업은 이런 경험 세계의 무질서에 필적할 만큼 혼란스러운 면도 있다. 직관적 사상가인 융은 중심 개념을 설정하고 이들을 더 정밀히 발전시킨 연후에 다른 중심 개념으로 나아간다. 그는 빈번히 이 개념으로 되돌아와서 다시 반복하고, 작업이 진척됨에 따라 형성되는 공백을 메운다. 이러한 특성 때문에 그의 저작을 읽고 이해하기란 쉽지 않다. 그래서 융이 제시하는 전체 윤곽을 파악하려면 그의 모든 저작을 알고 있어야 한다. 만일 잠시 시간을 내서 임의로 그의 저작을 조금만 읽는다면, 이 사상의 단편들이 융 자신의 마음에서 제대로 연결되었는지 의심스러울 것이다. 거의 모든 저작을 읽고 오랫동안 숙고한 뒤라야 서로 잘 연관되어 있음을 알게 될 것이다.

나는 융이 임상 작업과 자신의 체험을 통해 인간 영혼의 심오함과 심원함을 인식하고 있었다고 본다. 그래서 그는 상당 기간 동안 꾸준히 작업에 몰두한 끝에 인간 영혼의 숭고한 비전을 제대로 명확히 드러낼 수 있었다. 그는 서두르지 않았다. 그는 자신의 연구물 출판을 여러 해 동안 미루기도 했고, 자신의 사상에 대한 지지를 이끌어낼 수 있는 지성계의 구조를 형성하는 데 노력을 기울이기도 했다. 우리가 융의 장대한 비전을 파악하려고 할 때도 그가 60년 이상 이 비전을 갈고닦았다는 사실을 명심할 필요가 있다. 우리는 이 거대한 작업이 경험적 현실에 맞게 일관성을 갖춰야 한다는 생각에 과도하게 빠지면 안 된다.

취리히의 그의 학생들은 그에 대해서 이렇게 이야기했다. "그는 자기 이론의 어떤 부분에 일관성이 없다는 비판을 받았을 때 이렇게 응수했습니다. '나는 불꽃 중앙에 시선을 집중하고, 불꽃 주변에 거울들을 두어 사람들에게 이 불꽃을 보여주려고 시도하는 중이라네. 때때로 이들 거울의 모서리 부분에 공백이 생겨 정확히 서로 맞물리지는 않지. 나는 이것을 어찌할 수가 없다네. 내가 가리키려고 하는 것을 지켜보게!'"

　내 과제는 융이 이 거울들에서 보여주려는 것을 되도록 정확히 설명하는 것이다. 이것은 우리 세대의 많은 사람들을 지탱해온 비전이며, 예상할 수 있는 미래를 위한 비전일지도 모르겠다. 무엇보다 융의 저작은 우리에게 거대한 미스터리의 이미지, 즉 인간 정신을 제시해준다.

─ 1장 ─

표층
(자아의식적)

이 장에서는 융이 만든 영혼의 지도를 펼쳐, 인간 의식과 의식의 가장 중심적 특징인 자아ego에 대해 융이 설명한 내용을 살펴보겠다. '자아'는 라틴어에서 나온 말로 '나I'를 의미하는 전문 용어다. 의식이란 자각하고 있는 상태를 말하며, 이 중심에는 '나'가 자리하고 있다. 자아는 의문의 여지가 없는 명백한 출발점이고, 우리가 영혼이라고 부르는 광대한 내면 우주로 들어가는 입구 역할을 한다. 자아는 영혼의 복잡한 특성, 즉 많은 수수께끼와 아직 대답되지 않은 질문을 보유한다는 특성이 있다.

융은 정신의 배후 영역에서 의식 아래 있는 심층을 발견하는 데 더 관심을 기울였지만, 인간 의식을 서술하고 설명하는 작업도 병행했다는 사실을 간과해서는 안 된다. 그는 정신을 탐구할 수 있는 완벽한 지도를 만들기를 원했으므로, 자아의식이 그가 탐험하는 영토의 주요한 특성이 되는 것은 당연했다. 융은 엄밀한 의미에서 자아 심리학자로 불릴 수 없지만, 자아의 사회적 가치를 매우 중요하게 보았다. 융은 자아의 기능을 진술했고, 인간 삶의 미래와 문화에 자아가 크게 영향을 끼칠 수 있다는 점을 분명히 인식했다. 게다가 그는 자아의식 자체가 심리학적 탐구를 위한 선결 요건임을 예리하게 인지했다. 자아는 그러한 탐구를 하기 위한 도구다. 어떤 사태에 대해 인간이 갖는 지식은 의식의 수용 정도와 한도의 제약을 받는다. 따라서 의식을 연구한다는 것은 심리학적 조사와 탐구를 위해 사용하는 도구에 관심을 기울인다는 것과 다르지 않다.

　자아의식의 본질을 이해하는 것은 특별히 심리학에서 왜 그토록 중요한가? 이 질문에 대한 답은, 사람은 왜곡distortion에 적응할 필요가 있다는 것이다. 융에 따르면, 모든 심리학은 개인적 고백이다.[1] 모든 창조적 심리학은 우리의 개인적 편향biases이나 검토되지 않은 가정의 제한을 받는다. 가장 진지하고 신실한 연구자의 의식에 사실로 보인다고 해서 반드시 정확한 것은 아니다. 사실 인간에게 지식이라고 통용되는 것을 가까이에서 철저히 조사해보면, 편견이나 왜곡에 기초한 신념, 편향, 풍문, 추측 또는 순수 환상에 불과할 때가 많다. 검증되지 않은 신념이 지식으로 통용되고 확실히 신뢰할 만한 것으로 고착된다. "나는 이해하기 위해 믿는다"고 한 성 아우구스티누스의 유명한 말은 오늘날 우리 현대인의 귀에 낯설게 들릴지 모르지만, 사람들이 심리학적 실재에 대해서 말하는 경우도 다르지 않다. 융은 발견하는 데 쓰이는 개

1　융, 《전집》 4권, 772항.

넘적 도구를 비판적으로 조사함으로써 그 자신이 사유하는 토대를 진지하게 점검하려고 했다. 철학에서 그러했듯, 그는 의식에 대한 비판적 이해는 본질적인 것이라고 강력히 주장했다. 정신이나 이에 관련된 문제에 대한 정확한 이해는 의식 상태에 의존한다. 융은 의식에 대한 비판적 이해를 제시하고자 했다. 이것이 바로 융이 인간 의식을 식별하고 정보와 삶의 체험을 다르게 처리하는 여덟 가지 인지적 양식을 밝혀주는 자신의 핵심적 저술《심리 유형》에서 1차적으로 보여주려고 했던 것이다.

자아와 의식의 관계

그래서 융은 출판된 저술들 전체에 걸쳐 자아의식에 대한 내용을 제법 많이 다루고 있다. 나는 의도적으로 그의 후기 저작《아이온Aion》의 1장 제목인 '자아The Ego'와 그 밖의 관련된 본문이나 구절을 함께 다룰 것이다. 이로써 자아의식 주제에 대한 융의 관점이 적절히 정리되고, 그의 무르익은 사유가 논의될 것이다. 이 장 마지막 부분에서는《심리 유형》과 관련된 자료도 살펴볼 것이다.

《아이온》은 다양한 수준에서 읽힐 수 있다. 융의 후기 저작인 이 책은 자기self의 원형에 대한 그의 세밀한 사상뿐 아니라 서구 지성사와 종교사, 그리고 그 미래에 그가 깊이 관여했음을 보여준다. 이 책의 처음 네 장은 나중에 첨가되었는데, 독자에게 자신의 일반심리학 이론을 소개하고 분석심리학을 설명하는 데 필요한 어휘를 제공한다. 이 도입부는 자세히 설명되거나 특별히 전문적이지는 않지만, 자아, 그림자,

아니마anima, 아니무스animus, 그리고 자기로 구성된 정신 구조에 대해 가장 집중적으로 논의하고 있다.

이 책에서 융은 자아를 이렇게 정의한다. "말하자면 자아는 의식의 장field의 중심을 형성하고, 이것이 경험적 성격을 구성하는 한 자아는 의식의 모든 개인적 행위의 주체다."[2] 의식은 하나의 '장場'이며, 이른바 '경험적 성격empirical personality'이란 우리가 직접 인식하고 경험하는 성격을 말한다. '의식의 모든 개인적 행위의 주체'인 자아는 이러한 장의 중심을 차지한다. 자아라는 말은 의지, 욕망, 성찰, 행동의 중심으로서의 자신을 체험한다는 것을 의미한다. 자아를 의식의 중심으로 정의 내리는 것은 융의 모든 저술에서 발견되는 일관된 흐름이다.

융은 이어서 정신 안에 있는 자아의 기능에 대해 이렇게 설명한다. "자아에 대한 정신 내용의 관계는 자아의식의 기준을 형성하므로 어떠한 내용도 주체에 표상되지 않는다면 의식이 될 수 없다."[3] 자아란 정신 내용들이 '표상되는 주체'다. 자아란 거울 같다. 더욱이 자아와의 연결은 감정, 사상, 지각 또는 환상 등을 의식적이게 하는 필수 조건이다. 자아는 정신이 스스로를 보고 인식할 수 있게 하는 거울이다. 자아가 차지하고 성찰하는 정신 내용의 정도는 이것이 의식 영역에 속하는 정도를 의미한다. 정신 내용이 단지 모호하거나 최저로 의식될 경우에는 포착되지 못한 채 자아의 반사면에만 머물게 된다.

이 같은 자아에 대한 정의에 이어, 융은 정신의 의식적·무의식적 특성에 중요한 차이가 있음을 보여준다. 의식은 우리가 아는 것을 말하

2 융, 《전집》 9권, 2부, 1항.
3 위의 책.

며, 무의식은 우리가 모르는 모든 것을 의미한다. 거의 같은 시기에 쓴 또 다른 책에서, 그는 이 내용을 좀 더 명확히 설명한다. "무의식은 단순히 미지가 아니라 오히려 '미지의 정신the unknown psychic'이며, 의식하게 되면 기지旣知의 정신 내용과 어떤 점에서도 다르게 보이지 않을 모든 것이라고 (…) 정의 내릴 수 있다."[4] 심층심리학에서처럼, 융의 정신에 대한 일반 이론에서 의식과 무의식의 구분은 근본적으로 중요하다. 이러한 의식과 무의식의 구분은 다음 가정에 기초하고 있다. 즉 추후에 시험되고 조작될 수 있는 어떤 내용들은 자아에 반영되고 의식에 포착될 수 있는 반면, 다른 정신의 내용들은 일시적 또는 영구적으로 의식 외부에 놓여 있다. 이유나 지속 여부에 상관없이 무의식은 의식 밖에 있는 정신의 모든 내용을 포함한다. 참으로 무의식은 광대한 정신세계인 셈이다. 무의식은 심층심리학 연구의 주요 분야이고, 융은 이 무의식의 영토를 탐험하는 데 열정적 관심을 보였다. 이에 대해서는 나중에 더 논할 것이다.

융은 자신의 저술들에서 종종 자아를 일종의 '콤플렉스complex'라고 하는데, 이는 다음 장에서 광범위하게 논의될 것이다. 하지만《아이온》에서는 콤플렉스를 단순히 의식의 특별한 내용이라고 부른다. 그에 따르면, 의식은 자아보다 더 큰 범주이며 자아와 자아가 아닌 부분을 포함한다.

의식 자체, 즉 자아가 자리 잡아 그 중심을 차지하고 경계를 지어주는 장은 무엇인가? 이 질문에 대한 가장 간단한 답은, 의식은 일깨움이

---

4   융,《전집》8권, 382항

라는 것이다. 의식이란 깨어 있어서 관찰하고 세계 주변이나 의식 내부에서 무엇이 일어나는지를 인지하는 상태를 말한다. 물론 인간이 지구에서 유일하게 의식을 하는 존재는 아니다. 다른 동물들 또한 의식을 한다. 동물은 분명히 주의 깊게 조정하는 방식으로 환경을 관찰하고 그 환경에 반응한다. 식물 역시 환경을 감지하는 의식의 일종을 보여준다. 그것만으로 의식은 인간을 다른 형태의 생물과 분리하지 않는다. 의식이 성인을 아기나 어린이와 구별해주는 것도 아니다. 엄밀한 의미에서 인간 의식은 자체의 본질적 특질을 규명하기 위해 나이나 심리 발달에 의존하지 않는다. 자기 딸이 태어나는 광경을 지켜본 나의 한 친구는, 태반이 제거되고 눈이 씻긴 아기가 눈을 뜨고 방을 둘러보며 그 주변 광경을 받아들이는 모습을 보면서 큰 감동을 받았다고 말해주었다. 이것은 의식이 있다는 명백한 표시다. 그 눈은 의식이 있다고 표시해주는 것이다. 눈이 활발히 움직인다는 것은 의식하고 있는 존재가 세계를 관찰하고 있다는 신호다. 의식은 물론 시각뿐 아니라 다른 감각기관에도 의존한다. 아이는 눈이 보는 기능을 하기 전 이미 자궁에서 소리를 새겨듣고, 음성과 음악에 반응하고, 놀랄 만한 수용성을 보인다. 우리는 태아가 정확히 언제 의식적이라 부를 수 있는 인식과 반응 수준을 처음 획득하는지 알 수 없지만, 이러한 일이 태어나기 전 태아에게 일찍 일어나는 것은 틀림없다.

의식의 반대는 꿈을 꾸지 않고 깊이 잠든 상태, 반응이나 감각적 인식이 전혀 없는 상태를 말한다. 몸에서 의식이 영구적으로 부재한 상태는 장기간의 혼수를 제외하고는 실질적으로 죽은 상태다. 심지어 태아처럼 미래에 의식할 잠재적 상태에 있다 할지라도, 의식은 '생명을 가

늘하는 지수'이다. 그러므로 의식은 살아 있는 존재에 속한 것이다.

의식이 발달하면 특별한 내용이 부가된다. 이론상 인간 의식은 사상, 기억, 정체성, 환상, 감정, 이미지, 말 등으로 채워진 내용과 분리될 수 있다. 하지만 실제로 이러한 분리는 거의 불가능하다. 사실 고도의 영적 숙련자만이 확신 있게 이러한 구별을 할 수 있을 것 같다. 이런 현자라야만 의식과 그 내용을 서로 구별하고 지속적으로 떼어놓을 수 있다. 그런데 현자의 의식은 선별된 사상이나 이미지와 동일시될 수 없다. 대부분 사람들에게 기반을 둘 대상이 없는 의식은 매우 순간적이고 일시적인 것에 지나지 않는다. 실질적 의식과 건실한 감정에는 안정적 대상과 이미지, 기억, 사상 같은 내용이 전형적으로 제공된다. 하지만 발작 증세를 겪는 환자들에게서 입증되듯이, 의식 내용과 자아의 의식 기능(생각하기, 기억하기, 명명하기, 말하기, 그리고 익숙한 이미지와 사람 및 얼굴 알아보기)은 실제로 의식 자체에 비해 더 일시적이므로 오래가지 못한다. 예를 들어 사람은 기억을 완전히 잃고도 여전히 의식할 수 있다. 의식이란 정신 내용을 에워싸서 임시로 채우는 방 같다. 의식은 자아에 선행하지만, 이 자아가 결국 의식의 중심이 된다.

자아는 또 의식과 마찬가지로 어느 특정한 순간 의식의 방을 차지하고 있는 특별한 내용을 초월하고, 이 내용보다 더 오래 지속된다. 자아는 의식 안에서 중심 초점, 즉 가장 중심적이며 영구적인 특성을 갖는다. 동양에서 주장하는 것과 달리, 융은 자아가 없는 의식 자체는 의문시된다고 본다. 하지만 어떤 자아의 기능은 중지되거나 의식을 완전히 파괴하지 않고도 소거될 수 있기에 일종의 자아 없는 의식, 다시 말해 의지적 중심인 '나I'가 있다는 증거를 거의 보여주지 않는 의식 형태가 적어도 짧은 기간 동안에는 가능하다.

　융의 관점에서 자아는 의식의 중요한 중심을 형성하며, 어느 정도 내용이 의식 영역 안에 머물고 어느 정도 내용이 무의식으로 깊이 빠져들지 결정하는 데 크게 관여한다. 자아는 의식 안에 내용을 보유할 책임을 지고, 그 반영을 중지함으로써 의식에서 내용을 제거할 수도 있다. 융이 유용하다고 본 프로이트의 말을 빌리자면, 자아는 좋아하지 않거나 감내하기 힘들 정도로 고통스럽거나 다른 내용과 양립하지 않는 내용들을 '억압할repress' 수 있다. 또한 자아는 무의식의 저장고(예를 들어 기억의 은행)에서 내용들을 회수할 수도 있는데, 그러려면 다음 조건이 충족되어야 한다. 그 조건이란 내용들이 (a) 감당하기 힘든 갈등들이 도달하지 못하게 하는 억압 같은 방어기제를 통해 봉쇄되지 않아야 하고, (b) 자아와 매우 강한 연상적 연결이 되어야(매우 강하게 '학습되어 있어야') 한다는 것이다.

　자아는 일시적으로 또는 장기간에 이뤄지는 동일시처럼 후천적 의식 내용을 통해 근본적으로 구성되고 규정되는 것이 아니며, 내용을 인식의 초점 안에 잡아두는 거울이나 자석 같다. 그러나 자아는 의지意志를 행사하고 행동하기도 한다. 의식의 필수적 중심으로서 자아는 언어를 습득하고, 개인적 정체성을 형성하며, 심지어 그러한 개인의 이름을 인식하는 것보다 앞서서 존재한다. 자기 얼굴과 이름을 인식하는 것같이 그렇게 자아가 추후로 획득하는 것은 의식의 이러한 중심 주변에 밀접히 무리 지어 있는 내용들이며, 이들은 자아를 규정하고 자아의 실행명령과 자기 인식의 범위를 확대하는 효과를 갖는다. 근본적으로 자아는 적어도 태어날 때부터 존재하는 인식의 가상적 중심이다. 즉 자아는 이러한 시점에서, 이러한 몸에서, 이러한 개인의 관점에서 세계를 보고 항상 보아왔던 눈이다. 본래적으로 자아는 그 무엇에도 속하지 않는다. 즉 자아는 하나의 사물이 아니다. 그러므로 자아는 상당히 포착하기 어렵고 고정할 수도 없다. 심지어 자아는 그 존재를 부인할 수도 있지만, 항상 존재하고 있다. 자아는 양육, 성장, 발달의 산물이 아니다. 타고나는 것이다. 자아가 현실과의 '충돌collision'을 통한 시점에서 발달하고 힘을 얻는 것은 사실이지만(아래를 보라), 그 핵심은 '부여된' 것이다. 자아는 유아기부터 이미 시작된다.

융이 정신을 설명한 대로, 의식의 다양한 내용 중에는 연상들associations의 관계망이 존재한다. 모든 내용은 중심 매개자인 자아와 직간접적으로 연결되어 있다. 자아는 지리학적으로뿐 아니라 역학적으로도 의식의 중심이다. 자아는 의식 내용을 우선순위대로 움직이고 배열하는 에너지의 중심축이다. 자아는 결단과 자유의지의 자리다. 내가 "우체국에 가는 중이다"라고 말할 때, 내 자아는 결정을 내리고 이 일을 수행하는 데 필요한 신체적·정서적 에너지를 동원한다. 자아는 내게 지시를 내려 우체국에 도달하게 한다. 자아는 "공원에서 한가로이 거닐고 싶다는 생각에 흔들리지 말고 곧장 우체국으로 가라"고 우선선위를 설정하는 집행부다. 자아는 이기심'ego'-ism의 중심으로 간주될 수 있겠지만, 이타심의 중심이기도 하다. 본래 자아는 융이 이해하고 설명한 대로, "오, 그는 상당히 자아가 강하다"라고 흔히 표현되는 그런 '나쁜 뜻'에서가 아니라 인간의 심리 생활에 필수적인 부분으로서, 도덕적으로 중립적이다. 자아는 인간을 다른 의식적 생물과 구별되게 하며, 나와 다른 사람들을 구분해준다. 자아는 인간 의식에서 개성화를 불러일으키는 동인이다.

자아는 인간 의식에 집중하며, 우리의 의식적 행동에 목표와 방향을 제시한다. 우리는 자아가 있기 때문에 자기방어, 번식, 창조력에 이끌리는 본능을 거부할 자유를 갖는다. 자아는 의식 안에 있는 상당한 양의 자료를 지배하고 조작할 능력을 갖추고 있다. 자아는 연관된 것을 강력히 끌어모으는 자석이자 조직을 만들어내는 동인이다. 의식 중심에 이러한 힘을 갖고 있으므로 인간은 상당한 양의 자료를 통합하고 관리한다. 강한 자아는 의도적으로 많은 양의 의식적 내용을 획득하고 이동시킬 수 있다. 약한 자아는 이 정도 일을 감당할 수 없어서 충동이나 감정적 반응에 쉽게 굴복한다. 약한 자아는 쉽게 분산되며, 그 결과로 의식은 집중력과 동기의 지속성을 잃는다.

인간은 어지간히 정상적인 자아의 기능을 중지하는 동안에도 의식적으로 되는 것이 가능하다. 의지적으로 우리는 스스로를 수동적이고 비활동적으로 되게 하여, 카메라처럼 단순히 내면과 외부 세계를 관찰할 수 있다. 그런데 보통 상당한 기간 동안 의지적으로 억제된 상태로 의식적 관찰을 지속하는 것은 가능하지 않다. 왜냐하면 자아와 폭넓은 범위를 포괄하는 정신이 보통 관찰 대상에 함께 신속히 관여할 수 있기 때문이다. 예를 들어 우리가 영화를 볼 때 처음엔 영화 속 인물들과 그 배경을 관찰하고 단순히 받아들이기만 한다. 그러나 우리는 곧 영화 속 한 인물과 동일시하고, 이에 우리 감정이 활성화된다. 이제 자아 스스로 행동할 채비를 한다. 우리가 만약 영화가 주는 이미지와 현실을 구분하지 못할 정도가 된다면(자아의 또 다른 기능), 몸을 움직여 이 영화에 참여할 충동을 느낄지도 모른다. 그러면 우리 몸이 움직이고, 자아는 특별한 행동 과정을 목표로 삼거나 의도한다. 실로 영화는 구조적으로 잘 짜여 있어서 관람자로 하여금 감정적으로 편들게 하거나 영화 속 인물의 행동과 느낌이 어떻든 그것을 지지하도록 할 것이다. 이런 식의 관여를 하면서 자아는 소원, 희망, 의도의 중심으로 활성화된다. 우리는 영화 이미지로 의식에 생성된 감정과 사상의 영향을 받아 영화를 보는 동안 삶의 중요한 결정을 내릴 수도 있다. 사람들은 영화를 다 보고 극장을 떠난 뒤에 그 영향으로 폭력적이 되거나 강한 성적 욕구를 갖게 된다고 한다. 자아는 감정, 동일시, 욕망 등의 자극을 받고, 자아의 지시 기능과 에너지를 사용해 행동한다.

이러한 예증이 보여주듯, 자아의 자유는 한계가 있다. 자아는 내면의 정신과 외부 환경의 자극에 쉽게 영향을 받는다. 자아는 위협적 자극에 대해 팔을 들어 방어적 태도를 취하는 반응을 보일 수도 있다. 자아는 내부적 충동으로 활성화되고 자극받아 창조하거나, 사랑하거나, 복수를 의도할 수도 있다. 자아는 자아 자체의 충동, 즉 자아도취적으로 이 충동에 반응할 수도 있다. 예를 들어 이런 식으로 자아는 복수하고야 말겠다는 필요성에 사로잡힐지도 모른다.

자아는 내면 및 주변 환경의 자극과 현상을 깊이 새기고, 몸을 움직여 의식을 일깨운다. 다시 말하자면, 자아의 기원은 초기 아동기와 유아기 훨씬 이전으로 거슬러 올라간다. 심지어 갓난아기도 주변 환경의 모양을 알아차려서, 어떤 모양은 보기 좋다며 손을 뻗쳐 잡으려고 한다. 생명체의 지향성을 보여주는 이러한 초기 징후는 자아의 근원적 뿌리인 '나 됨I-ness'의 증거임을 알아볼 수 있다.

이러한 '나'의 본성과 본질에 대한 성찰은 심오한 심리학적 질문을 하게 한다. 자아는 근본적으로 무엇인가? 나의 본질은 무엇인가? 이에 대해 융은, 자아란 단순히 의식의 중심이라고 답하곤 했다.

'나'는 순진하게도 영원히 존재한다고 느낀다. 심지어 초기 삶에 대한 허황된 생각 때문에 이것이 진실이고 현실이라는 느낌을 갖기도 한다. '나'가 생애 과정에서 본질적으로 변하는가 변하지 않는가 하는 것은 아직 해결되지 않은 질문이다. 두 살 때 엄마를 찾으며 우는 '나'는 마흔다섯 살에 잃어버린 사랑 때문에 울거나 여든 살에 배우자를 잃고 우는 '나'가 아닌가? 인지, 자기 이해, 심리적 정체성, 수행 능력과 관련해 자아의 많은 특성들은 진짜 발달하고 변모하지만, 자아의 밑바닥에는 중요한 연속성이 있다고 우리는 의식한다. 많은 사람들은 '내면 아이child within'를 발견하고 감동한다. 이는 아이였던 그 사람이 지금 성인인 나와 같은 사람이라는 인식과 다르지 않다. 자아의 본질적 핵심은 생애에 걸쳐 변하지 않는 것 같다. 이 핵심은 신체의 죽음과 함께 사라지는 것이 아니라, 영원한 안식의 자리(천국, 열반)로 가거나 물리적 수준에서 다른 생명 형태로 다시 태어난다(윤회)는 것을 수많은 사람들의 직관과 확신을 통해 알 수 있다.

두 살 된 아이는 '나'라고 표현할 줄 안다. 그때까지 아이는 3인칭이나 이름을 이용해 "티미 하고 싶어"나 "세라 가" 등으로 자기를 표현한다. 아이가 자기를 가리켜 '나'라고 말하고, 의식적으로 자기를 개인적 세계의 중심에 두며, 자기 상황을 1인칭 대명사로 표현할 수 있게 되면 상당한 의식의 진척을 보인 것이다. 그러나 이것이 원초적 자아의 탄생을 의미하는 것은 결코 아니다. 의식과 행위는 이보다 오래전에 가상적 중심virtual center에 따라 조직된다. 자아는 스스로를 의식적 또는 반성적으로 지시하기 전에 분명히 존재하고, 이것을 알아가는 과정은 점진적이며 생애 내내 지속된다. 자기의식에로 성장하게 된다는 것은 유아기부터 성인기에 이르기까지 수많은 단계를 거치는 과정인 셈이다. 이러한 것들 가운데 하나를 융은《기억, 꿈, 회상Memories, Dreams, Reflections》에서 상세히 설명하고 있다. 이 책에서 그는 열세 살 나이에 먹구름에서 빠져나와 처음으로 깨달았다는 표현을 "이제 나는 나 자신이다"[5]라고 한다.

수준 높은 자각과 인식(즉 자기 성찰적 자아)을 성취하는 이러한 능력 때문에, 인간의 의식은 적어도 우리가 아는 한 현재로선 동물의 의식과 다르다고 봐야 한다. 이렇게 차이 나는 데는 두 가지 이유가 있다. 첫째, 인간의 언어 능력은 자신이 누구인지를 아는 '나'에 대해서 객관적으로 말할 수 있고, 그래서 더 복잡한 언어를 구사할 수 있다. 둘째, 인간은 의식에 존재하는 순전한 자기 반추적self-mirroring 기능도 갖추고 있다. 이 기능은 언어 이전의 것이며, 언어 이후의 것이기도 하다. 이 기능은 사람이 지금 존재하고 있다(나중에는 죽는다)는 것을 아는 것이다. 의식 안에 새겨진 거울인 이러한 자아 기능 때문에 우리가 존재하고 있으며, 우리 본질이 무엇인지를 알 수 있다. 다른 동물들도 분명히 살고 싶어 하고 자연환경을 다스리기를 원한다. 동물은 지향성, 현실 검증reality testing, 자제, 그리고 다른 많은 자아 기능을 갖고 있다는 것뿐만 아니라 감정과 의식의 증거도 보여준다. 그러나 동물에게는 의식에 자기 반추적 기능이 아예 없거나 현저히 부족하다. 동물은 자아가 부족하다. 동

---

5   융,《기억, 꿈, 회상》, 32쪽.

물은 존재하며, 개별적으로 죽고, 분리된 개체들이라는 것을 알고 있는가? 이것은 의심스럽다. 시인 릴케는 동물이 인간과 같은 방식으로 죽음에 직면하지 않아서 현재 순간에만 온전히 살게 되는 이점이 있다고 주장했다. 동물은 인간과 같은, 그런 동일한 방식으로 자아의식적이지 않고, 언어를 갖지 않으므로 자신들의 어떤 의식도 섬세하게 제대로 표현하지 못하며, 인간이 구사하는 언어적 능력으로 자신과 타자를 제대로 구별하지도 못한다.[6]

어느 발달 시점이 지나면, 인간의 자아와 의식은 주로 그가 자라고 교육받는 문화적 세계에 의해 한정되고 형성된다. 이것은 중심적 자아를 에워싼 자아 구조의 층 또는 표층이다. 이 자아의 외피는 한 아이가 어떤 문화에서 자라며 가족과의 상호작용이나 학교에서 체험하는 교육을 통해 그 나름의 태도와 습관을 키워갈 때 점점 더 두꺼워진다. 융은 이러한 자아의 두 가지 특성을 '성격 1호Personality No. 1'와 '성격 2호 Personality No. 2'[7]라고 부른다. 성격 2호는 선천적 핵심 자아, 성격 1호는 장기간에 걸쳐 성장해 문화적으로 습득된 자아 층을 의미한다.

한 사람이 갖는 자아의식의 특별한 내용 일부는 장기간에 걸쳐 상당히 안정되어 있다는 것을 알 수 있다. 그 사람 자신의 이름은 보통 의식의 이러한 안정된 특성을 보여주는데, 어떤 시기가 지나면서 자아에 영

---

6   동물 가운데 특이하고 모호한 종이 있긴 한데, 나름대로 대단한 소통 능력과 수단을 갖고 있다. 하지만 동물이 갖는 이러한 능력과 수단은 우리가 아는 한 인간이 언어를 습득하고 언어 세계에서 기능하는 능력을 최소화해서 비교해도 아주 보잘것없기만 하다. 그들의 많은 비언어적 소통 능력이 아직 제대로 발견되지 않았다는 사실을 감안해도 마찬가지다.

7   융, 《기억, 꿈, 회상》, 45쪽.

구히 접합될 수도 있다. 이름이란 개인적 영역을 넘어 사용되므로 그 사람의 '페르소나persona'의 일부로서 공적 영역에 속한다(페르소나에 대해서는 5장 참조). 반면에 부모, 자녀, 애인이 그 이름을 부를 때는 자기 감정의 가장 친밀한 부분을 건드리는 것이다. 하지만 이름이란 문화적 산물이므로, 예컨대 자아보다는 몸에 더 안정적으로 고정된다고 본다. 우리는 이름을 바꾼다 해도 동일한 사람으로 남는다. 지금까지 어느 누구도 같은 사람으로 남는지 알아보려고 몸을 완전히 바꾼 적이 없다. 만약 이런 일이 일어난다면(또는 일어났을 때) 자아가 그 몸을 초월하는지도 알아봐야 한다. 이에 대한 대답은, 몸에 대한 자아의 관계가 완전히 융합되어 구분되지 않는다 해도 자아는 몸을 실로 초월한다는 것이다.

우리는 자아에 대해 의지意志를 행사하고, 개별적이고, 한계가 있으며, 유일무이한 실체인 몸의 의식이라고 정의 내리고 싶은 유혹에 빠질 수도 있다. 만일 사람이 다른 이름을 갖는 경우, 본질적 '나'는 현재의 나와 다르지 않으리라고 주장할 수도 있다. 그러나 우리가 다른 몸을 갖고 있다면, 이 자아는 본질적으로 다르지 않겠는가? 자아는 문화에서 뿌리내려지는 것보다 몸에 더 깊이 자리 잡고 있지만, 얼마나 깊이 연결되어 있는지는 여전히 논란의 여지가 있다. 그런데도 자아는 몸의 죽음에 깊은 두려움을 갖는데, 몸이 소거되면 자아도 소멸되리라는 두려움이다. 하지만 융에 따르면, 자아가 신체적 토대에 엄밀히 제한되는 것은 아니다. 융은《아이온》에서, 자아는 "단순하거나 기초적인 요인이 아니라, 완전히 설명될 수 없는 복잡한 요소다. 실험에 따르면, 자아는 상이한 두 토대, 즉 신체 토대와 정신 토대를 바탕으로 한다"[8]고 진술한다.

융이 생각하기에 정신이란 몸의 단순한 표현, 뇌 화학작용의 결과나 어떤 신체적 과정으로 환원될 수 없는 것이다. 정신은 마음이나 영(여기서 영을 의미하는 희랍어 '누스nous'는 융 사상을 가장 잘 포착해준다)의 성질을 가지므로 그 신체적 자리를 때론 초월할 수 있고, 또 초월하기도 한다. 이어지는 다음 장들에서는 어떻게 융이 신체적 본질과 초월적 영 또는 마음, 즉 누스의 결합을 통해 정신이라는 개념을 이끌어내는지 더 명확히 알게 된다. 그러나 현재로선 정신과 몸이 인접해 경계를 이루는 것도 아니고, 서로에게서 각자가 나온 것도 아니라는 언급만으로 충분하다. 융이 정신의 완벽한 대상적 존재로 취급하는 자아는 신체에 단지 부분적으로만 토대를 두고 있다. 자아는 몸과의 일치를 체험한다는 의미에서만 몸에 기초를 두고 있지만, 자아가 경험하는 몸은 정신적이다. 자아는 몸의 이미지이지, 몸 자체가 아니다. 몸은 "신체 내적 지각의 전체성에서from the totality of endosomatic perception)",[9] 즉 사람이 몸에 대해 의식적으로 느끼는 것에서 체험된다. 몸에 지각된 표상들percepts은 "신체 내적 자극에 의해 산출되는데, 이러한 자극의 일부만이 의식의 경계를 넘어간다. 이러한 자극들 가운데 상당한 비율은 무의식적으로, 즉 잠재의식적으로 일어난다. (…) 이 자극들이 잠재의식적이라는 사실은 그 상태가 단순히 생리적 현상이라는 의미가 아니다. 즉 이러한 생리적 현상을 넘어서는 것 모두가 정신의 내용을 의미하지 않는다는 뜻이다. 때

---

8   융,《전집》9권·상, 3항.
9   위의 책.

로 이 자극들은 경계를 넘어 의식으로 들어갈 수 있는 것, 즉 지각으로 표상될 수 있다. 그러나 상당한 비율의 신체 내적 자극들은 단순히 의식이 될 수는 없다. 이 자극들은 아주 기초적인 것이어서 그들을 정신의 본질이라고 말할 이유는 없는 것이다."[10]

앞 구절에서 우리는 융이 정신의 경계에 선을 그어 자아의식과 무의식을 포함시켰지만, 신체적 토대에는 그렇게 하지 않았음을 관찰할 수 있다. 많은 생리학적 과정은 정신으로, 심지어 '무의식'의 정신으로 결코 넘어 들어오지 않는다. 이런 과정은 원칙적으로 의식화될 수 없다. 예를 들어 교감신경계는 대부분 의식에 분명히 접근되지 않는다. 신체적 토대로 관통해 들어갈 수 있는 자아의 능력이 어느 정도까지 발달될 수 있는지는 분명하지 않다. 숙련된 요기(요가 수행자)들은 신체 수련을 통해 조정할 수 있다고 주장한다. 그들은 죽음을 의지에 따라 구사해서 마음대로 심장을 멈출 수 있다고 한다. 손바닥 온도를 의지대로 바꿀 수 있는 요기의 능력은 검증되었다. 자기 뜻대로 10~20도 정도로 바꿀 수도 있을 것이다. 이는 몸을 관통해 제어할 수 있는 정신 능력이 크다는 것을 보여주지만, 여전히 이 영역은 아직 탐구되지 않은 상태로 남아 있다. 자아는 세포 하부구조의 어느 정도까지 관통해 들어갈 수 있는가? 예를 들어 숙련된 자아는 악성종양을 위축시키거나 고혈압을 효과적으로 극복할 수 있는가? 많은 질문들이 해결되지 않은 상태로 여전히 남아 있다.

두 경계치 threshold(방 안과 밖의 경계를 이루는 문지방처럼 전이의 경계에 있다

---

10 위의 책.

는 의미)가 있다는 것을 염두에 둘 필요가 있다. 하나는 의식과 무의식을 구별하는 경계치고, 다른 하나는 (의식과 무의식 양쪽 모두를 포괄하는) 정신과 신체적 토대를 구별하는 경계치다. 이 경계치들에 대해서는 이어지는 장에서 상세히 다루겠지만, 먼저 이 경계치들은 광범위해서 유동적 경계들로 간주되어야지 고정되거나 굳게 가로막힌 장벽이 아니라는 점은 분명하다. 융에게 정신이란 의식이나 무의식을 포괄하는 것이지만, 순수 심리학적 차원에서 볼 때 이 정신이 전부를 포함하는 것은 아니다. 자아는 정신의 신체, 즉 몸의 이미지에 근거를 둔 것이지 몸 자체에 근거를 둔 것은 아니다. 그래서 자아란 본질적으로 정신적 요소다.

자아의 위치

정신의 모든 영토는 자아의 잠재적 관할 범위와 매우 가까이 경계를 이루고 있다. 융이 앞 구절에서 정의 내린 대로, 정신은 자아가 원칙적으로 이를 수 있는 범위에 묶이고 제한된다. 하지만 이런 사실이 정신과 자아가 동일하다는 의미는 아니다. 정신은 무의식을 포함하고, 자아는 대체로 의식에 제한된다. 그러나 자아는 무의식의 많은 부분을 실제로 경험하지 못한다 해도, 적어도 잠재적으로는 무의식을 이용할 수 있다. 여기서 요점은 정신 자체에 한계점이 있다는 것인데, 그 한계점은 정신이 자극이나 정신 밖의 내용을 원칙상 의식적으로 더는 경험할 수 없는 지점이다.[11] 융이 의존하는 칸트의 철학적 견지에서 볼 때, 이러한

---

11 위의 책.

경험될 수 없는 실체entity를 '물 자체Ding an sich'라고 부른다. 인간의 경험에는 한계가 있다. 정신도 한계가 있다. 융은 범심론자pan-psychist가 아니다. 여기서 범심론자란 정신이 도처에 존재하고 만물을 구성한다고 주장하는 사람을 말한다. 몸은 정신 밖에 존재하며, 세계는 정신보다 훨씬 더 크다.

하지만 융이 쓰는 용어, 특히 '정신'과 '무의식' 등의 용어에 지나치게 정밀도를 부과하는 것은 피해야 한다. 그렇지 않으면 융이 의도적으로 남겨둔 틈과 여지를 억지로 끼워 맞추려 할 것이다. 정신은 의식과 무의식이 결합된 영토를 '엄밀히' 함께 포괄하는 것도 아니며, 자아의 범위에 '꼭 맞게' 한정되는 것도 아니다. 정신과 육체가 함께 모이고 영혼과 세계가 만나는 바로 그 가장자리에, '내부/외부inside/outside'의 경계선적 음영이 드리워져 있다. 이 회색 지대를 융은 유사정신psychoid이라 부른다. 이 영역은 정신처럼 행동하지만, 오로지 정신적인 것은 아니다. 그래서 유사정신이라 한다. 예를 들면 이 회색 지대에 심신의 수수께끼가 놓여 있는 것이다. 어떻게 마음과 몸이 서로 영향을 미치는가? 어디에서 둘 중 하나가 멈추고 나머지 하나는 시작되는가? 이러한 질문들은 여전히 대답되지 않은 상태다.

융은 자아의 정신적 기초를 설명하는 《아이온》의 다음 구절에서 미묘한 구별을 한다. "자아는 한편으론 의식의 전 영역에 기초를 두고, 다른 한편으론 무의식적 내용의 총합에 기초를 둔다. 이들은 세 부류로 나뉜다. 첫 번째가 자발적으로 재생산될 수 있는 일시적 잠재의식의 내용(기억)이고 (…) 두 번째가 자발적으로 재생산될 수 없는 무의식의 내용이며 (…) 세 번째가 전혀 의식적으로 될 수 없는 내용이다." 이 세 번째 부류는 초기 정의에서 정신 밖에 남겨져 있었는데, 여기서 융은 이것을 무의식 안에 둔다. 그는 무의식이 더는 정신이 아닌 곳에 도달하며 비정신적 영역, 즉 정신을 넘어 존재하는 '세계'로 확산된다고 보았다. 적어도 어느 정도는 이 비정신적 세계가 무의식 안에 있게 된다. 여기서 우리는 위대한 미스터리의 경계선들인 정신 밖의 지각, 동시성, 몸의 기적적 치유 등에 접근하게 된다.

과학자로서 융은 개인 무의식과 집단 무의식이라는 두 양태가 존재한다는 대담한 가설을 세우기 위한 분명한 논거를 제시해야 한다는 과제를 안고 있었다. 다른 저술에서는 제법 상세히 다뤘음에도 여기서 그는 단순히 이러한 논증을 다음처럼 암시하는 데 그치고 있다. "두 번째 부류는 잠재의식 내용이 의식에 자발적으로 돌입한다는 사실에서 추론된다."[12] 이 말은 콤플렉스가 어떻게 의식에 영향을 미치는지를 설명한다. "세 번째 부류는 가설에 근거한다. 즉 두 번째 부류의 기초가 되는 사실들에서 논리적으로 추론한 것이다."[13] 콤플렉스에 지속적으로 나타나는 형태를 통해 융은 원형이란 가설을 구축했다. 만일 어떤 원인에 따른 결과가 충분히 강하고 지속적이라면, 과학자는 그 결과를 설명해서 추가적 연구를 가능하게 하는 가설적 공식을 만든다.[14]

---

12 위의 책.

13 위의 책.

14 융을 근본적으로 과학자라고 볼 수 있는 이유는 그가 원형 이론을 하나의 가설로 인정하고 있다는 데 있다. 반면에 이것을 인정하지 않는다면, 그는 신화를 만들거나 예지적 선언을 하는 셈이다. 이러한 신화 만들기나 예지적 선언은 과학이라기보다 종교에 적합하다. 융의 저작들은 도그마로 취급되곤 하지만, 그의 연구는 경험적 방법에 기초하며 그는 예언자라기보다 과학자의 소임을 하므로 도그마로 취급해서는 안 된다.

이어서 융은《아이온》에서 자아는 두 가지 토대, 즉 신체(몸의) 토대와 정신 토대를 바탕으로 한다고 주장한다. 이들 각 토대는 다층적이며, 부분적으로 의식에 존재하기는 하지만 대부분 무의식에 존재한다. 자아가 이 토대들에 기초한다는 것은 자아의 뿌리가 무의식에까지 닿아 있다는 의미다. 상층 구조에서 자아는 합리적이고 인지적이며 현실 지향적이지만, 심층적이고 감추어진 층에서 감정과 환상 및 갈등의 유동流動에, 그리고 무의식의 신체적·정신적 수준이 부과하는 침입에 자유롭지 못하다. 따라서 자아는 신체적 문제와 정신적 갈등으로 쉽게 흐트러질 수 있다. 정신의 순수한 실체, 의식의 활력적 중심, 정체성과 의지력의 본바탕, 심층에서의 자아는 수많은 원인들에서 비롯되는 침해에 취약하다.

앞서 지적한 대로, 자아는 자신이 깃들고 준거점을 형성하는 의식의 장과 구별되어야 한다. 융은 이렇게 적고 있다. "자아는 의식의 전 영역에 '기초한다'고 말했을 때, 이것은 자아가 의식의 장으로 구성되어 있다는 의미가 아니었다. 만약 그렇다면 자아는 전체적으로 의식의 장과 구별될 수 없을 것이다."[15] 융은 주체인 '나I'와 객체인 '나me'를 구별한 윌리엄 제임스William James[16]와 마찬가지로, 자아는 제임스가 '의식의 흐름the stream of consciousness'이라고 한 것과 분명히 차이가 있다고 한다. 자아는 이 흐름의 한 지점이나 방울들이며, 스스로를 의식의 흐름과 분별하고 그 의식을 자신과 다른 것으로 인식한다. 그 흐름을 관찰하고 연구하기에 충분하도록 자아와 거리를 둔다 하더라도, 의식이 자아에

---

15 융, 앞의 책, 5항.

16 윌리엄 제임스,《심리학 원리(Principle of Psychology)》1권, 291~400쪽.

완전히 통제되지는 않는다. 자아는 의식의 장 안에서 이동하면서 제법 관찰하고 선택하며 중심 활동을 지시하지만, 의식이 이와 달리 관심을 기울이는 많은 재료는 간과해버린다. 익숙한 길에서 운전을 할 때, 자아는 빈번히 운전에 집중하지 않고 운전과 상관없는 일에 관심을 기울인다. 그런데도 교통 신호등과 여러 위험한 교통 상황에 요리조리 잘 대처해 목적지에 안전하게 도착하면, 어떻게 잘 도착할 수 있었는지 매우 궁금해진다! 자아의 관심이 다른 곳으로 향해 딴 곳을 배회하는 사이, 운전은 자아에 속하지 않은 의식에 맡겨졌다. 한편 의식은 그동안에도 자아와는 별도로 지속적으로 정보를 검열하고, 수용하고, 처리하고, 반응하고 있다. 위기가 발생하면 자아는 제자리로 돌아와 책임을 담당한다. 자아는 의식의 장에서 뽑아 온 기억이나 생각, 느낌 또는 계획 등에 종종 초점을 맞춘다. 자아는 다른 일상적 기능들을 그 기능에 익숙해진 의식에 맡긴다. 의식에서의 이러한 자아 분리는 가벼운 정도의 병리학적이지 않은 해리dissociation 형태다. 자아는 어느 정도는 이렇게 의식과 분리될 수 있다.

기초적 또는 초보적 자아는 일종의 가상적 중심이나 초점으로서 의식 초기부터 존재한다 할지라도, 이 자아가 초기 유아기나 유년기 단계에 걸쳐 성장 및 발전한다는 것은 주목할 만하다. 융은 이렇게 쓰고 있다. "정신적이든 육체적이든 자아의 토대 자체는 비교적 미지의 상태에 있거나 무의식적이지만, 자아가 의식의 한 요소라는 것은 두말할 나위 없다. 자아는 경험적으로 말해서 각 개인의 생애 동안 습득되는 것이다. 자아는 처음엔 신체적 요인과 환경이 충돌할 때 생기는데, 일단 주체로 자리 잡으면 외부 세계 및 내부 세계와의 계속된 충돌로 발달한다."[17] 융에 따르면, 자아가 성장하도록 하는 것은 '충돌collision'이다. 다시 말해 이 충돌은 갈등, 곤경, 고뇌, 슬픔, 고통 등을 의미한다. 이들은 자아가 발달하도록 해준다. 사람이 신체적·정신적 환경에 적응하는 데 필요한 조건이 요구되는데, 이러한 요구 사항이란 의식의 잠재적 중심을 이용해 이 의식의 기능적 능력을 강화하는 것이다. 이런 조건이 충족되면, 의식에 초점이 모아져 생명체가 특별한 방향으로 나아갈 수 있게 된다. 자아는 의식의 가상적 중심으로서 선천적인 것이지만, 실제적이고 효과적인 중심으로서의 자아로 발달하는 것은 심신으로 이뤄진 몸과 반응 및 적응을 요구하는 주변 환경 사이에 일어나는 이러한 충돌들 덕분이다. 그래서 융에 따르면, 환경과의 충돌로 발생하는 적당한 갈등과 좌절은 자아 성장을 위한 최상의 조건이 된다.

하지만 이러한 충돌은 재앙이 될 수 있으며, 정신에 심각한 해를 입힐 수도 있다. 그래서 성장 초기의 자아가 강해지는 것이 아니라 오히려 상처를 입을 경우, 이런 심각한 정신적 외상으로 그 이후의 자아 기능은 크게 손상된다. 유아 학대나 성에 관련된 유년기의 외상은 그러한 정신적 재앙을 보여주는 단적인 예다. 이런 재앙으로 자아가 그 정신의 하위 상태에서 영구적으로 손상되는 것은 흔한 일이다. 인지적으로 말해 자아는 정상적으로 기능할 수도 있겠지만, 의식이 적은 부분에서 일어나는 응집 구조의 감정적 동요와 부재는 심각한 성격장애와 해리적 경향을 일으킨다. 이러한 자아는 정상적 형태에서는 (모든 자아가 그러하듯이) 취약할 뿐만 아니라 망가지기 쉽고 과잉방어hyperdefensive를 하

---

17 융, 앞의 책, 6항.

게 된다. 자아는 스트레스를 받으면 쉽게 붕괴되며, 그리하여 원시적인 (그러나 매우 강력한) 방어기제에 의존해 세계와 떨어져 담을 쌓고 외부 침입과 손상에서 정신을 보호하려는 경향을 보인다. 이런 사람들은 타자를 신뢰하지 못한다. 역설적으로 그들은 타자와 삶 일반에게서 지속적으로 버림받았다고 느끼고 크게 실망한다. 그들은 압도적으로 위협적이라고 여겨지는 주변 환경에서 점차 자기 스스로를 소외시키고 방어적인 고립 생활을 한다.

이렇게 발생기 자아는 욕구와 충족 사이에 불일치가 일어났다고 신호를 보내는 유아의 괴로운 외침이라고 설명될 수도 있다. 이 시점부터 자아가 단순히 발달하기 시작하고, 마침내 더 복잡한 자아로 발달한다. 두 살 난 아동이 "아니요"라고 말할 정도가 되면, 자아는 환경적 도전에 대처할 뿐만 아니라 그 환경의 여러 측면을 변화 및 통제하려고 이미 시도하고 있는 것이다. 이렇게 어린아이의 자아는 수많은 충돌을 일으켜 스스로 강해지는 데 쉴 새 없이 부지런하다. "아니요" 또는 "나는 하지 않을 거예요!"라고 표현하는 것은 분리된 실체로서의 자아를 강하게 해주고 의지, 지향성, 통제를 맡고 있는 강인한 내적 중심으로의 자아를 강하게 해주는 훈련인 셈이다.

아동기에 자율성을 성취한 자아는 또한 의식을 뜻대로 지배하고 지휘할 수 있다고 느낀다. 지나치게 불안한 사람에게 특징적으로 드러나는 경계심은 자아가 이처럼 확실한 자율성 수준에 제대로 도달하지 못했음을 나타낸다. 개방적이고 유연해지는 것은 자아가 생존과 기본적 욕구 충족을 보장하기에 충분한 통제 능력을 갖출 때 가능하다.

환경과 충돌하면서 자아가 발달한다는 융의 견해는 충족되지 않은 환경에 직면해 인간이 불가피하게 겪는 모든 좌절 경험의 잠재성을 창조적 방식으로 바라보게 한다. 자아가 의지를 시행하려 할 때 그 환경에서 오는 저항에 직면하게 되는데, 이러한 충돌이 잘 처리되면 결과적으로 자아는 성장한다. 이러한 통찰이 주는 경고는 아이에게 다가오는 도전적 현실의 공격을 지나치게 차단해서는 안 된다는 점이다. 기후가 늘 일정하게 유지되는 과잉보호 환경은 자아 성장을 자극하는 데 그다지 유용하지 않다.

심리 유형

자아의식을 다루는 이 장에서 융의 심리 유형을 간략히 다룰 필요가 있다. 융《전집》의 편집자들은《심리 유형》에 대한 안내 글에서, 융은 이 책을 "임상적 관점에서의 의식의 심리학"[18]으로 본다고 인용하고 있다. 자아가 환경에 적응하고 이에 수반되는 조건을 수행할 때, 두 가지 주요한 태도(내향성과 외향성)와 네 가지 기능(사고, 감정, 감각, 직관)은 자아가 앞으로 발달해갈 방향에 중요한 영향력을 행사한다. 이러한 태도와 기능 가운데 하나를 취할 경우, 타고난 핵심 자아는 세계에 대처하는 데 필요한 나름의 관점을 갖추게 된다.

현실과 충돌이 일어나면 이제 막 생기기 시작한 잠재적 자아가 깨어나 세계와 관련을 맺는다. 그러한 현실과의 충돌은 정신이 주변 세계와 '신비로운 참여'[19]를 하는 데 방해가 되기도 한다. 일단 깨어난 자아는

---

18 융,《전집》6권, v쪽.

19 융은 이 어구를 자아가 세계와 집단 또는 부족과 갖는 가장 원시적인 관계를 설명한 프

세계에 적응하는 데 필요한 어떤 수단이든 강구해야 한다. 융은 자아가 수행할 수 있는 수단 또는 기능은 네 가지이고, 이들 각각은 내향적(내부로 보는) 태도나 외향적(외부로 보는) 태도 중 하나로 발전된다는 이론을 제시했다. 자아가 어느 정도 발달되면, 내면세계로 나아갈지 외부세계로 나아갈지를 결정하는 선천적 성향이 점차 선명히 드러난다. 선천적인 유전적 경향을 가진 자아는 사람에 따라 특정한 '유형'적 태도와 기능을 결합하며, 이 결합이 부족할 경우 균형을 맞추려고 보완적인 2차적 결합을 하기도 하지만, 남아 있는 3차와 4차적 결합은 별로 사용되지 않으므로 이용도 잘 안 할뿐더러 발달도 더디게 된다고 융은 주장한다. 이러한 결합을 통해 형성된 것을 융은 '심리 유형'이라고 했다.

어떤 사람이 세상과의 관계에서 내향적 태도를 취하는 경향을 갖고 태어났다고 해보자. 그는 유아기 때 이미 수줍은 성격을 드러내며, 독서와 공부처럼 홀로 일하기를 선호하는 사람으로 성장한다. 만일 그가 네 기능(사고, 감정, 감각, 직관) 중에서 사고 기능을 사용해 세계에 적응하고자 선천적 내향성과 결합하면, 자연스럽게 이런 경향에 맞는 과학 또는 학문 같은 활동을 추구함으로써 세계에 적응한다. 그는 이러한 내향적 영역에 머물러 있는 한 자기 일을 잘 수행하고, 확신에 차며, 이렇게 자연스레 진행되는 방식에 만족한다. 그런데 이러한 내향적 사고의 사람이 강한 사회화가 필요한, 아니면 가가호호 방문하며 신문 구독

랑스 인류학자 레비-브뤼(Levy-Bruhl)에게서 차용했다. '신비로운 참여(participation mystique)'는 자기와 대상(이 대상이 사물이든, 개인이든, 집단이든 상관없이) 사이의 원시적 동일성 상태를 지시하는 것이다. 마오쩌둥 같은 카리스마적 정치 지도자들은 인민이 갖는 의식 상태를 고양하려 했다. 마오의 마음을 표현한 "하나의 중국, 하나의 마음"이라는 말은 비극적인 문화혁명 기간에 나돌던, 이 중국인 독재자의 슬로건이었다.

신청을 받는 일을 하는 외향적 영역을 담당할 경우 일의 효율성은 현저히 떨어진다. 그래서 그는 어찌할 바를 모른 채 상당한 불안과 스트레스를 자주 받는다. 만일 이러한 내향적 사람이 외향적 태도를 선호하는 문화 또는 내향성을 부정적으로 강화하는 가정에서 태어난다면, 그의 자아는 억지로 외향성을 발전시켜 환경에 적응해야 한다. 이것은 상당히 큰 대가를 요구한다. 내향적인 사람은 외향적인 것에 적응하는 데 만성적이고 크나큰 심리적 스트레스를 감수해야 한다. 그의 자아 적응은 자연스럽게 이뤄지지 않으므로 인위적으로 환경에 적응해야 한다. 그는 적응을 제대로 하지 못하겠지만, 어쩔 수 없이 하긴 해야 한다. 이러한 사람의 자아는 불리한 상황에서 기능하게 되는데, 이는 선천적으로 외향적인 인간이 내향적 문화에서 불리한 조건을 취하는 것과 같은 맥락이다.

사람들 사이의 유형적 차이는 가정이나 집단에서 상당한 갈등을 일으킨다. 부모와 유형적으로 다른 아이들은 오해받기 일쑤며, 부모가 선호하는 가짜 유형을 채택하도록 강요받을 수도 있다. 부모가 보기에 '바른correct' 유형적 특성을 가진 아이는 사랑받는 아이가 된다. 이 단계에서 형제자매의 경쟁이나 질투가 일어난다. 부모가 보통 그러하듯, 대가족에서 아이들 각자는 유형적으로 어느 정도 차이를 보인다. 외향적 아이들은 무리를 지어 내향적 아이들을 공격하는 데 반해, 내향적 아이들은 무리 짓거나 집단을 이루는 데 그다지 능숙하지 않다. 한편 내향적 아이들은 숨는 데 능숙하다. 우리가 이러한 유형 차이를 긍정적 가치가 있다고 인식하고 평가한다면, 가정생활을 영위하거나 유용한 집단 정책을 수립하는 데 도움이 될 것이다. 사람들은 동일한 주파수로 맞춰져 있지 않으므로 한 사람이 이룬 상이한 공헌이 다른 나머지 사람들에게 유익하다는 것을 알게 된다. 유형적 차이에 대한 인식과 긍정적 평가는 가정생활과 문화생활에서 창조적 다원성을 위한 기초가 될 수 있다.

네 기능과 두 태도 중에서 우리가 선택하는 주 기능superior function〔1차 기능이라고도 한다〕과 선호되는 태도의 결합은 자아가 내면세계와 외부 세계에 적응하고 상호작용하는 데 필요한 최상의 유일한 도구가 된다. 한편 이러한 결합이 거의 이뤄지지 않는 열등 기능inferior function〔4차 기능으로 불리기도 한다〕은 자아를 활성화하는 데 좀처럼 이용되지 않는다. 2차 기능은 주 기능 다음으로 자아에 중요한 역할을 한다. 주 기능과 2차 기능이 결합될 때 자아는 스스로 앞으로의 성격적 성향과 그 성향을 성취하는 데 이러한 결합을 가장 빈번히 효과적으로 이용할 수 있다. 대체로 이러한 두 기능, 즉 주 기능과 열등 기능 가운데 하나는 외향적이거나 내향적이다. 외향적 기능은 외부 현실을 읽어내도록 해주며, 내향적 기능은 내면에서 일어나는 일에 대한 정보를 제공해준다. 자아는 이러한 도구를 최대한 잘 이용해 외부 세계와 내면세계를 제어하고 변화시킨다.

우리가 다른 사람들에 대해 갖는 많은 경험과 우리 성격으로 인식되는 많은 것은 자아의식에 속하지 않는다. 활발한 소통, 타자와 삶에 대한 자발적 반응과 정서적 대응, 유머의 폭발, 슬픔의 분위기와 매력, 심리적 삶의 혼란스러움 등의 특질과 속성은 그런 규모의 자아의식이 아니라 더 큰 정신의 양상들과 연관된다. 그래서 자아를 전인적 인간과 동일한 것으로 간주하는 것은 옳지 않다. 자아는 단지 행위자이고, 의식의 초점이며, 인식의 중심에 지나지 않는다. 우리는 자아에 너무 많은 것을 전가하거나 너무 적게 전가하는 것을 피해야 한다.

개인적 자유

일단 자아가 충분한 자율성을 이루고 의식을 다스리는 수단을 획득하면, 개인적 자유의 감정은 주관적 실재의 특성을 잘 보여준다. 개인적 자유의 범위는 아동기와 청년기에 걸쳐 시험되고, 도전받고, 확장된다. 전형적으로 젊은이는 심리적으로 경험된 것보다 더 크게 자아를 통제하고 자유의지를 성취했다는 착각 속에 사는 경향이 있다. 자유에 부과된 모든 제한은 바깥 세계, 즉 사회와 외부 규제에서 온 것처럼 보이고, 자아가 내부에서 얼마나 많이 통제받는지에 대한 자각은 거의 없는 편이다. 이 점을 면밀히 따져볼 때 우리가 외부적 권위에 종속된 만큼이나 자신의 인격적 구조와 내면에 도사린 악마에 종속되어 있다는 것이 드러난다. 인생 후반기에 이르러서야 우리는 비로소 자신이 바로 최악의 적, 가장 냉혹한 비판자, 가장 가혹한 임무 부과자임을 점차적으로 자각하게 된다. 운명이란 외부에서 명령을 받을 뿐만 아니라 내면에서도 하달된다.

융은 의지가 실제로 얼마나 자유로운지에 대해 답을 제시하려고 깊이 노력했다. 다음 장에서 보겠지만, 지구가 태양계의 작은 일부이듯 자아는 크나큰 심리 세계의 작은 부분에 지나지 않는다. 지구가 태양 주위를 돌듯 자아는 더 큰 정신적 실체인 자기self 주위를 돈다고 봐야 한다. 이러한 통찰은 자아를 중심에 두는 사람에게 불안과 동요를 일으킨다. 자아의 자유는 한계가 있다. "의식의 장 내부에서 '자아'는 말하자면 자유의지를 갖는다. 이는 철학적인 것을 의미하지 않으며, 단지 '자유 선택'으로 잘 알려진 심리학적 사실 또는 '자유에 대한 주체적 느낌'을 의미한다"[20]고 융은 적고 있다. 자아의식은 자기가 통제하는 영역에서는 분명히 일정한 자유를 갖고 있다. 그러나 이 자유의 범위는 어느 정도인가? 어느 정도로 우리는 조건과 습성에 기초해 선택을 하는가? 펩시콜라 대신 코카콜라를 선택하는 것은 일정한 자유의 반영이지만, 사실 이 선택은 광고를 보거나, 아니면 다른 것을 이용할 수 없거나 대체할 만한 것이 없을 때 어쩔 수 없이 한다는 한계가 있다. 한 아이가 자유의지를 발휘해 세 가지 셔츠 가운데 하나를 선택할 기회를 갖는다고 해보자. 셋 중 자기가 원하는 셔츠 하나를 자유롭게 선택할 수 있으므로 이 아이의 자아는 만족할 것이다. 그렇지만 의지는 여러 요인들로 제약을 받는다. 즉 아이는 어떻게 해야 부모가 기뻐할지 세심히 고려하거나, 반대로 부모의 바람을 거역해서 자기가 원하는 것을 얻을 수 있을지 고려해야 한다. 또한 제공받을 수 있는 범위, 동료 집단의 압력이나 요구 등의 요인이 주는 제약에서도 자유로울 수 없다. 이 아이와 마찬가지로, 우리가 자유의지를 발휘할 수 있는 실제 범위는 습관, 압력, 이용 가능성, 조건적 상황, 그리고 다른 많은 요인들로 제약을 받는다. 융의 말로 표현하자면, "우리 자유의지가 외부 세계의 필요성과 충돌하듯, 자유의지가 주관적 내면세계에서는 의식의 장 밖에 있다는 점을 고려하지 않을 수 없다. 그러므로 이 내면세계에서 자유의지는

---

20 융, 앞의 책, 9항.

자기self가 제시하는 사실들과 갈등을 일으킨다."[21] 외부 세계는 정치적·경제적 제한을 부과하지만, 주관적 요인들 역시 자유 선택을 행사하는 데 동일한 정도의 제한을 가한다.

광의적으로 표현할 때 자아의 자유의지를 줄이는 것은 바로 이 무의식의 내용이다. 사도 바울은 이와 관련된 고전적 표현으로 이렇게 고백한다. "나는 내가 하는 일을 도무지 알 수가 없습니다. 내가 해야겠다고 생각하는 일은 하지 않고 도리어 해서는 안 되겠다고 생각하는 일을 하고 있으니 말입니다. (…) 마음으로는 선을 행하려고 하면서도 나에게는 그것을 실천할 힘이 없습니다(이 구절은 공동번역 성서를 따랐다)."[22] 이러한 상반됨의 악마가 바로 자아와 갈등을 일으키는 것이다. 융은 다음 같은 생각을 분명히 밝힌다. "바깥 환경과 외부 사건이 우리에게 '발생해서' 우리 자유를 제약하는 것과 마찬가지로, 자기는 자유의지가 거의 바꿀 수 없는 객관적 사건이 발생하기라도 한 듯 자아를 따라 행동한다."[23] 정신이 통제할 수 없는 내적 필연으로서의 자아를 취할 때, 자아는 패배감을 느끼며 내면의 현실을 제대로 통제하지 못하는 무능력을 인정하라는 요구에 직면해야 한다. 이러한 자아는 사회적·물리적 세계와 관련해서도 동일한 요구에 직면한다. 삶의 과정에 있는 사람들 대부분은 자기들이 외부 세계를 통제할 수 없음을 깨닫기는 하지만, 외부 세계는 물론 내부 정신의 과정들도 자아에 의해 통제되지 않는다는 것을 의식하는 사람은 극소수뿐이다.

---

21 위의 책.

22 〈로마서〉 7장 15~18절.

23 융, 앞의 책.

이러한 논의를 통해 이제 우리는 무의식의 영토로 들어갈 준비가 되었다. 다음 이어지는 장들에서 나는 인간 정신의 광대한 영토 대부분을 차지하는 무의식 영역에 대해 융이 제시한 비전을 설명하겠다.

— 2장 —

내면의 거주자
(콤플렉스)

앞 장에서 우리는 정신의 표층으로서의 자아의식이 개인과 외부 환경 사이의 갈등으로 마음의 동요와 감정적 반발을 일으킨다는 사실을 살펴보았다. 융은 정신과 세계 사이에 일어나는 이러한 충돌이 긍정적 기능도 한다고 보았다. 도가 지나칠 정도의 충돌이 아니라면, 의식의 일부인 자아에 집중력을 요구함으로써 자아가 발달하는 데 필요한 자극이 되며, 이로써 문제 해결 능력이 강해지고 개인 자율성은 증대된다. 어쩔 수 없이 선택하거나 태도를 취해야 할 때, 우리는 이와 동일하게 문제 해결 능력을 발휘하고 자율성을 증대하거나 능력을 더 잘 발전시킬 수 있다. 이것은 관절의 움직임 없이 운동을 하는 등척성 장력 isometric tension[예를 들면 두 손을 맞대어 힘을 주어 겉으로는 전혀 운동하는 것처럼 보이지 않지만 엄청난 힘이 들어가게 하는 것]의 방법으로 근육을 강화하는 것과 같다. 자아는 세계와 그처럼 활발한 상호작용을 함으로써 성장한다.

타인들과 다양한 환경적 요인에서 오는 위험, 유인, 곤혹, 위협, 좌절을 통해 의식에는 일정한 수준의 에너지 집중이 일어나며, 자아는 충돌하는 세계의 이러한 양상들에 대처해야 한다.

하지만 환경적 원인과 직접적으로 연결되지 않고 주목할 만한 자극과 전혀 상관이 없는데도 일어나는 의식의 동요도 존재한다. 이런 동요가 일어나는 것은 근본적으로 외부 충돌이 아니라 내면 충돌 때문이다. 사람들은 때로 특별한 이유 없이 크게 흥분한다. 또는 설명하기 어려운 행동을 유발하는 내면적 가상 체험을 하기도 한다. 그들은 정신이상을 일으키고, 환각에 빠지며, 꿈을 꾸고, 또는 그냥 극도로 흥분하거나 사랑에 빠지거나 미쳐 날뛴다. 인간은 항상 합리적으로 행동하는 것은 아니며, 개인적 관심사를 계산적으로 꼭 맞추어 처신하지는 않는다. 경제 원리에만 맞춰 사는 '합리적 인간rational man'이라는 말은 인간의 역할을 부분적으로만 설명할 뿐이다. 인간은 정신적 힘의 동력을 받고, 합리적 과정에 기초하지 않은 사상의 자극을 받으며, 관찰 가능한 환경에서 측정될 수 없는 이미지와 영향에 종속된다. 간단히 말해 우리는 합리적이며 환경에 적응하는 존재이듯, 감정이나 이미지 지향적인 존재이기도 하다. 우리는 인식하는 만큼 꿈도 꾼다. 아마도 우리는 사유하는 것보다 훨씬 더 많이 느끼는 존재일 것이다. 적어도 사유하는 행위는 감정으로 다채로워지며, 합리적 계산의 대부분은 열정과 두려움의 노예다. 바로 이러한 비합리적 인간 본성을 이해하고자 융은 과학적 방법이란 도구를 사용해 인간의 감정, 환상, 행동의 동기와 형태를 연구하는 데 평생을 보냈다. 융 당시에 이 내면세계는 탐험되지 않은 '미지의 땅terra incognita'이었다. 그런데 그는 이 내면세계의 땅에 무엇인가 존재하는 것이 아니라 무엇인가 입주되어 있다는 것을 발견했다.

무의식에 도달하기

정신이란 태양계 같은 3차원적 대상이라고 잠시 상상해보라. 자아 의식은 지구, 즉 '딱딱한 땅terra firma'이다. 이 땅은 우리가 살고 있는 곳, 적어도 우리가 깨어 있는 시간에는 그렇다. 지구의 둘레 공간은 크고 작은 위성과 운석으로 채워져 있다. 이 공간을 융은 무의식이라 불렀고, 우리가 이 공간에 과감히 들어가서 처음 조우하는 것은 '콤플렉스complexes'다. 무의식에는 이러한 콤플렉스가 입주해 있다. 무의식은 융이 정신과 의사 경력을 쌓을 때 탐험하기 시작한 영토다. 그는 나중에 이것을 '개인' 무의식이라고 불렀다.

융은 자아 콤플렉스 또는 의식의 본질을 면밀히 살피기 이전에 이미 이 정신 영역의 지도를 그리기 시작했다. 그는 세기 전환기에 과학적 도구로 높이 평가되던 단어 연상 실험Word Association Experiment[1]을 이용해 이러한 탐험을 시행했다. 나중에 그는 지그문트 프로이트의 초기 저작에서 얻은 통찰들을 사용하기도 했다. 정신적 과정에 대한 무의식적 결정의 개념과 단어 연상 실험 방법으로 무장한 융은 세심히 통제된 실

---

1   단어 연상 실험은 영국의 프랜시스 골턴(Francis Galton)이 고안해내고 독일 심리학자 빌헬름 분트(Wilhelm Wundt)가 보완했다. 19세기 후반 분트는 이 실험을 유럽 대륙의 실험심리학에 소개했다. 융과 블로일러가 이 방법을 채택하기 전까지 단어 연상 실험은 마음이 단어와 개념을 어떻게 연상하는지에 대한 이론적 연구에 주로 한정되었다(《전집》 2권, 780항을 보라). 융은 블로일러의 지도와 정신의 삶에서 차지하는 무의식적 요소의 중요성을 연구한 프로이트를 따라 이 실험을 정신 진료소에서 실제적으로 적용하고자 했고, 여기에서 얻은 결과로 정신 구조에 대한 이론을 정립하려고 했다.

험실에서 실험하는 과학 연구팀을 이끌고, 무의식의 심리학적 요인들이 경험적으로 검증될 수 있는지 알고자 했다.

이러한 연구 기획의 결과를 모아 융이 편집한 책이《단어 연상 연구 Diagnostische Assoziationstudien》다. 이 연구는 그의 스승인 오이겐 블로일러의 지원과 참여로 취리히대학 정신 진료소에서 수행되었다.[2] 1902년에 착안된 연구 기획은 이후 5년 동안 지속되었다. 연구 결과는 1904년에서 1910년에 걸쳐 〈심리학과 신경학 저널 Journal für Psychologie und Neurologie〉에 단독으로 출판되었다. 이러한 경험적 연구 과정에서 융은 '콤플렉스'라는 용어를 사용하기 시작했다. 콤플렉스는 독일 심리학자 치엔 Ziehen이 고안한 용어지만, 융은 자신의 많은 연구와 이론 작업에서 이 말의 의미를 확장하고 풍부하게 했다. 이 용어는 나중에 프로이트에게 채택되고 정신분석학계에서 널리 사용되었지만[3] 두 사람이 결별한 뒤 프로이트 계열의 연구에서는 융이란 이름이나 '융의 Jungian' 같은 융 관련 단어들과 함께 거의 사라져버렸다.

콤플렉스 이론은 무의식과 그 구조를 이해하는 데 융이 초기에 한 공헌 가운데 가장 중요했다. 부분적으로 이 콤플렉스 이론은 프로이트가 연구한 억압의 심리학적 결과, 인격 구조에 대한 아동기의 지속적인 중요성, 그리고 저항 분석의 난제를 융 자신의 방식으로 개념화한 것이었다. 이 개념은 현재의 분석 작업에도 여전히 유용하게 사용된다. 융

---

2 이 연구에 대한 상세한 설명은 엘렌베르거의《무의식의 발견(The Discovery of the Unconscious)》, 692쪽 이하 참조.

3 프로이트가 사용한 콤플렉스와 핵심 콤플렉스에 대한 훌륭한 논의는 커(Kerr)의《가장 위험한 방법(A Most Dangerous Method)》, 247쪽 이하 참조.

은 어떻게 콤플렉스라는 무의식의 특성을 발견해서 이를 지도로 그려 냈는가?

이 질문은 어떻게 무의식의 특성이 의식의 장벽을 넘어 마음으로 관통해 들어갈 수 있는가 하는 것이었다. 의식에 대한 연구는 단순히 질문해서 그 응답을 기록하거나, 내적 성찰을 통해서도 가능하다. 이와 달리 우리는 어떻게 주관적 세계로 깊이 들어가서 주관적 세계의 구조와 그 활동을 탐험할 수 있는가? 이 문제를 파악하려고 융과 정신의학 동료 레지던트들로 구성된 팀은 피험자들에게 일련의 실험을 실시했다. 이 실험은 언어적 자극으로 정신에 충격을 줄 때 일어나는 의식의 반응, 즉 포착하기 어려운 정서적 반응의 '궤적tracks'을 관찰함으로써 무의식의 근본적 구조를 밝혀내고자 했다. 융은 동료인 블로일러, 벨린Wehrlin, 루에스트Ruerst, 빈스방거Binswanger, 넌버그Nunberg, 그리고 가장 중요한 인물인 리클린Riklin과의 긴밀한 작업을 통해 이 실험을 연구 목적에 적합한 단어 연상 실험으로 발전시켰다. 융은 마침내 흔하고 일상으로 사용되며 가치중립적 자극을 주는 낱말들, 이를테면 탁자, 머리, 잉크, 바늘, 빵, 램프 같은 단어 400개를 정리해냈다.[4] 이들 낱말 가운데 전쟁, 충실한, 때리다, 치다 등의 도발적인 단어들을 흩어놓았다. 나중에 이러한 낱말들은 100개로 축소되었다. 이런 자극을 일으키는 단어를 피험자에게 하나씩 차례로 읽어주고, 이 단어에 상응해 첫 번째로 마음에 떠오르는 각각의 단어를 말하게 했다. 이 방법을 통해 피험자에게서 광범위한 반응을 이끌어냈다. 한참 동안 말이 없거나,

---

4   융,《전집》2권, 8항.

무의미한 말을 내뱉거나, 압운rhymes과 '소리 운율klang' 반응(소리 운율이란 'true and Sue'처럼 소리가 비슷하게 나는 운율을 일컫는다)을 하거나, 심지어 심리적 반발을 일으키는 반응도 있었다. 이러한 반응들은 정신 전류계psychogalvanometer라고 하는 도구로 측정되었다.[5]

융은 자극 단어가 들릴 때 피험자의 정신에 무슨 일이 일어나는가 하는 흥미로운 질문을 던진다. 융은 감정을 일으키는 것, 특히 불안을 자극하는 징후와 그 불안이 의식에 미치는 효과가 무엇인지를 알아내고자 했다. 반응 횟수는 시간을 재는 상태에서 말의 반응에 맞춰 기록된다. 모든 자극 단어는 재차 반복되며, 피험자는 처음 했던 반응을 반복하도록 요청받는다. 그 결과는 다시 기록된다. 그런 다음 연구자는 이 실험을 분석하는데, 먼저 피험자의 평균 반응 시간을 계산하고 여기에 맞춰 다른 모든 반응의 시간을 비교한다. 어떤 단어는 반응을 이끌어내는 데 1초 정도 걸리고, 어떤 단어는 10초가 소요되며, 어떤 단어는 피험자가 어떻게 해야 할지 완전히 막히면서 전혀 반응을 이끌어내지 못한다. 그런 다음 다른 유형의 반응들도 메모해둔다. 어떤 단어는 운율이나 무의미한 단어 또는 드문 연상 등의 특이한 반응을 이끌어내기도 한다.

융은 이 반응들을 '콤플렉스 지표complex indicators'(불안의 징후와 무의식적인 심리학적 갈등에 대한 방어적 반응의 증거)로 보았다. 이 반응들을 통해 융은 무의식의 본질에 대해 무엇을 알게 되었을까?

---

5 위의 책, 1015항 이하.

콤플렉스

융은 이러한 말의 자극에 대한 반응으로 나타나고 측정된 의식의 동요는 그 읽힌 낱말과 연관되어 나타난 무의식적 연상 작용에 기인한다고 보았다. 여기서 그는 프로이트의 생각과 일치한다. 프로이트는 《꿈의 해석 The Interpretation of Dreams》에서, 꿈의 이미지는 전날(또는 초기 어린 시절까지 되돌아가는 전 과정을 포함한 기간들) 일어난 생각과 감정에 연결된다고 주장했다. 하지만 이런 연상은 극도로 모호하고 드러나지 않은 상태에 있는 것이다. 융은 이러한 연상이 자극 단어와 반응 단어 사이가 아니라, 오히려 자극 단어와 숨겨진 무의식의 내용 사이에 일어나는 것이라고 추론했다. 자극 단어의 일부는 무의식의 내용들을 활성화하고, 이 내용들은 여전히 다른 내용들을 연상시킨다. 자극을 받을 때 억압된 기억, 환상, 이미지, 생각에서 형성된 연상 자료들의 망은 의식에서 동요를 일으킨다. 콤플렉스 지표들은 동요를 알려주는 표시다. 동요를 일으킨 원인이 정확히 무엇인지 탐색할 필요가 있다. 이 탐색은 피험자에게 하는 추가적 질문을 통해 이뤄지며, 필요하다면 후속적 분석을 통해 이뤄지기도 한다. 이러한 실험에서 나타난 동요의 징후들은 추후 계속되는 탐구를 위한 핵심적 자리를 제공해주고, 무의식 구조가 의식의 수준 아래 정말 위치하고 있다는 증거를 제시해주었다. 피험자들은 처음엔 어떤 말들이 이러한 반응을 일으키는지 몰랐다.

융은 의식의 흐름에서 측정될 수 있는 동요들은 가끔 '탁자'나 '헛간'처럼 자극이 덜한 단어와 연결되는 것으로 보았다. 그리고 그런 반응 형태를 분석하면서, 마음의 동요를 일으키는 단어들을 주제에 맞게 묶어낼 수 있음을 알게 되었다. 이 다발들은 공통된 내용을 지시한다. 이렇게 분류된 자극 단어가 자신들에게 어떤 연관이 있는지 말해달라는 요청을 받은 피험자들은 매우 감정적으로 채워졌던 과거 순간들을 떠올려 융에게 점차적으로 말해줄 수 있었다. 이런 실험 과정에서는 흔히 정신적 외상이 수반되었다. 이러한 자극 단어들은 의식에 묻혔던 고통스런 연상들을 불러일으키고, 스트레스를 많이 주는 이러한 연상들은 의식을 동요시켰다. 의식의 동요에 반응하는 무의식의 내용을 융은 '콤플렉스'라고 했다.

융은 콤플렉스가 무의식에 존재한다는 점을 공고히 한 후에도 콤플렉스에 대한 연구를 더 진척해가기를 원했다. 그는 단어 연상 실험 같은 도구를 이용해 콤플렉스들을 면밀히 측정할 수 있었다. 융은 정확한 측정을 통해 모호한 직관과 추론적 이론을 과학적 자료로 변환할 수 있었는데, 이는 융의 과학적 기질과 무관하지 않았다. 융은 특별한 콤플렉스가 생성하는 지표 수와 이러한 지표를 통해 볼 수 있는 마음의 동요가 주는 심각성을 합산하기만 하면, 이 콤플렉스가 부과하는 감정의 양을 측정할 수 있다고 보았다. 이것은 그에게 이 콤플렉스에 묶여 있는 정신 에너지의 상대량relative quantity을 알려주는 것이었다. 그러므로 무의식 연구는 수량화될 수 있었다. 이러한 정보는 정신 치료에도 마찬가지로 중요하며, 환자의 가장 심각한 정서장애가 어디에 있고 치료를 위해 어떤 작업이 필요한지를 안내해줄 수 있었다. 이것은 단기간의 정신 치료에 특별히 유용하다.

이 실험 결과를 통해서 융은 의식 밖에 정신적 실체가 정말 있다고 확신했다. 이 실체는 자아의식과 관련해 인공위성 같은 대상물로 존재하면서도, 무섭고 저항할 수 없을 정도로 자아에 큰 동요를 일으키는 원인이 될 수 있다. 이 실체는 불시에 사람을 호리는 마귀나 내면의 악령들이다. 콤플렉스가 야기한 동요는 외부 환경에서 비롯된 스트레스성 요인들과 종종 밀접히 연관되기는 하지만, 당연히 서로 구분되어야 한다.

1906년 4월, 융은 자신의 《단어 연상 연구》를 프로이트에게 보냈다. 프로이트는 융이 자기와 비슷한 관점을 가진 사람임을 즉시 알아차리고는 따뜻한 감사의 편지를 보냈고, 그리하여 두 사람은 1년 후 직접 만나게 되었다. 그때부터 마지막 서신 교류가 이뤄지는 1913년 초까지, 그들의 정서적이며 지성적인 관계는 이상과 열정으로 가득 차 있었다. 이러한 교류는 그들 자신이 가졌던 핵심 콤플렉스를 서로 성공적으로 자극하는 계기도 되었다. 그들이 무의식에 대한 관심을 깊이 공유했다는 것은 분명하다. 융에게 프로이트와의 개인적 접촉은 그의 정신의학자로서의 경력뿐만 아니라 심리학 이론에도 상당히 큰 의미가 있었다. 그의 경력과 이론은 당시 확대되고 있던 프로이트의 문화적 영향 아래 형성되었다. 하지만 이 모든 것을 감안해도, 내면세계에 대한 융의 최종 지도는 프로이트의 영향권에서 크게 벗어나 독자적으로 형성되었다. 융의 마음 이론은 근본적으로 프로이트적인 것이 아니었고, 그래서 그가 그려낸 정신의 지도는 프로이트의 것과 매우 다를 수밖에 없었다. 프로이트의 업적에 익숙한 독자들은 앞으로의 논의를 통해서 이러한 차이를 분명히 인식하게 될 것이다. 결국 이들 두 사람은 다른 지성적 우주에서 살았던 셈이다.

1910년에 이르러 콤플렉스에 대한 융의 이론적 작업은 대부분 완성되었다. 인생 후반기에 그는 그 이론을 조금씩 끊임없이 다듬기는 했지만, 여기에 새로운 자료를 추가하거나 콤플렉스의 기본 개념에 대한 생각을 바꾸지는 않았다. 다만 모든 콤플렉스에 원형적(예컨대 본래적, 원시적) 요소가 포함된다는 진술을 덧붙였을 뿐이다. 1934년에 발표된 〈콤플렉스 이론에 대한 평가A Review of the Complex Theory〉[6]는 이를 잘 대변해준다. 프로이트와 결별한 지 오랜 시간이 지난 뒤에 쓴 논문인데도, 융은 여기서 한때 자신의 스승이자 동료였던 프로이트와 정신분석 전반을 매우 높이 평가하고 있다. 이것은 그가 콤플렉스 이론을 정리하는 데 프로이트의 영향이 컸다는 점을 인정하는 것이다. 프로이트에게 영향을 받은 흔적이 융의 이론 곳곳에서 발견되지만, 그 영향은 이 논문에서 특히 두드러진다.

융이 1934년 5월 독일 바트 나우하임에서 열린 제7회 심리치료학회Congress for Psychotherapy에서 〈콤플렉스 이론에 대한 평가〉를 발표했다는 사실은 주목할 만하다. 그 당시 융은 이 모임을 후원한 국제심리치료학회International Medical Society for Psychotherapy 회장이었다. 당시 독일의 정치적 상황은 갈등과 혼란이 팽배했다. 이제 막 권력을 틀어쥔 나치 독일은 유대인인 프로이트의 사상을 유해한 것으로 간주하며 독일 문화에서 척결하려고 했다. 그들은 프로이트의 책들을 불사르며 그의 사상을 맹렬히 거부했다. 당시 이 학회 부회장이던 융은 1933년 회장직을 받아들였고, 복잡하고 위험한 정치적 선택을 해야 하는 상황에 직면했다. 한편으로 이때 독일어를 모국어로 사용하는 땅에서 어떤 조직의 지도자가 된다는 것은 끔찍한 일이었다. 나치는 매처럼 날카로운 눈으로 자신들의 아리안 인종주의라는 교리에서 조금이라도 일탈할 징

---

6   융,《전집》8권, 194~219항.

후가 있는지 포착해내려 했다. 이 학회도 예외는 아니었다. 융은 독일 당국자가 원하는 대로 따르고 순응하라는 심한 압박을 받았다. 다른 한편으로 이때는 이 비독일계 정신과 의사가 이 학회를 위해 제대로 대처해가야 하는 시기이기도 했다. 이 조직을 국제적 의학 협회로 지속해가는 것이 융의 목적이었다. 이 학회 회장으로서 그가 맨 먼저 한 일은, 독일의 유대인 의사들이 독일의 모든 의학계에서 축출되더라도 개인 회원 자격은 계속 유지하도록 하는 회칙 개정이었다. 1933년까지만 해도 사람들은 나치 지도자들이 저지른 악행이 얼마나 악랄하며 대대적이었는지 알 도리가 없었다.

하지만 이러한 타협적 거래의 어두운 그늘에서, 이 시기는 융에게 전문적인 기회의 순간이기도 했다. 프로이트는 지난 10년 동안 정신과 의사나 심리학자 가운데 가장 두드러진 인물이었는데, 이제 융의 사상이 전면에 부각될 기회가 온 것이다. 융은 도덕성이라는 팽팽한 외줄을 위태로이 타고 있었다. 세상이 그를 지켜보고 있었고, 이 기간 동안 그의 일거수일투족은 대중의 견해에 영향을 미쳤다. 융이 1933년 이 의학 조직의 회장직을 수락한 사실과, 1940년까지 이 학회에서 한 그의 역할은 예나 지금이나 뜨거운 논란거리다. 융이 히틀러의 정책이나 독일 민족Volk을 '정화하려는' 나치 프로그램에 호의적이었다는 비난은 바로 그가 첫 회기 동안 회장으로 있으면서 실질적으로, 어쩌면 부주의하게 행한, 그리고 심한 정치적 압력 아래 행한 발언이나 행동과 깊이 연관된다.[7]

---

7   이 논란에서 제기된 다양한 견해는 《남아 있는 그림자(Lingering Shadows)》라는 책으로 출판되었다. 이러한 논쟁들은 앤서니 스티븐스(Anthony Stevens)의 책 《융(Jung)》에 정리

융이 선호한 자신의 글은 1934년 바트 나우하임에서 발표한 〈콤플렉스 이론에 대한 평가〉다. 학회 회장으로서 발표한 이 논문에서, 그는 프로이트의 중요성을 과소평가하지 않았다. 사실 그는 프로이트에게서 크게 영향을 받았다는 사실을 인정했다. 두 사람의 관계가 단절된 지 20년이 지났음에도, 프로이트가 그에게 끼친 영향력의 비중을 고려할 때 그의 이러한 태도는 충분히 예상할 수 있었다. 1934년이라는 상황을 고려하자면, 그가 독일에서 프로이트에 대해 제법 긍정적인 어조로 말한 것은 용기 있는 일이었다. 융은 이 논문에서 프로이트의 공로를 크게 인정함으로써 프로이트가 갖고 있던 국제적 명성을 가능한 한 보호하려고 노력했다.

이 논문은 그가 경력 초기에 후원하고 수행한 단어 연상 작업에 대한 논의에서 시작된다. 그는 임상적이며 개인적 친밀도가 다소 높은 어떤 환경에서 인간이 서로 어떻게 반응하는지 많이 알게 되었다고 운을 떼고는, 실험 상황에서 심리학적 영역이 차지하는 부분에 관심을 기울인다. 그는 이 실험 상황 자체가 이미 콤플렉스들의 포진constellation〔문자적으로는 '성좌' 또는 '별자리'라는 뜻인데, 콤플렉스 등이 이렇게 별자리처럼 의식에 나타나는 상황을 그려볼 수 있어 '포진'으로 표현한다〕에 영향을 미친다고 본다. 성격은 만나면 서로 영향을 미친다. 성격들이 상호작용을 시작하면, 정신의 장이 그들 사이에 형성되어 콤플렉스를 자극하는 것이다.

되어 있다. 여기서 스티븐스는 융이 반셈족주의자('반셈족주의'는 인종적·민족적 편견으로 일어나는 것을 말하며, 유대교라는 종교적 신념 체계를 반대하는 '반유대주의'와는 구분해야 한다)나 친나치주의자가 아니었다는 관점을 강하게 표명했다. 이와 반대되는 관점은 앤드루 새뮤얼스(Andrew Samuels)가 수많은 논문에서 표명했다.

'포진'이라는 말은 융의 저작들에 빈번히 나타나며, 융의 어휘에서 중요한 부분을 차지한다. 이 말을 처음 접한 독자는 종종 당혹스러워한다. 보통 이것은 심리적 부하가 일어나는 순간, 즉 콤플렉스의 개입으로 의식의 동요가 이미 일어났거나 막 일어나려는 순간을 말한다. "포진이란 정신의 외부 상황이 정신의 과정을 허용한다는 것을 단순히 표현한 말이다. 이러한 정신의 과정에서 어떤 내용들은 결집해서 행동할 준비를 한다. 누군가가 배열된 별자리같이 '포진된 상태에 있다constellated'고 하는 것은 어떤 자극에 즉각 반응할 준비가 갖춰졌다는 의미다."[8] 우리가 일단 누군가의 특정 콤플렉스를 알게 되면 그 콤플렉스가 어떻게 반응할지 쉽게 예측할 수 있다. "그녀는 내 단추를 어떻게 누르는지 알고 있다(그녀는 내 감정의 취약점을 안다)"는 말처럼, 정신에 있는 콤플렉스 영역을 '누름단추button'라는 일상 언어로 가리킬 수 있다. 이 단추를 누르면, 당신은 감정적 반응을 한다. 다시 말해 당신은 콤플렉스가 포진할 수 있도록 자리를 마련해주는 것이다. 누군가를 만나면 얼마 지나지 않아 그 단추들의 일부가 어디 있는지 알게 되는데, 당신은 이러한 취약 부분을 언급하기를 피하거나, 아니면 이 단추를 눌러 감정을 상하게 해버리고는 당신 갈 길을 가거나 둘 중 하나를 선택할 것이다.

콤플렉스가 포진한다는 것이 무슨 뜻인지 누구나 체험을 통해서 알게 된다. 콤플렉스가 발생하는 스펙트럼은 다소 불안한 상태부터 자기 통제력을 잃는 상태, 급기야 미칠 지경에 이르기까지 다양하다. 콤플렉

---

8 융, 앞의 책, 198항.

스 하나가 포진할 때 우리는 감정을 자제하지 못하거나, 심지어 행동을 자제하지 못할 수도 있다. 그래서 자극을 받을 때 비합리적으로 반응하고는, 나중에 후회하거나 제정신이 들어 제대로 생각하곤 한다. 심리적으로 취약한 사람은 전에 자주 그랬고, 여전히 이런 식으로 반응하며, 이번에는 동일한 반응을 보이지 않으려고 하는데도 또 어쩔 수 없이 반복하고 만다는 것을 알고는 우울해진다. 이러한 콤플렉스가 포진할 때 우리는 우리 자신의 의지보다 더 강한 힘, 즉 악마의 속박에 갇혀 있는 것 같다. 이로써 무력감이 발생한다. 우리가 심지어 말하거나 행하지 않는 편이 더 낫다는 점을 인식하면서도 말을 내뱉거나 행동하는 내적 강박의 아둔한 희생자가 되는 것을 목도하듯, 그 콤플렉스가 주는 각본은 예상한 대로 펼쳐지고 말은 발설되며 행위가 일어난다. 내면 정신의 힘은 콤플렉스가 포진하는 상황에 의해 추동되어 움직인다.

이러한 포진을 형성하는 건축가는 "자신의 특별한 에너지를 소지한 콤플렉스들이다."[9] 그 콤플렉스의 '에너지'(이 용어는 다음 장에서 상세히 논의될 것이다)는 자석처럼 장력을 지닌 핵심 콤플렉스에 내장되어, 느끼고 행동하는 데 꼭 맞게 필요한 잠재적인 양이다. 콤플렉스는 에너지를 지녔으며, 마치 원자핵 주변의 전자처럼 자체의 전자 '회전'이 발생한다. 어떤 상황이나 사건이 발생해 콤플렉스가 자극을 받을 때면 폭발적 에너지를 방출하고 도약해 의식 수준에까지 이른다. 콤플렉스의 에너지는 자아의식의 껍질을 관통해 넘쳐 흘러들어가고, 의식에 영향을 미쳐 같은 방향으로 회전하게 하며, 이러한 충돌로 발생한 감정의 에너

---

9   위의 책.

지 일부를 방출하게 한다. 이런 일이 일어날 때 자아는 의식으로 전혀 통제되지 않거나, 이 문제 때문에 신체 통제에서도 벗어난다. 이때는 자아의 통제에 있지 않은 에너지 방출을 하지 않을 수 없다. 자아가 이에 대처할 수 있을 만큼 강할 경우 할 수 있는 일은 콤플렉스의 에너지 일부를 자체에 수용하고, 감정적·육체적 분출을 최소화하는 것이다. 그러나 콤플렉스의 지배 아래 있는 동안에는 우리 중 어느 누구도 우리 스스로 한 말과 행동에 대해 온전히 책임을 떠맡지 못한다. 이것은 말할 것도 없이 법정에서 효과적인 변호를 하지 못하는 것과 같다. 사회는 때로 정신이 허용할 수 있는 것보다 더 높은 기준을 요구한다.

정신의 콤플렉스성complexity(이 우스꽝스런 표현을 양해하시라)은 분명해진다. 사실 융의 이론은 콤플렉스 심리학(보통 분석심리학으로 더 많이 사용되는)으로 불린 때도 있었다. 즉 콤플렉스성과 콤플렉스라는 개념은 정신에 대한 융의 견해에서 근본적인 것이다. 정신은 많은 중심들로 구성되어 있는데, 이 중심들의 각각은 에너지를 가졌으며, 심지어 그 자체의 의식과 목적을 갖기도 한다.

성격personality을 이렇게 개념화할 때 드러나는 것은 자아가 많은 콤플렉스들 가운데 하나라는 점이다. 자아는 자신만의 특별한 양의 에너지를 갖고 있다. 이러한 자아 에너지를 '자유의지free will'라 한다. 만약 우리가 하나의 콤플렉스에 내재한 에너지의 양을 언급하고 싶어 한다면, 우리 내면의 악마가 가진 힘에 대해 말할 수 있다. 이 악마들은 우리를 붙들어 매어 그들이 원하는 것을 하게 하는 불합리한 강박충동들이다. 콤플렉스는 일반적으로 의식 영역 안에서 이러한 효과를 창출하지만, 항상 그렇게 하는 것은 아니다. 때론 마음의 동요가 온전히 정신 외부에서 일어날 수도 있다. 융은 콤플렉스가 주변 세계의 대상과 사람들에게도 영향을 미친다는 것을 관찰했다. 콤플렉스는 소란을 일으키는 유령이나 다른 사람들에게 쉽게 포착되지 않는 영향력으로 행동할 수 있다.

융은 콤플렉스에 대해 또 다른 흥미로운 관찰을 한다. 우리는 때로 자극이 미치는 영향을 차단하고 콤플렉스가 포진되는 것을 회피할 수 있다. "강한 의지를 지닌 주체들은 언어 추동 장치를 통해 그들에게 결코 도달하지는 못하는 방식의 짧은 반응으로 자극적 단어의 의미를 격리할 수 있는데, 이 방식은 진짜 중요한 개인적 비밀이 보호되어야 할 때만 작동한다."[10] 이것은 사람들이 자극들을 의도적으로 격리함으로써 무의식의 반응을 제어할 수 있음을 의미한다. 융은 실험 상황에서 발생하는 이러한 난관을 극복하고자 거짓말 탐지 시험의 전 단계라고 할 수 있는 것을 만들어냈다. 단어 연상 실험을 정교하게 확장한 것이었다.

융은 정신 전류계로 피부의 전기 전도를 측정함으로써 전도의 변화가 복잡한 지표와 연관된다는 것을 보여주었다. 다시 말해 한 사람이 거짓말을 하거나 콤플렉스 때문에 일어난 반응의 증거를 숨기려고 할 때, 자아는 그 지표 일부를 은폐할 수 있겠지만 미묘한 심리적 반응을 억압하면서 한층 어려운 시기를 보낼 수 있다. 콤플렉스를 자극하는 단어나 질문에 대한 반응으로 손바닥에 땀이 차거나 몸이 떨리거나 입술이 바싹 마르는 경험을 할지도 모른다. 융은 피부의 전도를 측정함으

---

10 위의 책.

로써 콤플렉스 지표를 모으는 데 필요한 세련된 방법을 소개했다. 이 도구를 사용해 그는 자신의 심리 치료 병원에서 강도 사건을 해결할 수 있었다.[11] 그런데 이 방법이 오류가 없지는 않다는 것은 말할 나위도 없다.

사람들 대부분의 자아는 보통 콤플렉스가 주는 결과를 어느 정도 중화할 수 있다. 이 능력 덕분에 환경에 적응하고, 심지어 생존할 수 있다. 이것은 분리할 수 있는 능력과 유사하다(또는 동일하다). 만일 사람에게 이런 능력이 없다면, 자아는 침착함이 가장 요구되는 매우 위험한 순간 기능 장애를 일으키고 말 것이다. 전문 직업인의 삶에서 일을 수행하려고 자신의 개인적 콤플렉스를 제쳐놓는 것은 필수적이다. 심리 치료사들은 환자를 볼 때 자신의 감정이나 개인적 갈등을 멈추고 대해야 한다. 치료사는 어려운 상황에 놓인 환자의 삶에 관여하기 위해 자신의 삶이 혼란스러운 지경일지라도 냉정을 잃어서는 안 된다. 모든 직업은 개인적 삶에 무슨 일이 일어나든지 그 임무를 수행하기를 요구한다. 연극 무대에서처럼 그 연극은 중단 없이 진행되어야 한다. 여기에는 적어도 어느 정도는 자아의식에 대한 콤플렉스의 영향을 압도할 수 있는 능력이 요구된다. 융은 자기 자신의 개인적 불안과 콤플렉스 반응을 억제할 수 있는 능력에 대해 논하면서 이러한 능력을 제대로 발휘한 탈레랑Talleyrand(1754~1838년. 프랑스의 유능한 외교관)을 언급한다. 외교관은 국가 수장에게 받은 지시에 따라 행동하고, 그들 자신의 감정이나 선호도를 거의 드러내지 않는 용어를 사용한다. 그들은 감정을 감추고

---

11 융, 〈범죄심리학의 새 양태(New Aspects of Criminal Psychology)〉, 《전집》 2권, 1316~1347항.

콤플렉스 지표를 드러내지 않은 채 말할 수 있는 기술을 높이 평가한다. 그리고 그들은 정신 전류계에 종속되지 않는 이점을 갖고 있다.

무의식의 수준

보통 콤플렉스는 '개인적인' 것으로 간주된다. 콤플렉스 대부분은 한 사람 자신의 특별한 삶의 역사에서 생성되며, 개인적인 것으로 엄격히 한정된다. 그러나 개인적인 것을 넘어서 존재하는 가족이나 사회적인 콤플렉스도 있다. 한 질병이 개인에게만 속하지 않듯 콤플렉스 역시 개인에게만 한정되지 않는다. 이러한 콤플렉스는 집단적인 것이고, 개인은 그것을 '포착한다'. 이 말은 사회에서 많은 사람들이 심리학적 표현으로 유사한 기질을 갖추고 있다는 의미다. 가족이나 친족 또는 전통적 문화 가운데 성장한 사람들은 이러한 공통의 무의식적 구조를 상당히 공유한다. 심지어 미국같이 크고 다양한 사회에서 전형적으로 일어나는 많은 경험도 인구 전체에 공유된다. 아이들 대다수는 대여섯 살때 학교교육을 받기 시작하는데, 시험이 주는 부담과 실패나 굴욕에서 비롯되는 정신적 외상을 경험하며, 이는 고등교육을 위해 대학에 지원하거나 일자리를 찾는 일에서 오는 불안으로 이어진다. 이와 유사한 경향을 가진 사람의 권위 아래서 이뤄지는 공통 경험은 개인적 무의식에 미묘한 영향을 미쳐 사회에 기반한 심리적 형태를 산출한다. 공유된 정신적 외상은 공유된 콤플렉스를 형성하며, 이는 한 세대에만 머무는 것이 아니라 다른 세대로 넘어간다. 1930년대를 살아 대공황의 정신적 외상을 공유한 사람들의 성향은 종종 '공황 멘털리티 depression mentality'

라고 거론된다. 마찬가지로 한 세대가 지난 오늘날 우리는 '베트남 참전 용사'를 거론하는데, 이 전쟁에 참여한 모든 사람은 전투에서 비롯된 정신적 외상 때문에 생긴 동일 유형의 콤플렉스를 공유한다고 본다.

여기서 무의식의 문화적 층위, 즉 일종의 문화적 무의식에 대해 논의해보자.[12] 무의식은 개인의 생애 동안 획득된다는 점에서 개인적이지만, 집단과 공유되기 때문에 집단적이다. 이 수준에서 무의식은 개인을 넘는 문화적 형태와 태도를 통해 구조화되며, 이러한 형태와 태도는 개인의 의식적 태도에 영향을 미치고 무의식적 문화의 연쇄 관계에서 형성된 독특한 콤플렉스를 산출한다(문화적 무의식은 4장에서 논의할 집단 무의식과 구별되어야 한다).

이 같은 논의는 어떻게 콤플렉스가 형성되는지에 대한 흥미로운 문제를 제기한다. 이에 대한 통상적 답변은, 정신적 외상 때문에 콤플렉스가 형성된다는 것이다. 그러나 이것은 개인적 수준을 넘는 사회적 맥락에서 고려되어야 한다. 단어 연상에 대한 융의 연구들은 아이들의 무의식 내용을 형성하는 데 가족이 영향이 미친다는 문제에 주목한다. 단어 연상 실험을 통해 그는 가족 구성원 사이에, 즉 어머니와 딸, 아버지와 아들, 어머니와 아들 사이에 놀랄 만큼 유사한 형태의 콤플렉스가 형성된다는 강한 증거를 찾아냈다. 이러한 결합 가운데 가장 밀접한 관계는 어머니와 딸의 관계였다. 자극 단어들에 보인 반응을 통해 그들은

---

12 조셉 헨더슨(Joseph Henderson)은 이러한 견해를 융의 견지에서 가장 열렬히 주장한 사람이었다. 문화적 무의식과 그 다양한 양상에 대한 다양한 논의로는 헨더슨의 《그림자와 자기(Shadow and Self)》, 〈문화적 태도와 문화적 무의식(Cultural Attitudes and the Cultural Unconsciousness)〉, 103~126쪽을 참조하라.

거의 동일한 불안과 갈등을 드러낸다는 것을 알 수 있었다. 융은 이런 사실에서, 무의식이 가족이라는 환경이 제공해주는 서로의 밀접한 관계를 통해 중요한 형태를 갖춘다는 결론을 내렸다. 그의 연구에서는 이러한 일이 어떻게 일어나는지 분명히 드러나 있지는 않다. 전달이라는 방식으로 일어나는가? 여러 세대에 걸쳐 전달되는 정신적 외상의 유사한 반복으로 일어나는가? 이 같은 질문은 아직 대답되지 않은 상태다.

아동 발달이라는 측면에서, 이러한 초기 정신 구조는 문화에 노출됨으로써 나중에 크게 변화된다. 텔레비전과 학교 수업 등에서 오는 광범위한 사회적·문화적 자극에 정신이 지속적으로 노출되는 것은 아동기 후반 단계에서 변화의 한 요인이 된다. 이러한 광범위한 문화적 자극은 (적어도 미국 같은 다원주의 사회에서) 아동이 속한 소수민족 문화와 가족 문화가 미치는 심리학적 영향을 축소하는 요인이다. 아동에게 또래의 문화가 중심이 될 때, 이 집단은 중요한 새 구조적 요소를 생성한다. 하지만 이것은 공통으로 이용 가능한 문화적 형태에 기초한 것이므로 온전히 새로운 것이 아니다.

초기에 가족과의 관계에서 발생하는 콤플렉스는 정신에서 사라지지 않는다. 어머니와 아버지에 의해 형성된 콤플렉스는 개인적 무의식의 현장에서 여전히 지배적이다.[13] 부모는 지속적으로 영향을 미치는 거인들인 셈이다.

---

13 이 점은 한스 디크만(Hans Diekmann)의 논문 〈경계선 인격 장애 환자들의 상징 형성과 대응(Formation of and Dealing with Symbols in Borderline Patients)〉에서 상세히 다뤄지고 있다.

정신 이미지

콤플렉스의 기본적 구조를 파악하려면 여러 부분으로 나눠 따져봐야 한다. "그러면 과학적으로 말해서 무엇이 감정적으로 조율된 콤플렉스인가?"라고 융은 묻는다. "이 콤플렉스는 감정적으로 강하게 두드러지며, 더욱이 의식의 습관적 태도와 양립되지 않는 어떤 정신적 상황의 이미지다."[14] 여기서 '이미지'라는 말이 핵심이다. 이 말은 융에게 매우 중요한 용어다. 이미지는 정신의 본질이 무엇인지를 알려준다. 융은 콤플렉스를 지시하는 이미지라는 말 대신 라틴어 '이마고imago'를 사용하기도 한다. '어머니 이마고'는 실제 어머니와 구별되는 것으로서의 어머니 콤플렉스다. 여기서 콤플렉스란 다름 아닌 이미지이며, 그래서 주관적 세계에 본질적으로 속한다는 것이다. 콤플렉스는 실제 사람이나 체험 또는 상황을 표상한다 해도, 순수 정신으로 구성되어 있다. 그러므로 객관적 실재reality, 즉 실제적 사람이나 물질적 신체와 콤플렉스를 혼동해서는 안 된다. 콤플렉스는 내면의 대상이며, 그 핵심은 이미지로 나타난다.

놀랍게도 정신 이미지와 외부 현실은 서로 밀접히 상응할 수도 있다. 심지어 정신이 이러한 외부 세계에 의해 각인되거나 경험을 통해 이러한 외부 세계를 아로새긴 경우가 없을 때조차 이러한 상응이 일어날 수 있다. 유명한 동물행동학자인 콘라트 로렌츠Konrad Lorenz는 특별한 자극에 반응하는 동물들의 선천적 반사작용을 연구했다. 예를 들어 가금을 습격하는 말똥가리에 한 번도 노출된 적 없는 병아리도 이 새

---

14 융,《전집》8권, 201항.

가 머리 위로 날아와 땅에 그림자를 드리울 때 어디론가 달려가 숨는 법을 안다는 것이다. 공중 철사 위에서 빠르게 움직이는 도구를 이용해 말똥가리와 비슷한 그림자를 만들면, 말똥가리가 무엇인지 학습하지 못한 병아리가 그 그림자만 보고도 도망해 숨는다는 것을 동물학자들은 입증해주고 있다. 병아리에게는 이러한 포식자에 대한 방어적 반응 체계가 형성되어 있으며, 포식동물의 이미지는 선천적인 것이어서 학습이 없어도 인식된다.

콤플렉스도 이와 유사한 방식으로 작동하는데, 인간의 경우는 동물처럼 완전히 본능적이라기보다 유사 본능적으로 나타난다. 콤플렉스는 특별한 상황이나 사람들에게 자발적 반응을 일으킨다는 점에서 본능처럼 나타나지만, 순전히 고유한 본능처럼 보이지는 않는다. 콤플렉스는 주로 정신적 외상, 가족 간 상호작용과 가족 형태, 문화적 조건 같은 경험의 산물이다. 이들은 융이 원형적 이미지라고 부르는 고유한 요소와 결합해 콤플렉스 전체를 구성한다. 콤플렉스는 정신이 경험을 소화해 내적 대상으로 재구성한 뒤에 정신 안에 남아 있는 것이다. 인간에게 콤플렉스는 다른 포유동물의 본능과 비슷한 기능을 한다. 이마고나 콤플렉스는 말하자면 구성된 인간 본능이다.

꿈은 이러한 무의식의 이미지, 즉 콤플렉스에서 형성된다. 융은 여러 군데서 콤플렉스를 꿈의 건축가라고 말한다. 일정 기간에 걸쳐 꿈은 이미지, 일정한 형태, 반복되는 구조, 일관된 주제 등을 제시해준다. 이러한 꿈을 통해서 우리는 한 사람의 콤플렉스가 어떠한지 그 대강을 짐작할 수 있다.

"이 이미지는 상당한 내적 일관성을 가졌고, 자체의 전일성을 유지하며, 게다가 비교적 높은 정도의 자율성이 있어서 제한적이긴 하지만 의식적인 마음을 제어하는 주체의 역할을 하고, 그래서 의식 영역에서 생명이 깃든 낯선 몸처럼 행동한다."[15] 이미지가 갖는 각각의 특질, 즉 내적 일관성과 전일성과 자율성은 융이 콤플렉스에 대해 내리는 정의의 중요한 측면이다. 콤플렉스는 정신의 견실함을 갖고 있다. 콤플렉스는 안정적이며 시간을 견뎌낸다. 자아의식의 참견이나 도전 없이 자기만의 공간에 남겨져 있을 때 콤플렉스는 변화의 경향을 거의 보이지 않는다. 우리는 한 사람의 삶에서 거듭 형성된 같은 형태의 감정적 반응과 배출, 같은 실수, 같은 불행한 선택이 반복되고 있다는 사실에서 이 점을 목도하게 된다.

분석가들은 콤플렉스를 드러내어 자아의 의식적 성찰로 노출시키려 한다. 이러한 관여를 통해 어느 정도는 콤플렉스를 변경할 수 있다. 분석 과정에서 내담자는 이 콤플렉스가 어떻게 기능하는지, 무엇이 그러한 포진을 유발하는지, 콤플렉스가 무한히 반복되는 것을 어떻게 방지할 수 있는지 알게 된다. 자아에 포진된 콤플렉스에 그러한 관여를 하지 않으면, 콤플렉스는 생명이 깃든 이질적인 몸이나 전염병처럼 작동할 것이다. 콤플렉스에 붙들려 있을 때, 사람은 꽤 무기력하고 감정적으로 제어할 수 없는 상태에 있다고 느낄 수 있다.

일반적으로 콤플렉스가 포진함으로써 생겨나는 심리학적 결과는 자극이 정신에 끼치는 영향이 그친 뒤에도 상당 시간 동안 집요하게 존재한다. "어떤 실험적 연구에 따르면, [콤플렉스의] 강렬함 또는 활동

---

15 위의 책.

곡선은 시간, 일, 주 단위로 일어나는 '파장wavelength'을 표시하는 파고 변화처럼 보이는 특성이 있다."[16] 콤플렉스를 일으키는 자극은 그 지속성의 길고 짧음에 따라 크거나 미비할 수 있겠지만, 정신에 미치는 영향은 상당 시간 동안 지속될 수 있으며 감정이나 불안의 파장으로 의식에 들어온다. 이에 대한 심리 치료의 효과를 나타내는 결과 가운데 하나는 콤플렉스에 의한 장애가 이전보다 더 짧은 시간 동안만 존속한다는 것이다. 이러한 콤플렉스에 의한 장애에서 신속히 회복되면, 자아의 강도와 정신 재료의 통합이 증가하고 콤플렉스의 힘은 감소한다. 이렇게 정신적 장애의 주기가 짧아졌다는 것은 콤플렉스의 힘이 줄었음을 의미한다. 그렇긴 해도 콤플렉스는 결코 완전히 제거될 수 없다는 점을 인식할 필요가 있다. 콤플렉스의 '후유증'이 가져다주는 파도처럼 밀려오는 효과는 사람을 소진시키고 고갈시킨다. 강력한 콤플렉스의 배출은 상당한 양의 정신적·육체적 에너지를 소비하게 한다.

성격의 파편

콤플렉스는 성격의 파편들 또는 잠재 인격subpersonality으로 간주될 수도 있다. 모든 성인의 성격은 크고 작은 파편들로 구성되어 있으므로 분열에 약한 경향을 보인다. 이 파편들은 응집되지 않을 수 있다. "내가 콤플렉스와 관련해 발견한 점은 정신의 분열 가능성에 대한 다소 혼란스러운 그림을 보여준다는 것이다. 이는 근본적으로 파편화된 성격과

---

16 위의 책.

콤플렉스 사이에 원칙적으로 차이가 없기 때문이다. 우리가 의식의 파편들에 대해 상세한 의문을 갖기까지 파편화된 성격과 콤플렉스는 본질적으로 같은 특성을 갖는다. 성격의 파편들은 의심할 바 없이 자체를 의식하지만, 콤플렉스로서의 정신의 작은 파편들이 스스로 의식할 수 있는지 여부는 아직 밝혀지지 않았다."[17] 융은 여기서 정상적 해리(더 심각하게는 해리 장애)와 다중 인격 장애의 차이에 대해 중요하지만 파악하기 힘든 질문을 던진다.

모든 인간은 기능을 지속시키기 위해 의식의 가벼운 변화 상태를 경험하거나 외상 경험에서 분열된다는 면에서 해리할 가능성이 있고, 실제로 해리하기도 한다. '콤플렉스 안에 있다'는 것은 그 자체가 해리 상태에 있다는 말이다. 자아의식은 장애를 일으키며, 이러한 장애 정도에 따라 심한 방향 상실과 혼미 상태에 빠질 수 있다. 콤플렉스는 일종의 자체 의식을 가지므로 '콤플렉스 안에 있는' 사람은 외래 성격에게 홀린 상태다. 다중 인격 장애에서 일어나는 이런 다양한 상태의 의식은 통일된 의식을 유지하고 있지 않으며, 자아는 조각들로 떨어져 있는 정신 공간을 이어놓지 못한다. 이런 경우 자아는 의식의 파편들에 제한되어 있는 반면, 각각의 콤플렉스는 자체의 자아 같은 것을 갖고 있어 다소 독립적으로 작동한다. 각각은 자체의 정체성은 물론 나름의 신체 통제 기능을 갖고 있다. 다중 인격에 대한 연구에 따르면, 한 성격은 타자에 의해 노출되지 않은 육체적 능력이나 어려움을 보여주는 정도에서, 각각의 잠재 인격 안에 정신과 육체가 놀랄 만큼 서로 연결되어 있다.

---

17 위의 책, 202항.

한 성격은 담배 연기에 알레르기 반응을 일으킬 수 있고, 또 다른 성격은 줄담배를 피울 수도 있다.

다중 인격은 인격 해리의 극단적인 한 형태를 보여준다. 정신에 정상적으로 일어나는 통합 과정은 심각한(보통 성적인) 아동기의 외상으로 방해를 받는다.

그러나 다소 정도가 약하긴 해도 모든 사람은 콤플렉스가 있으므로 다중 인격을 갖는다고 봐야 한다. 정상인의 경우는 콤플렉스가 대체로 통합된 자아에 종속되며, 자아의식은 콤플렉스가 포진될 경우에도 유지된다는 점에서 해리성 다중 인격 장애를 겪는 사람과 다르다. 일반적으로 콤플렉스는 자아가 가진 것보다 에너지를 적게 가지며, 최소한의 자체 의식만을 보여준다. 이와 대조적으로 자아는 자체로 처리되는 상당한 에너지와 의지를 가지며, 그래서 자아가 의식의 주요 중심인 것이다.

자아는 우리가 동기나 목적이라고 부르는 것의 원인이지만, 다른 콤플렉스도 독자적 목적과 의지를 갖는 것 같다. 자아는 특정한 순간에 자아의 콤플렉스가 원하는 것과 종종 갈등을 일으키기도 한다. 융이 묘사하는 콤플렉스는 "우리 꿈속에 있는 행위자를 의미하는데, 이 행위자를 우리는 꿈속에서 매우 무기력하게 직면한다. 이들 행위자는 덴마크 민담에서 이러한 특색을 잘 보여주는 꼬마 요정들로서, 두 꼬마 요정에게 주기도문을 가르치려 한 목회자의 이야기에 잘 나타나 있다. 이들 요정은 틀리지 않고 반복적으로 그의 말을 따라 하는 것을 매우 힘들어 했는데, 바로 첫 문장에서 그들은 '하늘에 계시지 않은 우리 아버지'라고 해버렸다. 이론적인 면에서 예상하듯이, 이러한 장난꾸러기 콤플렉스를 가르치기란 불가능하다."[18] 이 이야기를 통해 콤플렉스는 자아가 하라는 대로 할 수 없다는 교훈을 얻을 수 있다. 콤플렉스는 고분고분하지 않다. 콤플렉스는 정신적 외상 경험이 응결된 기억 이미지 같다. 꿈속에서뿐만 아니라 일상에서도 경험되는 것이다. 꿈속에서나 일상에서 콤플렉스는 자아를 무기력하게 느끼도록 한다.

콤플렉스의 구조

계속해서 융은 콤플렉스가 연상 이미지와, 무의식에 묻혀 있어 자아가 쉽게 소환하기 힘든 정신적 외상을 입은 순간들의 응결된 기억으로 구성되었다고 본다. 이는 억압된 기억들이다. 다양하게 연상된 콤플렉스 요소들을 밀접히 연결하고 묶어두는 것은 감정이다. 감정은 접착제다. 더욱이 "느낌이 가미된 내용인 콤플렉스는 핵 성분nuclear element과 2차적으로 포진된 상당수 연상체로 구성되어 있다."[19]

핵 성분은 콤플렉스가 기반을 둔 핵심 이미지와 경험, 즉 응결된 기억이다. 이러한 핵심은 두 부분, 즉 정신적 외상이 일어나는 이미지 또는 정신의 흔적과 이와 밀접히 연관된 본래적(원형적) 조각으로 구성되어 있다. 콤플렉스의 이중적 핵심은 주변의 연상체를 모아 성장하며, 생애 내내 지속될 수 있다. 예를 들어 한 남성의 어투, 삶을 대하는 방식, 감정적 반응이 한 여성으로 하여금 엄격하고 학대하는 아버지를 떠오르게 한다면, 그는 그녀에게 아버지 콤플렉스를 포진시킨다고 봐야

---

18 위의 책.
19 위의 책.

한다. 그녀가 일정 기간 그와 교류한다면, 이 콤플렉스에 재료가 추가될 것이다.

만일 그가 그녀를 학대할 경우 부정적인 아버지 콤플렉스는 더 농후해지고 활기를 띠며, 그녀는 아버지 콤플렉스가 포진되는 상황에서 더 반작용을 일으킬 것이다. 그녀는 점차적으로 그런 유형의 남성을 완전히 피하려 하거나, 반대로 불합리하게 그들에게 끌릴 수도 있다. 둘 중 어느 쪽이든 그녀의 삶은 점점 더 이러한 콤플렉스의 제한을 받는다. 이들 콤플렉스가 강하면 강할수록 자아가 자유롭게 선택할 수 있는 범위를 더욱더 제한한다.

이후 일어나는 경험을 통해 콤플렉스가 변경될 수 있다는 점은 개인에게 당연히 도움이 될 수 있다. 정신 치료의 치유 잠재력은 이러한 사실에 의존한다. 치료는 응결된 기억 이미지를 녹이기도 한다.

이로써 성격 구조를 어느 정도까지는 바꿀 수 있다. 왜냐하면 전이를 통해 치료사는 (정신의 여러 인물 가운데) 부모, 즉 아버지와 어머니를 대신해 치료의 다양한 단계에 관여할 수 있다. 치료사가 부모 콤플렉스를 포진시킬 때 환자는 다른 종류의 부모 인물을 경험하는 것이므로 기존 콤플렉스에 재료를 보태서 그 안쪽이나 위쪽에 층을 하나 더 형성한다. 이러한 새 구조는 이전 구조를 완전히 대체하지는 않지만 제법 변경해준다. 이러한 변경의 정도는 콤플렉스가 이 사람의 삶을 약화하는 방식으로 더는 제한하지 않는 데까지 이른다. 학대하는 부모의 가혹한 이미지는 새 구조에 의해 부드러워지거나(녹아 사라지거나) 상쇄된다.

콤플렉스에서 가장 핵심적인 다른 부분은 "개인의 성격에서 타고나고 그 사람의 기질에 의해 결정된 요소"[20]다. 이 부분은 원형적이다. 예를 들어 부모 콤플렉스의 경우 이 부분은 아버지 또는 어머니의 원형적 이미지인데, 이는 개인적 경험이 아니라 집단 무의식에서 온 것이다. 성격 안의 원형적 요소들은 전형적으로 예측 가능한 방식으로 반응하고, 행동하고, 상호작용하는 타고난 기질이다. 이러한 원형적 요소들은 동물이 타고나는 방출 기제release mechanism와 유사하다. 이들은 후천적인 것이 아니라 선천적으로 물려받는 것이며, 인간 각자가 태어나면서 갖고 있는 것이다. 이들은 인간만이 갖는 유일한 특성이다. 몸뿐만 아니라 영혼(정신)은 특별히 인간적인 것이며, 이후에 이뤄질 경험과 발달 및 교육을 위한 선결 조건이다. 융의 원형 이론은 이어지는 다음 장들에서 다뤄지겠지만, 지금 여기에서는 정신의 원형적 요소가 콤플렉스의 경험을 통해 일상생활에서 경험된다는 사실을 인지할 필요가 있다.

일반적으로 콤플렉스란 정신적 외상 때문에 형성된다. 정신적 외상이 일어나기 전까지 이 원형적인 부분은 이미지와 동기를 유발하는 힘으로 존재하지만, 콤플렉스처럼 장애와 불안을 일으키는 특질을 갖지는 않는다. 정신적 외상에서 비롯된 감정적 기억 이미지는 원형 이미지와 결합하고, 이들은 다소 영구적인 구조로 응결된다. 이렇게 형성된 구조는 특정한 양의 에너지를 함유하고, 에너지를 함유한 구조는 다른 연관 이미지들 안에서 엮여 더 큰 망상 조직을 형성한다. 그래서 콤플렉스는 계속되는 유사한 종류의 경험을 통해 강화되고 확대된다. 그러나 모든 정신적 외상이 외부적인 자연적 요인이나 환경과의 심한 충돌

---

20 위의 책.

때문에 오는 것은 아니다. 어떤 정신적 외상은 개인 정신의 내면에서 주로 발생한다. 융에 따르면, 콤플렉스는 "사람의 본성 전체를 결코 공고히 할 수 없다는 사실에서 기인한 도덕적 갈등"[21]에 의해 발생하거나 부가되기도 한다. 우리 사회에서 도덕적 태도는 변화무쌍하므로 여러 상황에서 우리의 전일성을 확보하기란 불가능하다. 우리는 살아가기 위해, 심지어 생존하기 위해 우리 안에서 일어나는 참된 느낌을 부인해야 하며 그 표현도 삼가야 한다. 사회에 적응하려고 이렇게 순응하다보면 인간의 본질적 부분을 배제하는 사회적 가면, 즉 '페르소나'를 만들게 된다. 일반적으로 사람들은 사회적 집단에 속하고 싶어 한다. 이에 반해 마음을 기탄없이 밝히거나 집단이 제시하는 표준에 순응하지 않는 사람들은 추방되거나 주변부로 밀려난다. 이러한 사회적 딜레마 때문에 우리는 융이 말하는 도덕적 갈등에 빠진다. 심층적 차원에서 진정으로 요구되는 것은 전일성이다. 만일 사회와 문화의 구속이 전일성을 향한 인간의 내면적 추동을 엄하게 금지한다면, 인간 본성은 이러한 구속에 반항하는데, 이것 역시 콤플렉스를 일으키는 원인이 된다.

이것이 바로 프로이트가 빈에서 제기한 문제였다. 빈 사회는 성을 공식적으로 억압하면서도 성적인 관습에 대해 꽤 위선적이었다. 프로이트는 성에 관련되어 야기되는 갈등이 어떻게 심리적 형태로 뿌리내리며 신경증을 유발하는지 설명했다. 인간존재의 생래적 구성물인 성 sexuality이라고 하는 것이 사회의 요구와 양립되지 않으므로 의식에서 갈라져 나가 마침내 억압된 상태가 되고, 이러한 억압에 연관된 정신적

---

21 위의 책, 204항.

외상이 무리를 이루는 성적 콤플렉스가 생성된다. 사실 성적 억압(금지되지 않은 성을 포함해)이 병리 현상의 원인이 된다는 것은 내적 전일성을 추구하는 인간 유기체가 피할 수 없는 일이다. 프로이트가 논한 대로, 신경증 문제를 야기하는 것은 개인과 사회 사이에 일어나는 갈등 자체가 아니라, 그 갈등을 한편으로는 부인하고 다른 한편으로는 어쩔 수 없이 받아들여야 하는 정신의 도덕적 갈등이다.

콤플렉스 분출

콤플렉스는 갑자기, 그리고 자발적으로 의식 속으로 분출해 들어가서 자아 기능을 획득하는 능력이 있다. 그런데 이 분출이 온전히 자발적으로 보이지만 사실은 그렇지 않을 수도 있다. 최근에 일어난 일을 면밀히 살펴보면 이러한 분출을 미묘히 유발하는 자극이 있다. 예를 들어 신경증적 우울증은 내부에서 발생하는 듯 보이지만, 이러한 우울증의 원인은 사소한 모욕이라는 사실을 나중에야 알게 된다. 자아가 이런 경로에 붙들리면 콤플렉스와 이 콤플렉스가 지향하는 목적에 동화되어버리고, 그 결과 자아는 콤플렉스가 지향하는 쪽으로 '행동하게 되는 것'이다. 이렇게 행동하는 사람은 왜 그랬는지 그 이유를 인식하지 못한다. 그들은 단순히 '어떤 분위기'에 빠져 있고, 그들이 하는 행동은 마치 자아와 일치하는 것처럼 느껴진다. 이것이 바로 사로잡힘의 본질이다. 즉 자아는 스스로를 자유롭게 표현하고 있다고 착각하는 것이다. 우리는 회고를 통해서만 "무엇인가 내 안으로 들어와 내 행위를 조종했다. 나는 내가 한 행동을 몰랐다!"고 깨닫는다. 만약 내가 누군가에게 평소와 다른 행동을 한다고 지적받는다면, 통상적으로 일어나는 반응은 분노의 자기방어다. 홀린 상태에 있는 사람은 상대방의 친절한 지적을 받아들이지 않는다. 융에 따르면, 중세 시대에 하나의 콤플렉스와의 이러한 동일시는 "다른 이름으로 통했는데, 그것은 홀림이라고 불렸다. 아마 이런 상태를 특별히 해가 없다고 상상하는 사람은 아무도 없을 것이다. 홀린 상태에 있을 때 콤플렉스로 야기된 말실수와 엄중한 모독은 원칙적으로 차이가 전혀 없다."[22] 그 차이는 정도의 문제다. 홀림의 정도는 일시적이고 가벼운 것에서 정신병과 만성질환에 이르기까지 다양하다. 홀림의 상태를 관찰해보면, 보통 자아가 갖는 특성 및 방식과는 다른 성격의 면모가 명백히 드러난다. 이 같은 미지의 면모는 일정 기간 동안 무의식 속에서 자라난다. 그러다가 갑자기 자아는 이렇게 내면의 대극opposite에 의해 압도되어버린다. 그리고 마침내 악마에 사로잡힌 나머지 의식이 이전에 가장 성스럽다고 여긴 것들을 향해 저주를 퍼붓는다.

투렛증후군tourette syndrome(틱 같은 증후군을 말한다)을 가진 사람들은 이러한 홀림 증상을 지속적으로 보여준다. 이른바 정상적 심리를 가진 사람에게 분열된 성격들은 상당수 쉽게 포착되지 않는 방식으로 그 자체를 드러낸다. 그중 일부는 혀 꼬임이나 건망증같이 거의 포착되지 않을 정도로 미약하다. 우리는 한 시간이라는 짧은 동안에도 여러 단계의 의식, 기분, 잠재 인격의 과정을 겪지만 이렇게 전환이 이뤄지는 과정을 거의 알아차리지 못한다. 그런데 진짜 홀린 상태에 빠지면 현저

---

22 위의 책.

히 드러난다. 홀림은 더 극단적이고 두드러진 특성을 보여준다. 그래서 홀림은 더 쉽게 관찰되며, 특별한 형태적 특성을 보여준다. 예를 들어 구세주 콤플렉스는 어린 시절에 버려진 고통스런 경험에서 전형적으로 발달한다. 이때는 친절함이나 도움을 주는 행동 방식의 콤플렉스를 드러낸다. 하지만 이런 특성들은 통합된 형태로 자아에 속하지 않고, 오히려 자아가 제어하지 못하는 자율적 콤플렉스에 뿌리내리고 있으므로 스스로 찼다 이울었다 하는 경향을 보인다. 이런 사람들은 남에게 도움을 주고 베푸는 행동이 아무리 자신이나 타인에게 파괴적일지라도 삼가지 못한다. 이런 행동은 실제로 콤플렉스의 통제를 받을 뿐 자아의 통제 아래 있는 것이 아니다. 이런 행동은 임의적으로 하는 경향이 있으며, 갑자기 일관성을 잃어버려 어떻게 전개될지 예상할 수 없거나 설명도 하기 힘들다. 때로 지나치게 사려 있고 배려가 깊다가도 어떤 때는 무정하고 무관심하며, 심지어 무례할 때도 있다. 다른 분열된 정신들(콤플렉스들)은 자아의 후원을 받으려고 경쟁한다. 쉽게 홀리는 자아가 어느 한 콤플렉스와의 동일시를 중단할 때 이 자아는 다른 콤플렉스로 이동해 간다. 이 두 번째 콤플렉스는 종종 첫 번째 콤플렉스의 일종의 그림자 형제나 자매다. 그리스도처럼 영적, 상향적upward-oriented, 베푸는 이타적 특성을 갖는 콤플렉스는 물질주의와 이기주의 태도를 갖는 악마적 콤플렉스와 필적한다. 이들 두 콤플렉스는 지킬과 하이드처럼 번갈아 자아를 홀린다. 전자는 공적인 사회에서 공적인 페르소나로 기능하고, 후자는 사적이고 친밀한 환경에서 의식적 성격을 지배할 것이다. 자아는 융이 말한 '에난티오드로미아enantiodromia', 즉 상대편 대극에로의 전환reversal into the opposite에 취약하다.

콤플렉스는 내면세계의 대상들이다. "개인적인 삶의 행복과 불행은 바로 이 콤플렉스에 의존한다. 이들은 난롯가에서 우리를 기다리는 '가정의 수호신들'이고 그들의 평화로움을 찬양하는 것은 위험하다."[23] 그런 신들은 가벼이 취급되지 않아야 한다.

---

23 위의 책.

— 3장 —

정신 에너지
(리비도 이론)

지금까지 나는 융이 착안하고 쓴 대로 정신을 구성하는 기본적인 두 구조, 즉 자아의식 구조와 콤플렉스 구조에 대해 논했다. 이제 이들 두 구조에 활기를 불어넣고 생명을 부여하는 힘, 즉 '리비도libido'를 살펴보겠다. 리비도는 욕망이며 감정, 즉 정신에 생명을 불어넣는 피다. 융은 리비도를 '정신 에너지'라고 불렀다. 이전 두 장에서 나는 에너지라는 용어를 빈번히 사용했다. 에너지는 정신의 역동적 특성을 보여준다. 융의 리비도 이론은 정신의 다양한 부분들 사이에 일어나는 관계를 추상적인 방법으로 개념화한 것이다. 이 장에서는 정신에 대해 태양계라는 은유를 사용해, 물리적 현상과 이 태양계의 다양한 물체에 영향을 미치는 힘에 대해서 논하겠다.

철학적 견지에서 볼 때 정신 에너지라는 주제는 사상가들이 오랜 시간에 걸쳐 연구해온 분야다. 생명의 힘, 의지, 정열, 감정, 관심과 욕망의 변화에 대한 성찰은 새롭거나 현대적인 것이 아니다. 서구 철학자들은 헤라클레이토스와 플라톤 이래로, 동양에서는 노자와 공자 이래로 그런 문제를 숙고해왔다. 최근 몇 세기 동안 쇼펜하우어, 베르그송, 니체 등의 철학자들은 이런 문제들에 관심을 집중했다. 또한 몸에 있는 정신의 유체psychic fluid 이론을 제시한 안톤 메스머Anton Mesmer 같은 내과 의사들은 경험적이고 유사 과학적인 방식으로 심리적 이동과 동기에 대한 주제를 추적하기 시작했다. 19세기의 유명한 독일 내과 의사이자 철학자인 카루스는 에너지 원천으로서의 무의식에 대해 광범위하고 깊게 고찰하면서, 의식적인 마음에 무의식이 지대한 영향력을 행사한다는 사실에 주목했다. 융은 자신의 사유의 선구자들로서 하르트만, 분트, 실러, 괴테는 물론 메스머나 카루스 같은 인물들을 들었다. 비록 프로이트가 리비도라는 현대 심리학적 용어를 만들어낸 창시자이고 융이 리비도 이론에 대한 정신분석학적 논의에서 그에게 존경을 나타내긴 했지만, 유일하게 프로이트만 융에게 영향을 미치고 리비도와 정신 에너지에 대한 융의 광범위한 연구에 호응한 것은 아니었다.

정신 에너지의 본성과 흐름에 대해서 하나의 태도를 견지하는 것은 사실 모든 인간 본성과 영혼의 철학에 근본적이다. 왜냐하면 여기에 동기부여와 산 자와 죽은 자를 분리하는 생명의 역동적 요소에 대해 논할 때 일어나는 인식 주체의 시각이 포함되기 때문이다. 운동과 정지라는 두 형태를 구분할 수 있는 능력은 인간 사고의 기본적 범주를 구성하는 것이며, 이러한 존재의 두 상태 사이의 차이를 알려고 하는 것은 당연하다. 왜 물체는 공간에서 이동하며, 이쪽이 아니라 저쪽으로 움직이는가? 자연과학에서 이런 질문은 만유인력의 법칙처럼 인과 이론과 운동 법칙의 공식도 포함한다. 이것은 철학과 심리학에도 동일하게 적용되는데, 인과, 동기부여, 그리고 이동 중인 정신적 몸을 통괄하는 법칙 역시 모두 중요하기 때문이다. 심리학에서 이것은 영혼, 영혼의 운동, 그리고 영혼이 다른 대상물을 움직이게 하는 힘에 대한 질문으로 나타난다. 아리스토텔레스는 이 문제를 숙고했다. 정신 에너지는 살아 있는 몸에 존재하지 시체에 있는 것이 아니다. 정신 에너지는 모든 깨어 있는 생명과 꿈꾸는 생명에 존재한다. 전기라는 은유를 사용하자면 '전기가 들어온on' 상태와 '전기가 나간off' 상태가 차이 난다는 것이다. 그러면 그 차이는 무엇인가?

성과 리비도

쇼펜하우어의 의지Will는 인간의 활동 및 사유의 근원적 동기부여자가 출현했음을 의미하는데, 프로이트는 이것을 리비도라고 했다. 프로이트는 이 용어를 선택하면서 인간 본성에 감각적이고 쾌락을 추구하는 요소가 있다는 점을 강조했다. 프로이트에게 영혼이란 본질적으로 성적 에너지와 다르지 않다. 라틴어 '리비도libido'는 그가 지향하는 목적에 아주 잘 들어맞았다. 프로이트는 성적 충동이 정신적 삶의 토대를 이루고, 정신운동의 주요한 원천이라고 확신했기 때문이다. 한편으로 프로이트의 리비도 이론은 라틴어 표기이므로 성sexuality에 대해 논의할 때 의학적 용어로 비쳐 직설적으로 들리는 부담을 줄였다. 다른 한편으로 이것은 성이 사람을 어떻게 발동시키고 자극해 다양한 활동에 참여하게 하며, 어떤 경우에는 신경증적 태도와 행동의 원인이 되는

지 준과학적이고 추상적인 논의를 하는 데도 사용되었다.

성이 전부는 아니지만 정신 과정과 행동의 주요 동기부여자라는 것이 프로이트의 주장이었다. 심지어 바이올린을 연주하거나 돈을 세는 것처럼 사람이 관여하는 활동이 특별히 성적으로 보이지 않아도, 리비도는 인간이라는 기계에 시동을 걸어 작동하게 하는 원동력이다. 성은 이러한 인간 활동의 주요 동인이며, 사람을 신경증과 편집증과 정신분열증 같은 심각한 정신병에 빠뜨리는 심리적 갈등의 주요한 원인이기도 하다. 프로이트는 최종 분석에서, 개인과 집단의 삶에 드러난 정신 에너지는 상당 부분 성적인 충동과 이러한 충동의 승화 또는 억압의 결과임을 보여주려고 했다. 프로이트는 성적 갈등이란 모든 신경증과 정신병의 토대가 된다는 것을 설명하는 데 특히 전념했다.

융은 심리학 이론과 임상 실험에 관한 프로이트와의 초기 논의에서, 성을 우위에 두는 데 상당히 유보적이었을 뿐만 아니라 인간의 삶에서 활동적인 다른 충동이 있을 수 있다는 점을 분명히 하고자 했다. 예를 들어 다음처럼 '고픔hunger'이라는 충동이 존재한다.

주지하셨듯이, 선생의 광범위한 견해에 대해서 제가 유보하는 것은 경험 부족 때문일 수 있습니다. 하지만 수많은 심리적 경계 현상은 다른 기본적 추동인 고픔hunger, 이를테면 먹기, 젖 빨기(주로 배고픔), 키스하기(주로 성) 같은 갈망의 견지에서 더 적절히 고려되어야 하지 않겠습니까? 동시에 존재하는 두 콤플렉스는 항상 심리학적으로 유착되기 마련이라 둘 중 하나는 한쪽으로만 일정하게 포진됩니다.[1]

이러한 견해 차이는 1906년 10월 23일자로 융이 프로이트에게 보낸 편지에 이미 나타난다. 이렇게 서로 협력 관계에 있던 초기부터 융은 정신병리학에서 성적 갈등이 중심적이라는 프로이트의 주장을 미심쩍어 하며 유보적 태도를 취했다. 이후 몇 년에 걸쳐 융은 정신 에너지의 추동과 원천이라는 주제에 대해 수많은 편지와 상당수 글을 주고받으며 의견을 교환하는 중에도 프로이트의 학설에 대한 고수와 철회를 반복했다. 여러 해가 지난 뒤 융은 자서전에서 이렇게 술회했다. "프로이트의 영향 아래 가능한 한 나 자신의 판단을 물리쳤으며 비판적 견해들을 제대로 표명하지 못했다. 이렇게 한 것은 그와 협력을 도모하기 위한 불가피한 선택이었다."[2] 초기 저작에서 융은 프로이트적 틀 안에서 성적 환원주의적(융이 초기에 프로이트를 따라서 환원주의적 태도를 보였다는 것은, 정신병리학에 대한 여러 가능성이 있음에도 성적 갈등이라는 한 가지 형태로만 보았기 때문이다) 태도를 보이곤 했다. 그런데 서로에게 일어날 수 있는 차이와 갈등 문제를 원만히 하려고 의견 차이를 드러내기를 자제했을지라도, 기록을 볼 때 그는 프로이트를 무작정 추종하는 제자가 분명 아니었다.

정신 에너지를 어떻게 개념화하고 어떻게 명명할지에 대한 논쟁은 사소한 문제로 끝나지 않는다는 것이 분명해졌다. 융과 프로이트의 초기 견해 차이는 다소 사소하고 모호한 것이거나 프로이트의 의견에 대한 융의 오해에서 비롯되었을 수 있으나, 이러한 사안은 차츰 심화되어

1   윌리엄 맥과이어(William McGuire) 편, 《프로이트와 융의 서신 교환(The Freud-Jung Letters)》, 6~7쪽.
2   융, 《기억, 꿈, 회상》, 164쪽.

주요한 철학적·이론적·임상적 불일치에 이르고 만다. 사실 리비도 주제에 대한 차이는 그들에게 이론상 핵심적 차이가 있었다는 것을 방증했다. 논쟁의 중심은 바로 인간 본성의 개념과 인간 의식의 의미에 대한 것이었다. 만남 초기에는 이런 일이 일어나리라고 예상하지 못했지만, 해를 거듭할수록 그들은 그 차이를 제대로 알게 되었다. 융은 프로이트, 자신의 환자들, 그리고 많은 다른 자료들을 통해 계속 배우고 있었다.

1928년에 나온 〈정신 에너지에 관하여 On the Psychic Energy〉[3]라는 뛰어난 논문은, 융이 리비도라는 주제에 대한 자신의 관점을 얼마나 깊이 숙고했는지 잘 보여준다. 이 장에서 나는 이 논문을 1차 자료로서 집중적으로 다루겠다. 그가 1920년대 중반 이 논문을 쓸 무렵은 프로이트나 정신분석학 운동과 결별하고 이미 10년이 지난 시기였다. 이 논문은 엄정한 객관성을 담보한 것이었지만, 이 주제에 대한 그의 초기 저작인 《리비도의 변화와 상징 Wandlungen und Symbole der Libido》(1912~1913)(이 책의 영문판 《무의식의 심리학 Psychology of the Unconscious》은 1916년 베아트리스 힌클 Beatrice Hinkle이 번역한 것으로, 나는 이 번역본을 사용하겠다)은 서둘러 집성되면서 미처 제대로 자리 잡히지 않았지만 열정적인 창조적 사유를 담고 있다. 그가 프로이트와 밀접히 교류하는 중이었고 국제정신분석학회장을 떠맡을 프로이트의 황태자이자 상속자로 간주되던 시기에 작성된 이 초기 저작에서, 처음에 리비도 이론은 지엽적 문제로 취급되었지만 이 책이 완성될 무렵에는 중심부를 차지했다. 나는 정신 에너지에 대한 논문을 설명하기 전에 그 역사적 배경이 되는 이 책을 간

---

3   융, 《전집》 8권, 1~130항.

략히 설명하겠다.

융은 1911년 11월 14일 프로이트에게 보내는 편지에 이렇게 썼다.

제 [《무의식의 심리학》] 후반부는 리비도 이론에 대한 근본적 논의를
집중적으로 다루고 있습니다. 선생께서 리비도 문제(리비도 상실=실재
상실)에 대해 논한 슈레버Schreber 분석의 구절은 우리의 정신적 통로가
교차하는 지점 중 하나입니다. 제 견해로 볼 때, 선생의 책《세 논문Three
Essays》에 설명된 리비도 개념은 조발성 치매증dem[entia] praec[ox]에 적
용 가능한 유전적 요소로 보완할 필요가 있습니다.[4]

융은 여기에서 그의《무의식의 심리학》2부의 두 번째 장인 '개념 작
용과 리비도의 유전적 이론The Conception and the Genetic Theory of Libido'
을 언급하고 있다. 이 장에서 그는 위 편지에 언급된 질문을 논하고 있
다. 이 질문은 (1905년 발표한《성의 이론에 대한 세 논문》(위 편지의《세 논문》을
말한다)에서 프로이트가 성에 관련한 것으로 정의 내린) 리비도와 '현실 기능
function du reel'(프랑스의 정신과 의사 피에르 자네Pierre Janet가 사용한 용어)의
관계에 대한 것이다. 현실 기능은 리비도에서 나온 것인가? 만일 자아
의식이 대상에 성적으로 결정된 부착물의 파생물이라면, 성적 장애는
자아에서 일어나는 장애의 원인이 되며, 그래서 자아의 장애는 성적 장
애에 뿌리를 두고 있는 것으로 추정된다. 프로이트와 베를린의 정신분
석학자 칼 아브라함Karl Abraham은 자아에서의 장애, 즉 정신이상과 정

---

4   맥과이어, 앞의 책, 461쪽.

신분열증에서의 장애가 대상 세계에서 성적 흥미를 상실함으로써 일어난다는 내용을 논하고자 했다. 왜냐하면 현실 기능과 대상에 대한 집착은 처음에는 성적 관심 때문에 형성되기 때문이다. 하지만 이것은 순환논법에 빠졌으며, 융은 이 점을 설득력 있게 지적하고 있다.[5] 이와 달리 융은 정신분열증과 정신이상에 대해 프로이트와 다른 설명을 하지만, 리비도 이론에 기본적 수정을 가하는 정도다.

융은 단지 현상을 묘사하는 관점 대신 유전적genetic 관점이라고 부르는 것에서 출발한다. 그는 쇼펜하우어의 의지 개념을 따라서, 리비도를 넓은 의미에서 정신 에너지로 보고 연구를 시작한다. 그는 프로이트에게 다소 변명조로 "선생께서 아시다시피, 저는 항상 외부에서 내면으로, 그리고 전체에서 부분으로 나아갑니다"[6]라고 쓰고 있다. 이런 포괄적 관점에서 볼 때, 성적 리비도는 더 보편적인 의지 또는 생의 힘의 한 지류에 지나지 않는다. 정신 에너지의 이러한 일반적 흐름에 여러 지류들이 있으며, 인간 진화의 역사에서 이런 지류들의 일부는 어떤 지점에서 다른 지류들보다 더 두드러지게 나타나기도 한다. 인간 발달의 어떤 단계에서 집단적이고 개인적인 성적 리비도는 현저하고 근본적이지만, 다른 단계에서는 그러한 현저함과 근본성이 떨어지기도 한다.

더욱이 융에 따르면, 한때 성과 밀접히 연결되고 성적 본능에서 파생한 것이 분명한 활동들도 인간 의식과 문화가 진화를 거듭함에 따라 성적 영역과 크게 분리되어 성과는 거의 연관성이 없어지게 된다.

---

5   융, 《무의식의 심리학》, 142~143쪽.
6   맥과이어, 앞의 책, 460쪽.

그래서 동물에게는 창조의 충동을 발휘하는 본능이 있지만, 이것은 번식기로만 제한된다. 생물학적으로 확립된 본래적인 성적 특성은 각각의 기관이 하는 일이 고정되어 독립적으로 기능한 나머지 상실되어 버렸다. 음악이 성적 기원을 갖는다는 것은 의심할 나위 없다 해도, 가령 음악을 성 범주에 포함하려 하는 것은 빈한하며 미학과 상관없는 일반화에 빠지는 것이다. 이것은 우리가 명명 체계를 만든다고 하면서, 쾰른대성당이 돌로 지어졌다고 해서 광물학으로 분류하는 오류를 저지르는 것과 다르지 않다.[7]

한때 인간의 원초적 역사에서 가능할 수도 있었겠지만, 정신 활동의 모든 표현이 성적 기원이나 목적과 연결되는 것은 아니라는 점이 융에게는 분명해졌다. 융은 진화론적 관점을 취하면서 한때 의미와 의도에서 성적이었던 활동들이 어떻게 음악과 예술 같은 비성적인 활동으로 변화되었는지 탐구한다.

정신 에너지의 변화

정신 에너지는 어떻게 단순한 본능의 한 표현인 강한 충동에 따른 방출(즉 배가 고파서 먹거나 성적 자극을 받아 교접하는 것)에서 문화적 표현과 노력(즉 고급 요리나 음악을 만드는 것)으로 변화되는가? 언제 이러한 활동들은 '본능적'이란 말이 주는 의미를 떠나 꽤 다른 의미와 의도를

---

7 융,《무의식의 심리학》, 144~145쪽.

갖게 되는가?

융은《무의식의 심리학》에서, 이러한 에너지의 변형은 유비analogy를 만들어내는 인간 마음의 타고난 능력 때문일 수 있다고 말한다. 인간은 은유적으로 사고할 능력이 있고, 이렇게 표현할 필요성을 느낀다. 은유적 능력이 이러한 변화 과정의 배후에 놓여 있을 수도 있다. 예를 들어 사냥은 성적 대상을 찾는 것 같아서, 이러한 비교는 사냥을 위한 열정과 흥분을 야기하는 데 적용되고 사용될 수 있다. 그러면 사냥 활동은 자체의 문화적 의미와 동기를 발전시키고 자체의 생명력을 갖는다. 더는 성적 은유를 필요로 하지 않고, 성은 사냥 은유에 구체적으로 적용되지 않는다. 그렇지만 강한 유비의 잔상 일부는 항상 남아 있어서, 이러한 잔상들은 현대의 문화적 활동을 성적인 것이라고 환원적으로 해석할 수도 있다.

이렇게 유비가 가능한 경향 때문에 의식과 문화로 구성된 인간세계는 광대하게 확장된다.

이렇게 환상의 유비를 형성하는 수단이 있어서 리비도는 점차적으로 성적인 면에서 이탈하는 것 같다. 왜냐하면 환상으로 유비된 것들이 원시적 형태의 성적 리비도를 점차 대신하기 때문이다. 이렇게 해서 새로운 대상물은 성적 상징으로 언제나 동화되므로 이념 세계는 점점 거대하게 넓어진다.[8]

---

8 위의 책, 156쪽.

인간의 활동과 의식의 의고적archaic, 擬古的 세계는 몇천 년에 걸쳐 성적으로 되었지만, 동시에 탈성적으로도 되었다. 즉 성에 대한 유비가 지속적으로 이뤄짐으로써 성적으로 되었지만, 이런 유비들이 그 원천에서 점점 멀어짐으로써 성적인 면에서 이탈한 것이다.

융의 통찰은 성적 동기나 생각이 인간의 의식과 무의식의 삶에서 점차적으로 은유, 유비, 상징으로 대체되었다는 것을 보여준다. 하지만 성적 동기는 환자의 정신생활 퇴행기에 다시 생생히 등장하는데, 프로이트의 착상은 바로 여기에 기반하고 있다. 현대인의 정신적 삶이 성 자체와는 그다지 관련 없을지라도, 이 삶의 대부분은 성적 원천에서 나온다는 시각을 융은 상세히 설명하고 논증하기조차 한다. 이렇게 융이 보여주는 차이는 정통적 프로이트의 관점에서도 그다지 이단적이지 않다. 프로이트 사상에 대한 더 비판적인 부분은 《무의식의 심리학》에서 근친상간 주제를 다루는 마지막 장 '희생 The Sacrifice'에 나타난다.

융은 자서전에서 이렇게 회상한다.

내가 리비도에 대해 저술하면서 마지막 장인 '희생'이라는 주제에 이르렀을 때, 이 책이 출판되면 프로이트와의 우정에 금이 가게 되리라는 것을 이미 인지하고 있었다. 나는 이 책에서 근친상간에 대한 생각, 즉 리비도 개념의 결정적 변화를 정리할 계획을 세우고 있었기 때문이다. (…) 나에게 근친상간은 아주 희귀한 경우에서만 개인적인 병적 징후를 보이는 것이었다. 보통 근친상간은 상당히 종교적인 측면을 갖는다. 이런 이유로 근친상간 주제는 대부분의 우주 창조 신화와 그 밖의 무수한 신화들에서 매우 중요한 역할을 한다. 그러나 프로이트는 근친상간에 대한 문자적 해석에만 매달리다보니 근친상간의 영적 의미를 상징으로 포착해내지 못했다. 프로이트는 이 주제에 대한 내 생각의 어떤 부분도 받아들일 수 없으리라는 것을 나는 알고 있었다.[9]

근친상간에 대한 융의 개념적 구상에 의해 왜 '리비도 개념에 대한 결정적 변화'가 초래되었는가? 융이 근친상간 갈망을 탈문자적으로 이해했기 때문이다. 프로이트는 근친상간 갈망을 문자적 의미로 받아들여, 실제의 어머니를 성적으로 소유하려는 무의식적 갈망으로 보았다. 한편 융은 근친상간 갈망을 아동기의 낙원에 남아 있으려는 일반적 열망으로서 상징적으로 해석해야 한다고 보았다. 이러한 열망은 우리가 성장해서 스트레스로 가득 찬 환경에 적응해야 하는 위압적 도전에 직면할 때 심화된다. 우리는 침대에 누워 이불을 뒤집어쓰고 싶어진다. 융의 상징적 해석에서 '어머니'를 향한 갈망은 유아기적 의존, 아동기, 그리고 무의식과 무책임성으로 퇴행하려는 욕망이다. 이것은 많은 약물중독이나 알코올중독 배후에 있는 동기다. 따라서 신경증을 치료하는 동안 근친상간의 환상들이 나타날 때, 융은 이들을 무의식의 실제적 갈망 또는 그런 갈망에 대한 아동기적 기억의 출현으로 보기보다는 환경에 적응하지 않으려는 저항으로 해석한다. 이집트 파라오(왕)들의 예처럼 고대 여러 민족들 가운데 문자적으로 실제 행해진 근친상간은 이러한 행위를 할 수 있는 특권적 지위를 보여주며, 에너지의 신적 원천과 연합하는 것을 지시하는 종교적 상징이라고 융은 해석한다. 이것은

---

9   융,《기억, 꿈, 회상》, 167쪽.

문자적 의미에서의 성적 원망願望의 충족이 아니라 생명 근원으로서의 어머니와 결혼하는 것이었다. 실제로 성은 근친상간과 거의 상관없다고 융은 주장한다. 근친상간은 상징적으로 중요한 것이지 생물학적으로 욕망되는 것은 아니다.

심리학적 주제들에 대한 이런 종류의 상징적 해석은 프로이트의 심기를 불편하게 만들었다. 융은 프로이트의 학설에 반대해, 리비도가 단순히 특정 대상을 향한 성적 욕망으로 구성된 것도 아니고, 고정된 사랑 대상에 집착('특별한 감정 부여cathecting'라는 말은 그럴듯하게 보려 한다는 정신분석학 용어다)함으로써 자체를 방출하고자 하는 일종의 내적 억압이라고 생각해서도 안 된다고 보았다. 리비도는 '의지'다. 융은 이러한 리비도의 의지적 측면과 관련해 쇼펜하우어에게 감사를 표명한다. 그러나 이어서 융은 의지를 두 부분, 즉 생명 의지와 죽음 의지로 구분한다. 즉 "삶의 전반부의 [리비도의] 의지는 성장을 위한 것이고, 삶의 후반부의 의지는 처음엔 나직이, 나중에는 제법 들릴 만큼 죽음을 향한 암시를 나타낸다."[10] 놀랍게도 분할된 리비도와 죽음 원망願望의 언급은 프로이트의 죽음 원망 이론보다 10년 정도 앞선 것이며, 융의 이러한 생각은 당시 그의 학생이던 사비나 슈필라인Sabina Spielrein에게 빚진 것이 거의 확실하다. 융이 《변화의 상징Symbols of Transformation》[11] 1952년 개정판(《리비도의 변화와 상징》은 《무의식의 심리학》으로 영역되었는데, 이 《리비도의 변화와 상징》은 《변화의 상징》으로 개정되었다. 이 책은 영역되어 융의 영문판 《전집》 5권을 이룬다)에서는 이 어구를 삭제했다는 점에 주목해야 한다.

---

10 융, 《무의식의 심리학》, 480쪽.

11 융, 《전집》 5권.

그 무렵 융은 슈필라인을 자신의 이론에서 빼버렸고, 죽음 본능에 대한 개념을 지지하지 않았다.

《무의식의 심리학》에서 융이 길게 할애한 희생 주제는 의식의 성장과 인간을 성숙하게 하는 성격에 대한 그의 사상에서 중심을 이룬다. 인간이 근친상간적 욕망과 행동에만 속박되어 있다면, 상징적으로 말해서 아동기를 벗어나는 정신의 운동이란 없을 것이다. 낙원은 집이라는 공간으로 한정되고, 동시에 가혹하고 힘든 환경에 적응되지 않으므로 인간이란 종은 번성하는 데 실패할 것이다. 아동기를 영속화하려는 근친상간적 원망은 큰 의식을 향한 의식의 운동을 촉진하기 위해 태곳적에는 집단적으로 희생되어야 했고, 현대에서는 개인에 의해 개인적으로 희생되어야 한다. 융에게 심리학적 성숙을 향한 이러한 운동은 내적 기제와 역동을 통해 자연스레 일어나며, 외부 위협으로 유발되는 것이 아니다. 근친상간을 하지 않으려는 희생은 자발적으로 이뤄지는 것이지, (프로이트 이론이 가르치듯) 거세의 위협 때문에 일어나는 것이 아니다. 프로이트의 부친 살해 이론, 다시 말해 양심의 기초로서의 죄의식에 대한 속죄는 융의 사유에서 낯선 것이었다. 인간은 자기 본성의 일부로서 양심, 도덕성, 문화를 자연스레 발전시킨다. 따라서 문화는 인간이란 종에게 자연스러운 것이다.

융은 《무의식의 심리학》에서, 리비도의 변화는 성적 충동과 외부 실재 사이의 갈등에서 오는 것이 아니라 오히려 인간 본성 자체에 있는 기제의 관여를 통해 발생하는 것이라고 주장한다. 이 기제는 근친상간을 희생시킨 대가로 발달하는 것으로, 수많은 종교에서 나타날 수 있다. 이러한 현상은 미트라교Mithraism와 기독교에서 두드러지는데, 융은 이 책에서 이들 두 종교를 제법 길게 비교하고 있다.

융의 연구 경력에서 볼 때, 이 시점에서 그는 아직 정신과 정신 에너지를 구조화하는 힘으로서의 원형을 개념화하지 못했다. 그 개념화는 나중에야 이뤄졌으며, 그래서 그는 본능의 토대 안에서의 다양한 변화를 추적하는 데 상당한 진척을 이룰 수 있었다. 그는 1952년에 1912~1913년 판본을 대폭 수정한 개정판《변화의 상징》을 냈는데, 이 개정판 곳곳에서 원형 이론을 논함으로써 이런 유형이 갖는 특별한 형태를 발전시켰다. 1913년은 시기상 그가 이론적으로 한계에 이를 수밖에 없었고, 본능적 충족을 희생시키는 것은 자연스런 운동이라는 생각에 대해서는 여전히 모호한 관점을 취하는 단계였다. 이 본능적 충족은 인간의 정신 체계에 타고난 것으로서, 우리가 알다시피 이 본능 없이는 문화나 인간 의식이 가능하지 않을 것이다. 이렇게 본능을 희생시키는 것은 표현과 활동의 한 형태에서 다른 표현과 활동으로 에너지를 변화시키는 데 필요한 것이지만, 그러한 본능을 희생시키는 동기가 무엇인지에 대해서는 그 당시로선 불분명했다.[12] 게다가 사람으로 하여금 어

---

12 이와 관련해 규칙적으로 하는 일에 대한 융의 견해는 흥미롭다. 그의 견해에서 직업의식은 실제로 근친상간 원망(願望)의 속박에서 구해주는 해방자다. "노예제 파괴는 [근친상간적 성적 욕망을] 극복하고 승화시키는 필요조건이다. 왜냐하면 고대는 노동의 의무와 의무로서의 노동, 즉 사회가 요청하는 근본적 필요로서의 노동의 차이를 아직 인식하지 못했기 때문이다. 노예의 노동은 강제된 일로서, 노예뿐 아니라 특권층의 리비도에도 동일하게 재난이 되는 강박충동의 상대 격이다. 리비도의 지속적 퇴행으로 흘러넘치게 된 무의식을 규칙적으로 '배수'시키는 것은 바로 개인이 노동의 의무를 수행할 때 가능한 일이다. 나태는 모든 악의 시작이다. 나태한 조건 아래서 리비도는 자체에 쉽게 침잠해버린다. 그래서 리비도는 퇴행적 형태지만 소생된 근친상간적 결속이라는 수단을 통해 충동적 임무를 만들어낸다. 여기에서 벗어나는 최상의 길은 '규칙적인 노동'이다. 그런데 노동이 구원이 되려면 일 자체가 자유로운 행위여야 하고, 유아적 강박충동에서

떤 직업을 선택하거나 어떤 시도를 하게 하는 데 필요한 에너지를 보내는 것이 무엇인지에 대한 의문은 여전히 남는다. 여기서 떠오르는 핵심적 통찰은 '상징'이 리비도를 변화시키고 방향을 지시해주는 능력이 있으리라는 것이다.

융은 본능과 리비도에 대해서 이러한 관점을 취할 경우 프로이트의 상속자이자 황태자로서의 자기 시대는 곧 끝나리라는 것을 감지하고 있었다. 프로이트는 자신을 따르는 이들이 갖는 견해의 간극을 너그러이 받아들일 인물이 아니었다. 여기서 프로이트가 갖는 권위는 중요한 문제였고, 프로이트는 사상적인 면에서 자신에게 굴복하기를 요구할 터였다. 융은 이 지점에서 멈춰 섰고, 이는 그들이 쓰라린 결별을 하게 되는 심리학적 결절이 되었다.[13]

그리고 융과 프로이트의 학문적 동료 관계는《무의식의 심리학》 2부가 출판된 지 몇 개월 만에 정말 종말을 맞았다. 이 책은 1912년 9월 출판되었고, 융이 총편집자였던《정신분석과 정신병리학적 연구 연감 Jahrbuch für psychoanalytische und psychopathologishe Forschungen》6권에 수록되었다. 리비도의 정의 및 개념과 관련해 융이 프로이트와 큰 차이를

벗어난 상태여야 한다. 이 점에서 종교적 의례는 조직화된 비활동성으로서, 동시에 현대 노동의 선구자로서 간주된다."《무의식의 심리학》, 455쪽) 이것은 "노동이 당신을 자유롭게 한다(Arbeit macht frei)"는 견해의 한 형태다. 정확히 말해 노예제가 제도화된 한 형태인 강제수용소에서 나치가 비열하게 사용한 것이다. 리비도의 변화가 일어날 수 있는 것은 삶의 의무로서 노동이 자유롭게 선택되고 수용될 때다. 사람이 자유롭게 직업을 선택하며 이 직업이 요구하는 일을 배우고 실천하려고 상당한 즐거움과 감각적 쾌락을 희생시킬 경우, 리비도의 변화는 성공적이게 된다.

13 조지 호갠슨(George Hogenson)은 이러한 권위 문제를《융의 프로이트와의 갈등(Jung's Struggle with Freud)》에서 광범위하게 다룬다.

보인 것은 환원론적 문제였다. 융은 프로이트가 의식적 삶과 문화적 활동으로 나타나는 모든 것을 다양한 가능성이 있는데도 모두 성 문제로만 보는 심각한 환원주의에 빠져 있다고 보았다. 프로이트가 성이 중심적 위치를 차지한다고 고수한 것은 문명화된 인간이 진실을 회피하고 성을 매우 일탈적으로 대하면서 겪는 고통에 대한 정신분석적 통찰과 연관된다. 게다가 융은 에너지에 대한 일반 이론을 만드는 것을 목표로 한 데 반해, 프로이트는 성과 (나중에는) 파괴성, 그리고 죽음 원망과 관련한 심리적 삶의 왜곡과 평계에 대해 깊이 파고들었다.

1928년 무렵 융은 〈정신 에너지에 관하여〉를 발표했는데, 이 논문은 사실 그가 이 주제에 대해 20년 동안 숙고해온 것이었다. 이 논문에서 논의를 구체화하고 다양한 권위자에 대해 언급한 것은 그가 여전히 프로이트와 정신분석에 대해 동의하고 있지 않음을 반영하지만, 또한 리비도를 정신 에너지로 보는 일반적 관점을 지지하기 위한 가장 강력한 가능 사례로 제시하려는 그의 바람을 나타내기도 했다.

모델로서의 물리학

융이 물리학에 대한 전문 지식은 갖추지 않았지만 그가 살던 20세기 초의 취리히는 물리학을 이해할 수 있는 분위기가 팽배했다. 이런 시대적 영향으로 융은 물리학을 통해 정신 에너지에 대해 사유하는 모델을 만들 수 있었다. 융에게 물리학은 정신 에너지를 이해할 수 있는 법칙을 정립하는 데 중요한 은유를 제공해주었다. 물리학은 인과성, 엔트로피, 에너지의 보존, 변화 등의 법칙을 이용해 정교한 에너지 이론을 구축했다. 융은 이러한 물리 법칙에 주목하되 수학적 공식과 등식에 집착하지 않으면서, 단어 연상 실험을 한 초기 실험심리학과 비슷한 방식으로 정신을 개념화하려 했다. 융은 에너지를 다룰 때 수량화를 고려해야 한다고 지적했다.[14]

에너지는 대상 세계에서 도출된 추상적 개념이라고 그는 쓰고 있다. 사람은 그것을 볼 수도 없고, 만질 수도 없고, 맛볼 수도 없다. 에너지에 대해 말한다는 것은 대상들 자체보다는 대상들 사이의 관계에 대해 관심을 갖는 것이다. 예를 들어 중력이란 하나의 대상이 또 다른 대상에게 영향을 미치는 방식을 설명하지만, 대상들 각각의 질에 대해서는 특별히 설명하지 않는다. 이와 유사하게 정신 에너지 또는 리비도 이론은 정신세계에 있는 대상들이 어떻게 서로에게 영향을 미치는지를 설명해야 한다고 융은 주장한다.

융은 에너지가 최종적 형태이므로 (정신의) 대상 가운데 운동 또는 순간의 이동과 관계되어야 한다고 보는데, 이들 대상은 경사도gradient를 따라 비가역적으로 움직여 결국 평형상태equilibrium에 이른다. 이것은 연쇄적인 물리적 사건에 대한 설명과 비슷하다. 즉 한 물체가 다른 물체에 충돌할 때, 첫 번째 물체의 속도는 느려지고 두 번째 물체의 운동량momentum[타력(惰力)]은 증가한다. 에너지보존법칙은 생성되지도 않고 파괴되지도 않는 이러한 연속적 과정에 적용되므로, 첫 번째 물체를 떠난 에너지의 양은 두 번째 물체가 받은 에너지의 양과 동일해야 한다. 이것은 정확히 측정될 수 있다. 그래서 에너지는 추상적이고 만질

---

14 융, 《전집》 8권, 6항 이하.

수 없는 반면에, 그 효과는 당구하는 사람이 알듯이 관찰될 수 있는 것이다. 융은 이 모델을 정신에 적용했고, 이 〈정신 에너지에 관하여〉라는 논문을 통해 에너지 이동과 운동의 견지에서 정신 에너지를 측정하고 정신의 삶에 대해 사고했다.

융은 "감정이입empathy이 기계론적 관점을 초래하고, 추상은 에너지적 관점을 초래한다"[15]고 주장하면서, 물리적·정신적 실재에 대한 기계론적 관점은 이에 대한 에너지적 관점과 대조된다고 본다. 이들 양자의 전망은 양립할 수 없지만, 양자 모두 진실하다. "인과적-기계적 관점은 사실의 연속인 a-b-c를 a가 b의 원인이 되고 b는 c의 원인이 되며, 이러한 연속이 계속 진행되는 것으로 보는데"[16] 그 초점은 인과관계에 맞춰져 있다. 첫 번째 공은 두 번째 공을 치고, 두 번째 공은 세 번째 공을 친다. 첫 번째 충돌이 결과의 원인이 되고, 이 결과는 다른 결과의 원인이 되며, 이런 연속이 계속된다. 그래서 결과는 처음 시작된 원인을 더듬어 추적할 수 있다. "여기서 결과 개념은 질적인 면을 지시하는 것으로, 즉 원인의 '효력virtue', 다시 말해 원인과 결과의 역학 관계로 나타난다."[17] 이러한 전망을 심리학적 삶에 적용할 때 콤플렉스는 정신적 외상에서 비롯된 것으로 보인다. 정신적 외상의 힘은 정신계로 들어가 일련의 결과를 초래하는데, 이것은 몇 년에 걸쳐 증상의 형태로 나타난다. 기계론적 전망에서 볼 때 정신적 외상은 콤플렉스의 인과론적 기원으로 간주된다. 그리고 이러한 인과론적 이해를 통해 정신적 외상을 겪

---

15 위의 책, 5항.
16 위의 책, 58항.
17 위의 책.

는 사람에게 감정이입을 할 수 있게 된다.

"한편 '최종적 에너지'의 관점에서 볼 때 이러한 a-b-c로 이어지는 연속은 에너지의 변화를 향해 가는 것을 의미하는데, 이러한 비개연적 상태인 a에서 비인과적으로 흘러 엔트로피 상태인 b-c에 이른 다음엔 개연적 상태인 d에 이르는 것으로 보인다. 여기에서 인과적 결과는 온 전히 무시되고 그 결과의 강도intensity만이 고려된다. 그 강도가 동일 한 조건에 있는 한 a-b-c-d 대신 w-x-y-z를 입력해도 무방하다"[18]고 융은 적고 있다. 최종적 에너지의 관점에서 볼 때 에너지는 강도의 경 사도에 맞춰 움직여 개연성이 낮은 상태에서 개연성이 높은 상태로 변 화되며, 결국 평형상태에 이르게 된다. 이런 전망을 심리학적 삶에 적 용하는 곳은(여기서 우리는 왜 융이 이것을 감정이입의 관점이 아닌 추상적 관 점이라고 부르는지 이해하게 되는데) 삶이 어디로 귀착되든 심리학적 또는 감정적으로 말해서, 평형상태를 이루기 위해 경사도의 강도가 도달한 지점이다. 평형상태는 목적이고, 이런 점에서 원인인데, 사건의 연쇄들 을 평형 자체로 끌어당기는 최종적 원인이다. 평형은 "그냥 그대로 그 러하다"는 이야기다. 인과론은 개인적 운명과 같은 것처럼 보인다.[19]

---

18 위의 책.

19 이러한 최종적 에너지의 관점을 취하는 심리 치료사는 비인격적이고 비감정이입적인 태도를 보이는 것이 정당하게 비쳐질 것이다. 심리 치료사는 아동기의 정신적 외상이 나 과거에 겪은 갈등과 학대 관계 같은 인과적 요인에 거의 관심을 기울이지 않을 것이 다. 심리 치료사는 자아로부터 무의식(퇴행)을 거쳐 새로운 적응(진전)에 이르는 에너지 흐름을 추적하고, 리비도의 흐름이 그 자연적 경사도 또는 통로를 찾는 것을 방해하거 나 차단하는 태도와 인지적 구조를 분석하는 데 초점을 맞추고 있다. 이것은 훨씬 더 인 지적인 접근이다. 다른 한편 감정이입적 분석은 현재 직면해 겪는 어려움에 대한 과거의 이유를 찾고 어떻게 과거 일이 현재 문제를 일으키는지 이해하려는 것이다. 융에 따르 면, 프로이트적 접근은 일반적으로 인과적-기계적, 감정이입적인 다양한 접근법을 내포

후퇴하든 미래의 목표를 향해 나아가든, 그 이유가 무엇이든 에너지는 움직인다. 엔트로피의 물리 법칙에 따르면, 에너지는 높은 단계에서 낮은 단계로, 강도의 개연성이 낮은 상태에서 높은 상태로 흐른다. 한편 음엔트로피negentropy 법칙에 따르면, 에너지는 더 복잡한 상태로 이동한다. 에너지의 관점은 최종적 상태를 가장 중요한 사실로 보는 반면, 기계적-인과적 전망은 에너지를 처음 체계로 내보내는 시초적 힘에 초점을 맞춘다. 이들 전망 가운데 어느 것도 임의적이거나 예측 불가능한 상태로 귀결되지는 않는다. 양자 모두 잠재적으로 과학적이다.

융은 여기서 궁극적 목적이나 의미 문제를 다루지 않는다는 점에 주목해야 한다. 종종 신비론자라는 비판을 받아온 그는 목적과 의미를 자연적 과정에 투사하는 위험에 대해 특별히 민감했다. 그는 최종적 에너지의 관점을 목적론적이라고 여기지 않았다. 그렇게 되면 자연적이고 역사적인 과정은 의미 있는 영적 결론을 목표로 삼고 추구하는 종교적 맥락으로 보이게 된다. 그는 여기서 단순히 개연성이 낮은 상태에서 높은 상태로 에너지가 이동하는 것을 관찰하는 관점을 취한다. 디자인 배후에 디자이너가 있는가, 신은 에너지를 제어하고 유도해 예정된 결론이나 목표에 이르게 하는가 등의 질문은 형이상학적으로 흥미롭다. 그러나 융은 여기서 그런 문제를 논하기를 원치 않았다. 그는 에너지가 단순히 한 단계에서 다른 단계로 이동하는 것에 대해 말하고 있다.

하는 반면에, 자신의 접근은 최종적-에너지적, 비개인적 유형이었다. 에너지의 운동을 분석하고 균형과 평형을 목표로 삼아 에너지를 흐르게 한다는 관점으로 정신을 해부하는 분석가는 비개인적 방법을 사용하고 있는 것이다. 융의 유형론적 관점에서 볼 때, 외향적인 사람은 보통 인과적 이론에 더 끌리고 내향적인 사람은 더 추상적인 최종적 접근을 선호한다. 현대의 많은 분석가들은 양자를 결합하려고 한다.

그의 심리학적 이론이 최종적인 것이긴 하지만, 융은 여기에 머물지 않고 인과적 전망과 최종적 전망의 종합을 시도하기도 했다. 그는 프로이트와 아들러 사이의 의견 불일치가 인과론적 심리학과 최종론적 심리학의 차이에 기인한다고 생각했다.

프로이트의 인과론적 심리학(외향적)은 인과를 탐색하고, 아들러의 최종론적 심리학(내향적)은 최종점에 주목한다. 아들러는 한 사람의 현재 삶의 정황은(이것이 무엇이든) 어떤 점에서는 그 사람의 개인적 필요와 선호도에 맞게 구성되어 있다고 가정했다. 아들러의 최종주의적 에너지의 관점은 프로이트의 기계적-인과론적 태도와 절대적 갈등 관계에 놓여 있었다. 융은 양자의 전망 모두를 고려할 수 있는 관점인 중도적 근거를 찾고 있었다.[20]

---

20 아들러와 프로이트의 차이점은 바로 융으로 하여금 프로이트와 갈등을 일으키게 한 중요한 요인이다. 또 융은 대인관계 역학을 이해하기 위해 지속적으로 노력함으로써 심리 유형의 이론을 확립하려 했다. 융이 심리 유형의 견지에서 성격 차이를 탐구하는 데 관심을 갖게 된 것은 아들러와 프로이트의 이론적 관점의 차이를 이해하려는 것과 무관하지 않았다. 아들러와 프로이트의 이론은 많은 것을 제시해주었고, 여러 측면에서 부합되는 부분이 많은 것 같았다. 그렇지만 그는 프로이트나 아들러와는 견해가 달랐다. 융이 보기에 프로이트의 이론은 대상을 통해 쾌락과 방출을 하려는 충동을 갖는다는 점에서 근본적으로 외향적이며, 이와 달리 아들러의 이론은 기본적으로 대상을 통제하는 자아 확립을 모색한다는 점에서 내향적이다. 융은 아들러의 이론에서 설명된 힘의 욕구란 대상 세계와 관련을 맺기보다는 통제하려는 내향적인 사람의 욕구라고 생각한다. 내향적인 사람들은 쾌락을 추구하는 것이 아니라 위협적인 대상보다 우위에 있으면서 힘과 통제를 발휘하려는 충동적 경향을 보인다. 이와 달리 외향적인 사람들은 쾌락 원리에 기초하는 경향성을 보이는데, 그래서 그들은 프로이트의 심리학적 전망에 잘 들어맞는다. 인간은 기본적으로 외향적이며 쾌락 원리 지향적이라고 보는 프로이트와, 인간은 내향적이며 권력 욕구 지향적이라고 보는 아들러는 인간 행동에 대해 타당한 설명을 제공하지만, 이들 각자는 정신에 대해 다른 전망을 갖고 접근하며, 이런 맥락에서 그들은 개인의 심리 유형에 대해 다른 견해를 갖는다고 봐야 한다.

인과론적-기계적 모델과 최종론적 모델은 에너지가 본래 갖는 상태와 관련해 다른 전제에서 출발한다. 인과론적-기계적 모델의 경우 정신계는 본래적으로 정지 상태에 있다는 가정에서 출발한다. 처음엔 아무것도 일어나지 않았으며, 이후 정신계 외부에서 무엇인가가 개입해 그 상태에 에너지의 북돋움이 있을 때까지는 역시 아무 일도 일어나지 않을 것이다. 누군가가 공을 치고 그 공이 또 다른 공을 치면, 이렇게 사건의 연쇄가 일어난다. 한편 최종론적 에너지 관점은 시초에 이미 에너지가 충만한 상태에 있다고 보며, 이 상태에서 운동의 다양한 형태들이 나타나는데, 이때 에너지는 더 개연적인 상태를 추구하고 마침내 균형과 정지 상태에 이른다. 융에 따르면, 콤플렉스가 특별한 양의 에너지를 가졌다고 볼 때 정신계가 비평형상태에 있게 되면 이 콤플렉스의 에너지는 운동을 야기한다. 콤플렉스는 자극에 반응할 뿐만 아니라, 때로는 창조적일 수도 있다. 만일 콤플렉스들이 적극적으로 활동하지 않고 창조적이지 않으며 단지 자극에 반응할 뿐이라면, 단도직입적으로 말해서 자율적이라고 간주될 수 없을 것이다. 어떤 조건이 갖춰질 때 콤플렉스는 환경의 자극을 그다지 받지 않아도 환상과 욕망 또는 사고를 갖고 자아의식으로 돌진해 들어간다. 환경적 자극은 단순히 콤플렉스에 묶여 있는 에너지를 끌어들이거나 방출하는 정도다. 최종론적 관점에서 콤플렉스는 그 에너지를 방출하고 낮은 에너지 단계로 되돌아가려는 것으로 보일 것이다. 콤플렉스는 의식 주체에 사상과 감정이나 분위기 또는 환상을 도입함으로써 에너지를 끌어들이거나 방출하며, 이러한 과정을 통해 사람은 적절히 행동하게 된다. 에너지 방출이 완결되면 콤플렉스는 무의식의 잠복적 상태로 되돌아가 안착하고, 내부 정신계 안에 에너지를 더 쌓거나 외부 자극에 의한 포진을 기다린다.

에너지의 원천

융은 〈정신 에너지에 관하여〉라는 논문에서, 콤플렉스 에너지의 특별한 원천에 대해서는 상세히 논하지 않는다. 그는 정신 에너지가 정신의 다양한 구성 성분들에 섞여 분포되어 있다고 진술한다. 그는 에너지의 관점에서 어떤 에너지가 한 상태에서 다른 상태로 이동해 분포하는 것을 추적하는 방법을 찾는 데 관심을 기울였다. 그는 다음 같은 질문을 던진다. 어떻게 에너지는 정신 안에서 이리저리 이동하는가? 왜 어떤 콤플렉스는 다른 콤플렉스보다 더 활성화되는가? 정신에서 생물학적 기반의 본능적 에너지가 어떻게 다른 활동으로 변환되는가?

콤플렉스는 새 정신 에너지를 두 가지 방법으로 끌어들인다. 하나는 콤플렉스와 연관되어 있고 콤플렉스를 풍부하게 하는 새로 생긴 정신적 외상에서 오고, 다른 하나는 콤플렉스의 원형적 핵심에 있는 자기력magnetic power에서 온다. 콤플렉스의 원형적 핵심은 그 에너지를 두 원천에서 끌어들인다는 것이다. 한편으로 이러한 원형적 핵심은 연관되는 본능을 통해 에너지를 채운다. 본능과 원형은 정신에서 동전의 양면과 같다(이 부분은 다음 장에서 자세히 다룰 것이다). 따라서 (융이 '정신화psychization'라고 부른 과정을 통해) 정신이 생물학적 토대에서 이 원형적 이미지를 이용할 수 있을 때, 원형적 이미지는 에너지의 유인자attractor로 활동한다. 다른 한편으로 원형들은 다른 원천에서 에너지를 끌어들인다. 원형들은 타인들과의 교환, 심지어는 영spirit 자체와의 교환을 통해 문화로 변환된다(융은 이 부분을 나중에 나온 논문 〈정신의 본질에 관하여 On the Nature of the Psychic〉에서 논한다). 정신은 결코 닫힌 체계가 아니다. 오히려 정신은 몸을 통해, 영을 통해 세상에 열려 있다.

콤플렉스가 의식 안으로 돌입한다는 것은 콤플렉스가 일시적으로 자아보다 더 활기차졌다는 것을 가리킨다. 콤플렉스에서 이 에너지가 자아 체계 안으로 홍수처럼 밀고 들어와 자리를 차지한다. 자아가 에너지의 이러한 유입을 받아들일 수 있을지 여부는 현실적으로 중요한 질문이다. 자아는 다루기 힘들 정도로 엄청나게 쇄도하는 에너지를 어떻게 운반하고 사용할 수 있는가? 그 열쇠는 선택할 수 있는 자아에 놓여 있다. 자아가 충분히 강하고 흔들림이 없다면 이러한 에너지 흐름을 유도해 구조를 만들고, 경계를 만들고, 구체적 활동을 기획할 수 있다. 그렇지 않으면 감정적 과잉이나 기능 장애를 겪게 된다.

융에게 정신은 폐쇄적 에너지 체계로 이해되지 않는다. 닫힌 체계는 엔트로피로 이동하며, 절대적으로 닫힌 체계는 온전히 정적인 최종 상태로 머문다. 융은 정신계가 상대적으로만 닫힌 것이라고 보았다. 건강한 정신이 어느 정도 닫혀 있고 엔트로피로 나아가는 경향을 보이는 것은 분명하지만, 다른 한편으로 주변 세계의 양육과 영향을 받는다는 점에서 열려 있다. 굳게 폐쇄된 정신계는 병리적이다. 이런 체계들은 자주 외부의 영향에서 완전히 봉쇄되어 심리 치료의 효과를 볼 수 없게 된다. 예를 들어 편집병적 정신분열증은 상당히 꽉 닫힌 정신계이며, 이것은 결국 심하게 응결된 생각과 태도 및 고립이 증가함으로써 완전히 정체된 상태가 되어버린다. 생물학적 치료만이 이러한 증세에 영향을 미칠 수 있다.

건강한 성격에서도 정신 에너지는 엔트로피 법칙을 어느 정도 따르는 경향이 있다. 시간이 흘러도 한곳에 머물려 하고 점점 더 정체를 일으키는 경향이 있다. 그래서 변화는 한 시대를 요구할 만큼 어렵다. 활발한 상호작용으로 에너지를 생성하는 양극성은 안정과 순응의 태도를 취하게 된다. 이러한 사실로 볼 때, 정상적 정신계는 상대적으로만 열려 있고 다소 폐쇄적임을 알 수 있다. 에너지 분배는 높은 단계에서 낮은 단계로 이동하는 경향이 있는데, 이는 물이 가장 낮은 단계까지 떨어지는 것과 비교된다.

정신 에너지 측정

이 논문에서 융은 그런 에너지 상태가 어떻게 과학적으로 측정될 수 있는지 탐색한다. 그는 '값value'을 평가함으로써 측정될 수 있다고 본다. 어떤 태도나 활동에 부과된 값의 양은 에너지의 강도 수준을 표시한다. 만일 의식 내용과 관심사, 즉 정치, 종교, 돈, 성, 경력, 관계, 가족의 목록을 만들어 각 항목에 1~100의 비율로 값을 매긴다면, 의식 내용들 가운데 에너지가 어떻게 분포되어 있는지 알 수 있다. 분명히 그 값은 날마다, 해마다, 또는 10년마다 변화하며 그 정도가 오르내린다. 무엇이 정신에 의해 어느 정도 값으로 매겨지는지 어떻게 알 수 있는가? 스스로는 판단을 잘못 내리기 쉽다. 의식 내용의 목록은 일정한 비율로 등급이 매겨질 수 있으나, 그들을 시험하지 않고서는 이러한 비율의 정확성을 확신할 수 없다. 우리는 둘 또는 그 이상에서 매력적인 것을 선택해야 할 때만 실제로 상대적인 값이 무엇인지 확신하게 된다.

알코올중독자는 폭음을 계속 하느냐, 아니면 가정으로 돌아가느냐를 놓고 선택해야 할 때 상당한 압박을 받겠지만 그런 위기를 통해 다시는 술을 마시지 않겠다는 약속을 시험하게 된다. 돈을 쓰는 습관은 생각과 달리 실제적 가치를 어디에 두는지에 대한 중요한 단서를 제공한다. 에너지를 상징하는 돈의 흐름은 어디에 더 가치가 있는지를 보여준다. 사람들은 자발적으로 매우 가치가 있다고 여기는 것에 돈을 쓴다.

이러한 예들은 의식 내용에서 에너지가 갖는 값을 측정하는 방식 가운데 일부다. 그런데 의식 내용과 달리 무의식적 내용의 값은 어떤가? 무의식적 내용은 어떻게 측정될 수 있는가? 이것은 내적 성찰만으로 성취될 수 없다. 왜냐하면 자아는 보통 무의식으로 깊이 관통해 들어갈 수 없기 때문이다. 콤플렉스는 자아가 하지 않으려는 선택을 할 것이다. 그래서 간접적 측정 방법이 필요하다. 단어 연상 실험은 융에게 그런 측정 방법을 제시해주었다. 콤플렉스 에너지의 수준은 이와 연관되는 콤플렉스 지표의 수로 표시된다. 일단 우리가 이 지수를 알게 되면, 그 에너지의 가능한 양을 평가할 수 있다. 시간이 지나면 어느 콤플렉스가 가장 강렬한 반응을 일으키는지를 경험적으로 안다. 이런 민감한 영역은 강한 반응을 일으키리라는 예측 때문에 대중사회와 상류사회에 잘 노출되지 않는다. 성, 종교, 돈 또는 권력 같은 쟁점을 선회하는 집단 콤플렉스의 일부는 거의 모든 사람에게 영향을 미치며, 이 콤플렉스가 심각하게 자극을 받는다면 에너지가 격렬히 방출될뿐더러 전쟁까지 초래될 수 있다. 일상생활에서 일어나는 동요의 강도와 빈도는 무의식적 콤플렉스의 에너지 수준을 가늠하게 하는 유용한 지표들이다. 정신 내용에 있는 에너지 수준은 긍정적 또는 부정적 감정과 반응으로 표시될 수도 있다. 에너지 관점에서 볼 때, 감정에서의 긍정과 부정을 구별하는 것은 차이가 나지 않는다.

몸과 마음의 통합

융이 이 논문보다 15년쯤 앞서 《무의식의 심리학》에서 논의하고 이 논문에서 반복해 언급하고 있는 정신 에너지는 생명 에너지의 하위 범주다. 어떤 사람들은 상당한 양의 정신 에너지를 단순히 가진 반면에, 다른 사람들은 이보다 적게 갖고 있다. 예를 들어 린든 존슨Lyndon Johnson 상원의원은 주변의 어느 누구보다 정력적이었던 것 같다. 그는 엄청난 에너지로 사람들을 압도할 수 있었다. 그는 자신의 선거구민들에게 편지를 하루 250통씩 쓰면서, 동시에 다수당 대표로서의 통상적 임무를 수행했다. 상당한 양의 타고난 에너지를 가진 사람이 있는 반면에, 아침에 잠자리에서 일어나 식사를 하러 움직이는 일도 가까스로 할 만큼 에너지가 적은 사람도 있다. 어떤 의미에서 삶의 육체적인 면은 심리적인 면에 강한 영향을 주고, 육체적으로 건강하다고 느끼는 것은 정신 에너지를 비축하는 데 기여한다. 그러나 정신과 몸의 관계는 복잡하고 종종 역설적이기도 하다. 예를 들어 니체는 극도로 몸이 아파 심각한 고통을 겪으면서도 운문체 형식의 대작 《차라투스트라는 이렇게 말했다Also Sprach Zarathustra》를 썼다. 하인리히 하이네는 육체적 고통 가운데 삶의 마지막 10년을 보냈지만, 이 기간 동안 노래와 시, 그 밖의 문학작품을 몇백 편이나 남기는 최상의 활동을 했다. 천재적 재능을 가진 사람들이 들이는 노력에 필요한 엄청난 정신 에너지의 양은, 건강한 몸이 일을 하는 데 요구되는 정신 에너지를 생산한다는 단순한 개념으로는 설명될 수 없다. 육체에서 영혼과 마음으로 열량이 이동하는 것 이상이 정신 에너지 개념에 있는 것이다.

이런 난제 때문에 일부 사상가들은 육체적인 것과 정신적인 것을 상대적으로 독립적인 두 평행 체계로 간주했다. 이러한 구분은 각 체계가 갖는 통합성을 보존하고 정신 에너지를 육체 에너지로 환원하는 것을 부정하는 장점이 있다. 그러나 생물학적 환원론을 강하게 반대하면서도 융은 이 모델에 만족하지 않았다. 그는 두 체계가 있지만 이들의 상호작용은 서로 복잡하게 얽혀 있으며 대부분 무의식에 매우 깊이 묻혀 있어서, 한쪽이 어디에서 시작하고 다른 한쪽이 어디에서 중단하는지를 분명히 파악하기는 어렵다고 보았다. 어떤 면에서 이들은 독립적이며, 또 다른 면에서 이들은 서로 깊이 연결되어 있고 의존적인 것처럼 보인다. 마음-몸 문제는 융의 저작들에서 여러 번 등장한다. 이 부분에 대해서는 앞으로 이어지는 장들에서 논하겠다. 〈정신 에너지에 관하여〉라는 논문에서 그는 이 문제를 암시만 하고 있다.

정신과 육체의 통합은 단순히 상대적인 것이지 절대적으로 닫힌 체계가 아니므로, 엔트로피나 에너지 보존은 이러한 체계에서 정확히 작동하는 것이 아니다. 그렇지만 실제적으로 이들 사이에는 강한 상관관계가 있다. 어떤 일에 대한 관심이 줄어들거나 사라질 경우, 이와 동일한 양의 에너지는 종종 다른 곳에서 나타나곤 한다. 두 관심 대상이 명백히 관련되지 않을 수도 있겠지만, 이 체계에서 전체 에너지의 양은 변하지 않고 일정하다. 다른 한편으론 상당한 양의 에너지가 완전히 사라져버리기도 한다. 이때 사람은 무기력해지거나 우울해진다. 이 경우 융은 에너지가 퇴행한다고 말한다. 에너지는 의식에서 빠져나가 무의식으로 돌아간 것이다.

에너지, 운동, 방향

리비도의 '퇴행regression'과 '진전progression'은 융 이론에서 중요한 용어다. 이들 용어는 에너지가 운동하는 방향을 가리킨다. 진전할 때 리비도는 생명과 세계에 적응하는 데 사용된다. 이때는 세계에서 기능하기 위해 리비도를 사용하고, 선택한 활동을 위해 리비도를 자유롭게 소비할 수 있다. 정신 에너지의 긍정적 흐름을 경험하는 것이다. 그러나 중요한 시험에 낙방하거나 회사 인사이동에서 제외되고, 사랑하는 배우자나 자녀를 잃는다고 가정해보라. 리비도의 진전은 멈춰버리고, 삶은 앞으로 나아가지 않으며, 에너지 흐름은 방향을 반대로 바꾼다. 이 리비도는 퇴행하고, 무의식으로 사라지며, 여기에서 리비도는 콤플렉스를 작동시킨다. 이로써 한때 연결되었던 양극이 양분되어 이제 적대적 맞수가 된다. 이제 자아의식은 원리와 가치를 모두 갖고 있을지 모르지만, 무의식은 반대 태도를 취한다. 내적 갈등에 의해 찢어지고 마비 상태에 빠진다. 진전하는 동안 자아 안의 양극은 서로 균형을 유지하며 앞으로 나아가는 에너지를 생성한다. 상반되는 감정을 가질 수도 있겠지만, 어떤 면에서 이것은 현실에 적응했다는 의미다. 이와 달리 퇴행하는 경우, 에너지 흐름은 정신계로 되돌아가버려 적응하는 데 이용될 수 없다. 양극적 구조가 양분되면, 심각한 종류의 양가감정이 발달해 생명을 마비시킨다. 변화가 없는 정지 상태가 계속되고, 긍정과 부정이 서로를 소멸시키며, 움직일 수가 없게 된다.

융은 세계에 적응하는 데 사용되지 않고 진전 방향으로 움직이지 않는 에너지는 콤플렉스를 활성화하고 이 콤플렉스가 갖는 잠재 에너지를 증가시키는데, 이 에너지가 증가하는 정도에 따라 자아는 에너지를 이용하지 못하게 된다고 했다. 이것을 정신에서의 에너지보존법칙이라고 할 수 있다. 에너지는 정신계에서 사라지지 않고, 다만 의식에서 사라지는 것으로 봐야 한다. 이에 따른 전형적 결과는 우울증, 무기력한 양가감정, 내적 갈등, 불확실성, 의심, 의문, 동기 상실 등이다.

진전이 세계에 대한 적응을 촉진하는 동안, 퇴행은 역설적으로 발달의 새로운 가능성에 이른다. 퇴행은 내면세계를 활성화한다. 내면세계가 활성화될 때, 사람은 이 내면세계에 직면하고 이러한 과정을 겪은 생명에 새롭게 적응해야 한다. 내면에 적응하려는 이러한 운동은 결국 새로운 외부 세계에 이르게 되는데, 이때 리비도는 또다시 진전 방향으로 움직이기 시작한다. 그러나 이 사람은 이제 바로 무의식적인 것, 즉 퇴행 때 겉으로 드러나는 콤플렉스, 개인사, 성격적 결함, 과오와 다른 모든 다루기 힘들고 고통스런 문제에 직면해야 하므로 더 성숙해진다 (융의 개성화 개념은 8장에서 상세히 논의될 것이다).

융은 한편으론 리비도의 진전과 퇴행 사이에, 다른 한편으론 내향적 태도와 외향적 태도 사이에 분명한 구분이 있다고 했다. 초보자는 이들 사이에 차이가 있다는 사실을 쉽게 간과한다. 내향적인 사람들은 내향적으로 세계에 적응하는 방식으로 진전하는 반면, 외향적인 사람은 외향적인 방식으로 진전한다. 퇴행할 때도 마찬가지다. 예를 들어 외향적으로 생각하는 유형은 습관적으로 세계와 대처하고 사람들을 조종하려는 생각에 익숙하다. 이런 사람은 그 기능이 효과적으로 잘 작동되지 않고 경험적으로 실패하는 삶의 상황에서 역행하는 모습을 보인다. 외향적 사고를 보이는 사람은 관계 문제를 대체로 잘 해결하지 못한다. 여기에서 완전히 다른 접근이 필요하다. 정신의 네 기능 가운데 이 사람이 갖는 우월 기능(또는 주 기능)이 소용없어질 때 이 사람은 좌절과 패배 의식에 점유되어버린다. 이제 갑자기 다른 기능들이 요청되지만, 이 기능들은 용이하게 이용할 수 없기 때문이다. 그래서 리비도는 퇴행하고 열등 기능이 활성화되는데, 이것은 내향적 감정 기능introverted-feeling function에 해당된다(어느 누구도 사고, 감정, 직관, 감각의 네 기능을 동시에 발달시킬 수 없다. 이러한 네 기능 중에서 가장 많이 사용되는 우월 기능, 즉 주 기능이 되는 것은 사람마다 다르다. 만일 사고 기능이 우월 기능이 된다면, 감정 기능은 가장 낮게 발달된 열등 기능이 된다. 여기서 우리가 염두에 둬야 할 것은 사고와 감정 기능은 합리적인 면을 대표하며, 직관과 감각 기능은 비합리적인 면을 대표한다는 것이다. 같은 범주에 속하는 사고와 감정(합리적인 면)은 양립할 수 없으므로, 이 가운데 하나가 우월 기능이 되면 다른 하나는 열등 기능이 된다. 마찬가지로 같은 범주에 속한 직관과 감각(비합리적인 면)은 양립할 수 없으므로, 이 중 하나가 우월 기능이 되면 다른 하나는 열등 기능이 된다. 그래서 사고가 우월 기능이 되면 감정은 열등 기능이 되고, 다른 면을 대표하는 직관과 감각 기능은 보조 기능으로 작용한다. 이러한 보조 기능은 우월 기능으로서의 사고가 합리적 판단을 하는 데 도움이 될 수 있다. 예를 들어 사고가 우월 기능이 되면 감정이 열등 기능이 되고, 직관과 감각은 보조 기능, 즉 2차 또는 3차 기능이 된다. 반대로 직관이 우월 기능이 되면 감각이 열등 기능이 되고, 사고와 감정은 보조 기능, 즉 2차 또는 3차 기능이 된다. 그래서 여기서 스타인은 우월 기능인 사고 기능이 지나치게 일방적이어서 제 역할을 하지 못하면 열등 기능인 감정이 의식화되지 않은 채로 활성화될 수 있다고 주장한다. 우월 기능과 열등 기능의 역전 현상이 일어나는 것이다. 그래서 열등 기능을 4차 기능이라고도 부른다). 융이 지적했듯이 열등 기능은 무의식적인데, 의식으로 떠오를 경우 칙칙한 심층적인 것을 운반한다. 통합적 감정 기능은 자아의 한 도구로 정제되고 식별하며 합리적 모습을 보이는 기능인데, 이 기능은 가치를 확립함으로써 사람에게 방향을 제시해준다. 하지만 무의식에서 솟구쳐 나온 분화되지 않은 열등의 감정 기능은 가치에 대해 안내해주는 것이 미미하지만 자기 존재감을 다음같이 분명히 드러낸다. "그것은 나의 전 생애에서 가장 중요한 것이다! 그것 없이는 살 수 없다." 이것은 매우 감정적이다. 이 열등 기능은 명백히 적응 기술이 부족하지만, 자아는 이런 방식으로 의식화되는 감정과 사고를 무시할 수 없으며, 이렇게 함으로써 자아는 성격의 숨겨진 측면, 즉 무의식 측면에도 적응하기 시작한다.

이와 대조적으로, 다른 사람과 좋은 관계를 유지하는 능력을 갖고 인생 전반부를 잘 보낸 사람들은 이러한 삶이 그들을 더는 만족시키지 않는 지점에 이르게 된다.

이때 고도로 발달된 이 사람의 외향적 감정 기능은 영혼에 더는 아무것도 공급하지 못한다. 이제 이 기능과 다른 잠재적 기능들이 그 능력을 발휘하려고 한다. 그래서 내향성의 직관과 사고 기능의 활동들(철학이나 신학 연구)이 친구들과 식사를 하거나 휴일에 가족을 만나는 일보다 더 매력적으로 보이게 된다. 인간의 삶에는 이렇게 중요한 변화시기가 여러 번 찾아온다.

변화와 상징

융은 그러한 변화가 어떻게 일어나는가 하는 데 지속적으로 깊은 관심을 두었다. 그는 〈정신 에너지에 관하여〉에서 변화에 대해 이론적으로 진술한다. '리비도의 발현canalization of libido'[21]에 대한 항에서, 그는 에너지 흐름을 알게 되는 자연적 '경사도'에 대해 논의한다. 경사도는 에너지가 따라 흐르는 길로서, 기울기 정도를 보여준다. 자연 상태에서, 즉 우리가 상상하는 대로 이상적 상태에서 자연이 스스로 그러하듯 어떠한 일을 하도록 요구받거나 요구할 필요가 없다. 편안한 집에 살면서 맘껏 잠자고, 식탁에 놓인 남은 음식을 달라고 하고, (거세되지 않았다면) 발정기에 왕성한 성적 활동을 하는 애완견처럼, 순전히 자연 상태에 사는 인간은 육체적 본능과 욕망만으로 살아갈 것이다. 그러나 인간은 문화를 창조했고 노동을 전문화했다. 이것은 에너지가 흐르는 자연적 경사도에서 벗어나 에너지를 이제 인위적 통로로 보내는 능력을 전제한다. 이러한 일이 어떻게 일어나는가?

융은 자연과 문화를 완전히 상반된 것으로 여기지 않는다. 오히려 자연과 문화 모두 근본적으로 인간 본성에 속한 것으로 본다. 인간이 문화를 만들고 노동을 전문화하는 것은 본능이 지향하는 목표와 활동에 상응하는 마음이 갖는 창조력 덕분이다. 이러한 상응적 유비를 가능하게 하는 것이 바로 상징의 기능이다.[22] 정신의 내용인 관념과 이미지는 자연적 경사도와 대상에서 리비도를 새로운 방향으로 전환한다. 예를 들어 어린아이의 마음에 강렬한 젖가슴의 이미지가 떠오른다고 보

---

21 융, 앞의 책, 79~87항.
22 위의 책, 88~113항.

자. 이러한 젖가슴의 이미지의 관념이 실제로 작용하여 물리적인 젖가슴의 역할을 대신하게 되면, 이것은 실제 유방이 어린아이에게 일으키는 것보다 더 많은 에너지를 끌어들인다. 이렇게 젖가슴이 주는 강렬한 이미지에 에너지를 소비하게 되면, 이 아이는 젖을 먹으려는 욕구 충족을 미루게 된다. 이러한 젖을 떼는 단계를 벗어나 성인이 되면, 훌륭한 요리의 이미지가 젖가슴을 대체하는 유비나 상징이 될 수도 있다. 성인이 최고급 요리를 즐긴다는 생각을 갖게 되면, 이러한 요리에 대한 관념은 젖이 풍부한 유방이 어린아이에게 제공해주는 이미지와 동일한 형태의 위안을 준다. 따라서 에너지는 어머니의 젖가슴에만 고착되지 않는다. 사람이 성장함에 따라 하나의 관념이나 문화적 대상object이 주는 이미지가 에너지를 끌어들인다. 젖가슴과 식당의 상징들은 심리 발달의 중요한 순간에 최적으로 표현될 수 있는 것들이다.

'상징'은 스스로 상당한 양의 에너지를 끌어들이며, 정신 에너지가 옮겨지고 보내지는 방식에 영향을 미친다. 종교는 전통적으로 상당히 많은 양의 인간 에너지를 끌어들였고, 그 기능을 제대로 발휘하려고 상징에 주로 의존한다. 종교가 이러한 상징들을 사용하면 정치적으로나 경제적으로도 강력해지지만, 이러한 정치적·경제적 힘은 사실 그들을 떠받치고 있는 상징이 갖는 힘에 비해 부차적인 것이다. 상징의 힘이 제거되면 종교가 갖는 모든 구조가 붕괴되어버린다. 활기가 넘치고 살아 있을 때 종교적 관념과 의례는 어떤 활동이나 일에 몰두하도록 인간 에너지를 끄는 강한 자력을 갖고 있다. 상징은 왜 자연적 대상물보다 더 가파른 경사도를 갖고 있어 에너지 흐름을 가속화할 수 있는가? 어떻게 머릿속에 일어나는 하나의 관념이 유방이나 남근처럼 본능적으로 끌리는 대상물보다 더 흥미를 유발하고 압도적이게 되는가?

융은 이런 일이 자아가 결정을 내려 일어나는 것이 아님을 잘 알고 있었다. 1961년 알코올중독자 갱생회의 공동 창시자인 '빌 W.(William G. Wilson)'는 융에게 편지를 써서 로널드 H(융이 1930년대 초에 치료했던 환자)의 운명에 대해 알려주었다. 융은 이 환자가 약물에 의존해 중독에서 벗어나려고 한다면 치료사가 본질적으로 할 일은 아무것도 없다는 답변을 했다.[23] 융의 메시지를 다른 말로 쓴다면 이러하다. '당신은 음주를 지속하게 한 에너지에 유비될 수 있는 상징이 필요합니다. 당신은 밤마다 술에 취하는 것보다 더 흥미로운 것, 즉 보드카보다 더 흥미를 끄는 대체물을 찾아야 합니다.' 알코올중독자가 술을 끊는 큰 변화를 겪으려면 이에 맞는 강력한 상징이 필요하므로, 융은 이것이 개종과 다를 바 없다고 보았다. 상징들은 성격의 원형적 토대, 즉 집단 무의식에서 나온다. 상징이란 자아가 인위적으로 만든 것이 아니라, 절실히 필요할 때 무의식에서 자발적으로 나타나는 것이다.

상징은 리비도를 조직하는 위대한 조직자다. 이것이 바로 융이 의미하는 상징의 기능이다. 상징이란 단순한 신호가 아니다. 하나의 정지 신호는 '정지하라'는 의미다. 신호는 문자적 의미를 잃지 않고도 읽히고 해석될 수 있다. 그러나 융이 이해하는 상징이란 현재의 의식 상태를 고려해볼 때 본질적으로 알 수 없거나 아직 알려지지 않은 것을 최선을 다해 표현하고자 한 것이다. 상징 해석이란 상징의 의미를 이해 가능한 어휘 또는 용어 체계로 바꾸려는 시도지만, 상징은 상징이 소통

---

23 융,《서신들(Letters)》2권, 624쪽.

하고자 하는 의미를 현재로선 최상으로 표현하는 정도로만 머문다. 그래서 상징은 아직 이해할 수 없는 신비의 세계에 열려 있다. 상징은 또한 영과 본능, 즉 이미지와 충동의 요소들을 결합한다. 그렇기 때문에 고양된 영적 상태나 신비적 경험에 대해 서술할 때 영양분이나 성 같은 육체적·본능적 만족을 빈번히 언급하게 된다. 신비주의자들은 신과 연합하는 황홀경을 오르가슴 경험으로 표현한다. 상징적 경험을 통해 몸과 영혼은 강력하고 설득력 있는 전일성의 감정으로 결합된다. 상징은 자연적 에너지를 문화적·영적 형태로 변화시키는 능력이 있으므로 융에게 매우 중요하다. 그러한 상징이 정신에 출현하는 시기가 언제인지는 이 논문에 언급되어 있지 않으며, 그의 다른 글들, 특히 후기 작품인 〈동시성 : 비인과적 연결 원리Synchronicity : An Acausal Connecting Principle〉[24]에서 중요하게 다뤄지고 있다.

변화와 승화는 융과 프로이트 이론의 기본적 차이를 보여준다. 프로이트에게 문명인은 리비도적 욕망을 승화시킬 수 있다. 그러나 승화는 그러한 욕망이 지향하는 대상의 대체물만 생산한다. 리비도는 그 대체물에 소속되어 있지만 기껏해야 부차적 존재일 뿐이다. 실제로 리비도는 유아기로, 부모 역할이 고착된 시기로, 오이디푸스적 환상이 성취되는 시기로 되돌아가기를 원한다. 그러므로 프로이트의 분석은 항상 환원론적이다. 융은 리비도가 원래 어머니의 몸을 추구한다는 점에는 동의했다. 왜냐하면 양육은 아기가 생존하는 데 필수적이기 때문이다. 나중에 리비도는 성적 통로로 이끌리고, 이러한 성적 경사도를 따라 흐

---

24 융,《전집》 8권, 818~968항.

른다. 종이 생존하는 데 출산이 필수적이기 때문이다. 그러나 영적으로 유비되는 관념이나 이미지를 찾게 된 리비도는 관념이나 이미지로 나아간다. 이 관념이나 이미지는 리비도가 지향하는 목표이지, 성적 충족을 위한 대체물이 아니다. 융에게 이것은 리비도가 변화된다는 점을 의미하고, 문화는 그러한 리비도의 변화에서 비롯된다. 문화는 욕망의 장애물이 아니라 성취다. 융은 인간 본성이 문화를 형성하고, 상징을 창조하고, 에너지를 포착하여 머물게 할 수 있다고 확신했다. 에너지의 흐름은 이러한 영적이며 정신적인 내용들을 향해 나아가는 것이다.

— 4장 —

정신의 경계
(본능, 원형, 집단 무의식)

　근대 이전의 지도 제작자들은 지도를 제작하는 데 그들 나름의 독특한 특성을 보여준다. 그래서 우리는 이들 제작자의 솜씨가 스며 있는 독특성을 통해 지도가 어떤 것인지 분별할 수 있다. 이 지도는 과학적 업적일 뿐 아니라 예술 작품이기도 했다. 지금까지 보아온 융의 영혼의 지도는 다른 심층심리학적 연구들이 보여주는 것과 크게 다를 바 없었다. 그렇지만 이번 4장에서 우리는 이전 논의와 매우 다른 특징들을 살펴보게 될 것이다. 융의 업적이 보여주는 가장 특징적인 형태는 바로 그의 '집단 무의식'에 대한 탐구와 설명이었다.

　정신 에너지에 대한 앞 장에서 충분히 논의되지 않은 부분을 다룰 때 잊지 말아야 할 점은, 무엇보다 융에게 원형은 정신 에너지와 이러한 에너지가 보여주는 형태의 근본적 원천이라는 사실이다. 원형은 정신 상징의 궁극적 원천을 이루고 있다. 이 정신 상징이 에너지를 끌어들이고, 구성하고, 마침내 문명과 문화 창조에 이르게 한다. 앞선 장들에서 암시된 대로, 원형 이론은 정신에 대한 융의 논의에서 매우 중요한 부분을 차지한다. 사실 원형은 바로 정신의 토대인 셈이다.

하지만 융의 원형 이론을 논의할 때는 그의 본능 이론도 빼놓을 수 없다. 융의 관점에서 원형과 본능은 서로 깊이 관련된다. 융은 마음과 몸이 서로 긴밀히 연관되어 있어 거의 분리되지 않는다고 본다. 이 점이 간과된다면, 원형 이미지에 대한 논의는 과도하게 영적이고 근거가 희박한 심리학으로 전락하기 쉽다. 철학적·형이상학적 관점이 아닌 심리학적 견지에서 원형에 대해 논하려면, 개인사와 심리 발달이 얽혀 있는 몸의 체험이 밴 삶에서 그 근거를 찾아야 한다. 원형 이론은 융이 만든 영혼의 지도를 플라톤적인 것으로 보이게 하지만, 융과 플라톤은 분명 차이가 있다. 융은 이데아를 심리학적 요인으로 보고 연구했지, 영원한 형상 또는 추상으로 보지 않았다.

이 책 도입부에서 말했듯이, 융은 정신의 극한 경계에 이르도록 탐구의 끈을 놓지 않았다. 만일 그가 체계적 사상가가 아니라면 열정이 대단한 사람이었다고 봐야 한다. 이 열망이 그로 하여금 그 당시 과학적 지식의 한계를 넘어서도록 밀어붙였을 것이다. 그의 많은 직관들은 과학이 따라잡기 힘들 정도로 멀리 가 있었다. 그는 캄캄하고 알려지지 않은 마음의 지형을 폭넓게 탐구하면서, 자신의 집단 무의식과 그 내용에 대한 이론으로 심리학과 정신분석에 가장 독창적인 공헌을 했다. 그래서 그가 주장한 영혼의 사실들이 발견된 것인지, 아니면 조작된 것인지에 대한 의문이 제기되는 것은 어쩌면 당연하다. 그런데 이것은 미지의 세계를 알려주는 지도 제작자가 직면할 수밖에 없는 운명이다. 그가 그려낸 대륙들은 완전히 새로운 것으로, 완전한 미지의 세계 또는 탐사되지 않은 세계다. 초기 지도 제작자들은 직관에 의존하다보니 이렇다 할 정보도 없이 어림짐작으로 지도를 그리는 위험을 초래할 수 있었다. 이에 융은 다른 사람들의 지도를 참조하고, 심지어 고대 문헌들을 연구하기도 했다. 이러한 방법은 융의 지도 제작에 도움이 되거나, 아니면 잘못 이끌어 문제를 일으킬 수도 있다. 융은 이러한 시도가 갖는 함정을 분명히 인식했고, 그가 모험을 감행한 만큼이나 그의 고찰을 명문화하는 데도 세심한 주의를 기울였다.[1]

이 장에서는 융 후반기의 이론적 개요를 보여주는 그의 고전적 논문 〈정신의 본질에 관하여〉를 주로 다루겠다. 이 논문은 융이 자신의 다른 저작들에서, 특히 연금술의 이미지와 텍스트를 사용한 후기 저작에서 즐겨하던 현란한 방식의 대형 이미지로 집단 무의식 영역을 설명하지 않는다. 차분하고 추상적인 이론적 진술을 하고 있어 다소 읽기 어렵고, 영상적visionary 영감을 찾으려고 융을 찾는 사람들에게는 건조하게 느껴진다. 그러나 이 저작은 다른 공식들에 근거를 제공해주는 기본 토대다. 이 기초 이론을 이해하지 못할 경우 나머지 이론들은 동물원에

---

1 이 집단적 무의식 영역 때문에 융은 보통의 심리학에서 멀어져간 신비주의자로 불리게 되었다. 최근에 이르러서야 이 이론적 도구가 생물학적 연구 기법, 특히 뇌와 사람의 기분 및 사고에 대한 뇌의 화학적 작용의 관계에 대한 연구가 용이해짐으로써, 융이 몇십년 전에 수행했던 광범위한 가설들과 씨름할 수 있게 되었다. 우리가 학습한 것은 정신적 행동의 형태와 양육의 결과이지 자연이 아니라고 여겼었는데, 인간 행동의 생물학적 토대에 대한 최근의 많은 연구에 따르면, 이것은 사실 유전적으로 이어받는 것이라는 융의 시각을 확증해주고 있는 것 같다(새티노버(Satinover), 스티븐스(Stevens), 트레슨(Tresan) 등의 연구물들을 참조하라). 융에게 원형은 유전적 기질로 부여받는다는 것, 즉 타고난다는 점에서 본능과 같다.

수많은 동물들을 모아놓은 것처럼 다채로운 이국적 색채를 보여주긴 하겠지만, 동물들이 그렇게 수집된 이유에 대한 이론적 근거를 제시하지 못한 것처럼 보일 수 있다.[2] 이런 식으로 융을 읽는다면 그가 연구한 내용의 본질을 제대로 이해하지 못한다. 융은 난해하고 이국적인 사실들을 모은 이유에 대해 여러 군데서 이론적으로 해석했지만, 이 이론적 논문에서 특히 분명히 하고 있다.

융은 이 논문을 1945~1946년에 썼고 1954년에 개정했다. 논란의 여지는 있지만 융의 가장 포괄적이고 종합적인 이론적 면을 보여주는 저작이다. 이 저작을 완전히 이해하려면, 융의 이전 모든 저작에 대한 방대한 지식이 필요하다. 이 논문은 그의 사유에서 새로운 게 거의 없지만, 이전 30년 동안의 수많은 글들에서 빠진 실오라기들을 서로 연결하고 있다. 이러한 고전적 논문을 통해 그동안의 융 사고가 간명히 정리되고, 그러한 사고가 갖는 맥락이 얼마나 중요한지 이해하게 될 것이다.

초기부터 융의 열망은 바로 가장 높은 차원에서 가장 낮은 차원, 가장 가까운 거리에서 가장 먼 거리에 이르기까지 영혼의 지도를 그릴 수 있는 일반심리학을 창조하는 데 참여하는 것이었다. 이런 열망은 그의 학문 초기로 거슬러 올라간다. 새로 창간된 《정신분석 리뷰 Psychoanalytical Review》의 편집자들인 스미스 젤리프Smith Ely Jellife와 윌리엄 화이트William Alanson White에게 1913년에 쓴 편지와 이 학술지 창간

---

2   사실 필립 리프(Philip Rieff) 같은 저술가들은 융을 18세기 골동품을 수집하는 과거의 사람으로 본다. 이 시기에 아마추어 학자들과 과학자들은 세상 모든 것에 대한 색다른 정보 조각들을 단순히 수집한 뒤 거의 이해도 하지 못한 이런 것들을 모아 도서관과 박물관을 만들었다는 것이다. 덧붙일 필요도 없이, 리프는 철저한 프로이트주의자다.

호에서, 융은 이 새로운 심리학에 대한 야심 찬 계획의 밑그림을 보여
준다. 그는 "이 학술지에 다양한 분야의 뛰어난 전문가들이 쓴 논문들
을 함께 싣겠다"[3]는 편집자들의 계획을 칭찬한다. 융이 심리학에 적합
하고 유용하다고 인용한 분야들은 놀랍게도 문헌학, 역사, 고고학, 신
화학, 민담 연구, 민족학, 신학, 교육학, 생물학이다! 만일 이 모든 분야
가 인간 정신을 연구하는 데 전문 지식을 제공해준다면, "인간 신체의
구조 및 기능과 관련해 비교해부학이 이룩해놓은 대로, 의학심리학을
위한 우리 눈을 밝혀줄 유전심리학의 원대한 목표"[4]에 도달할 기회가
될 것이라고 융은 쓰고 있다. 융은 이 편지에서 "마음의 비교해부학"[5]
에 대해서도 언급하는데, 이는 많은 분야에서 전문적 연구가 병행될 때
성취될 수 있을 것이다. 그의 목표는 정신에 대한 광범위한 관점에서
정신을 전반적으로 파악하는 것이었다. 이렇게 할 때 다양한 분야는 서
로 역동적인 상호작용을 할 수 있을 것이다.

융은 환자들이 제시한 것과 자신의 내면적 성찰에서 발견한 무의
식 자료의 원천(1차적으로 꿈과 환상)으로 깊이 파고들면서 마음의 일
반 구조에 대한 이론을 구축하게 되었다. 이 구조들은 융 자신이나 그
의 개별 환자들뿐만 아니라 모든 사람이 갖고 있다. 그는 인간 정신의
가장 깊은 층을 '집단 무의식'이라 했고, 그 무의식 내용은 '원형'과 '본
능'이라고 하는 보편적 형태와 힘이 결합된 것이라고 보았다. 그의 견
해를 따르자면, 이 수준에서는 인간존재의 개인적이고 독특한 점이 전

---

3 융,《서신들》1권, 29쪽.
4 위의 책, 30쪽.
5 위의 책, 29쪽.

혀 없다. 모든 사람은 동일한 원형과 본능을 갖는다. 우리는 개인적 독특성을 성격의 다른 면에서 찾아보아야 한다.《심리 유형》과《분석 심리학의 두 에세이》에서 융은 개인의 진정성이 발견되는 것은 개성 化individuation 과정(8장을 보라)을 통해서라고 보았는데, 이 과정은 개인 이 의식화하려는 고투에서 얻는 산물이다. 개성화는 상당 기간에 걸쳐 정신이 갖는 역설에 개인이 의식적으로 관여하면서 피어나는 꽃이다. 다른 한편, 본능과 원형은 우리 각자가 부여받은 자연의 선물이다. 이 선물은 모두에게 각각 동일하게 주어진 것이다. 부자든 가난뱅이든, 흑 인이든 백인이든, 고대인이든 현대인이든 상관없이 본능과 원형은 우 리 각자가 부여받은 자연의 선물이다. 이런 보편성 주제는 융이 인간 정신을 이해하는 기본적 특성이다. 융은 인생 후반기에 〈개인의 운명 에서의 부성 The Father in the Destiny of the Individual〉이라는 글 개정판에서 이러한 주장을 간명히 제시하고 있다.

사람은 후천적으로 획득하는 것이 아니라 조상에게서 받은 많은 것 을 '소유한다'. 사람은 백지 상태로 태어나는 것이 아니라 단지 무의식 적 상태로 태어난다. 그러나 사람은 특별히 인간적인 방식으로 조직되 고 기능할 준비가 되어 있는 체계를 갖고 태어나며, 이것들은 몇백만 년 에 걸쳐 인간으로 발달되어온 데 기인한다. 새들이 철 따라 이동하고 집 을 짓는 본능은 개별적으로 학습되거나 획득되는 것이 결코 아닌 것과 마찬가지로, 사람은 자신의 기본 본성, 그리고 개인적 본성뿐만 아니라 집단적 본성이 어떻게 전개될지 알려주는 기본 계획을 갖고 태어난다. 이렇게 물려받는 체계들은 원시시대 이래로 존재해온 인간의 상황, 즉 생로병사, 자녀, 부모, 짝짓기 등의 상황에 상응하는 것이다. 단지 개별적 의식만이 이런 것들을 처음으로 경험하지만, 몸의 체계와 무의식은 그렇지 않다. 몸의 체계와 무의식의 경우, 이러한 것들은 오래전에 이미 형성된 본능의 습관적 기능일 뿐이다.[6]

원형(정신의 보편자)

융의 원형 개념의 기원은 1909~1912년에 쓴 저작들로 거슬러 올라간다. 이 시기에 그는 프로이트와 여전히 협력하면서, 신화를 탐구하고 《무의식의 심리학》을 저술했다. 이 책에서 그는 프랭크 밀러Frank Miller라는 여성의 환상들을 연구했다. 밀러의 환상에 대한 진술들은 융의 친구이자 동료인 제네바 출신 구스타프 플루어노이Gustav Flournoy가 출판한 책에 나와 있었다. 융은 이런 환상들이 갖는 중요성을 자신이 구축한 새로운 관점에서 탐구하려고 했다. 융의 새 관점은 영매인 사촌 헬레네 프라이스베르크에 대한 그의 초기 연구 이래로 줄곧 생각해온 것이었다. 융은 프랭크 밀러의 환상에 대한 자료에 관여하게 되면서 프로이트의 리비도 이론에서 점점 멀어졌으며, 그가 나중에 집단 무의식이라고 한 것에 나타나는 일반적 형태를 논하기 시작했다.

그의 자서전에 따르면, 융은 1909년 프로이트와 함께 미국으로 가는 항해 도중 꾼 꿈에서 무의식이 갖는 비인격적 층에 대해 처음으로 강한 인상을 받았다. 그는 여러 층으로 된 집(꿈속에서는 '나의 집'이라고

---

6   융,《전집》4권, 728항.

했던) 꿈을 꾸었다. 이 꿈에서 그는 주요 층(현재)에서 지하(최근의 역사적 과거), 그리고 이 지하 밑으로 이어지는 여러 지하 저장고(그리스와 로마 시대 같은 고대의 역사적 과거, 그리고 최종적으로는 선사시대와 구석기시대)에 이르는 그 집의 각 층들을 탐험했다. 이 꿈은 그가 여행 내내 가졌던 다음 질문에 대한 대답이 되었다. "프로이트의 심리학은 어떤 전제에 기초하고 있는가? 그것은 인간 사고의 어떤 범주에 속하는가?"[7] 이 꿈이 주는 이미지는, 어떻게 정신 구조를 상상하는지에 대해 "나를 위한 안내 이미지가 되었다"고 그는 적고 있다. "그것은 개인적 정신의 아랫부분에 선험적으로 집단적인 것이 있다는 첫 암시였다."[8]

플루어노이의 책을 처음 검토했을 때, 융은 밀러나 그녀의 개인 인생사에 대해 아는 바가 거의 없었다. 이렇게 그는 밀러와 개인적 연관성이 별로 없었으므로, 인간관계에 따른 정신적 투사를 통해 자신의 생각이 오염되지 않아 오히려 이론을 구축하는 데는 도움이 된다고 보았다. 그래서 그는 세세히 보이는 나무들에 현혹되지 않고 숲 전체를 볼 수 있었다. 그는 일반적 심리 형태에 대해 자유로이 숙고할 수 있었다. 그는 열성적으로 거리낌 없이 숙고했다. 그가 밀러의 환상 이야기를 읽었을 때, 그 이야기에 포함된 몇 가지 사실들에서 그녀의 현실을 머릿속에 그려낼 수 있었다. 즉 한 미혼 여성이 홀로 유럽을 여행하면서 이탈리아 선원의 매력에 끌렸지만, 자신의 성적 관심사에 맞춰 행동할 수 없게 되자 사용되지 않은 성적 리비도를 저주하면서 깊은 퇴행으로 떨어졌다는 내용이다. 융은 (주로 프로이트와 그의 동료 정신분석가들에게 배

---

7   융, 《기억, 꿈, 회상》, 161쪽.
8   위의 책.

134

운) 심리학적 동력에 대해 당시 알고 있는 모든 지식을 동원해 리비도, 즉 성 그 자체는 이중적 본성을 지녔다고 과감히 제안할 정도로 이해의 폭을 넓혔다. 리비도는 한편으로 성적 관여와 즐거움에서 만족을 구하고, 다른 한편으로는 그러한 관여를 금지하고 심지어 그 반대편, 즉 죽음을 추구한다. 그는 삶을 향한 원망願望과 동일하게 죽음을 향한 원망이 있다고 과감히 제안하면서, 삶을 향한 원망은 죽음을 준비하는 삶 후반기에 두드러지게 나타난다고 보았다. 성적 만족이나 다른 만족을 희생시키고, 대신에 어떠한 성적 활동으로도 만족시킬 수 없는 성적이지 않은 성향과 욕망을 추구하는 경향은 인간에게 고유하게 내장되어 있는 것이다.

이렇게 융의 사유 과정에서 이 젊은 여성의 심리적 상황을 성찰한 것은 보기 드물게 특이한 일이었다. 한편 그녀는 삶에서 일어나는 성욕의 배출구를 찾았던 것이 분명하지만, 그렇게 할 수 없었다. 그래서 그녀의 퇴행과 승화의 시도는 영상vision, 시작詩作, 백일몽 등으로 나타났는데, 이 모두가 증상이 발생하기 전 징후를 보여주는 것이었고 결국은 정신병을 초래한다고 융은 느꼈다. 다른 한편 밀러의 성적 금지는 그녀의 정신 내부에서 심화되고 있는 갈등의 반영이었다. 이 갈등은 인간적인 것이고, 그리고 사실 원형적인 것으로 보일 수 있었다. 인간 진화와 발달의 전 과정은 이보다 더 광범위한 문제를 보여주었다. 즉 무궁한 시간에 걸친 인간 진화의 과정에서 성적 리비도는 처음에는 은유와 유사성을 통한 문화의 길로, 다음에는 더 심화된 변화로 발전해왔다는 이론을 융은 제시했다. 이들은 결코 성적인 것으로만 한정할 수 있는 것이 아니었다. 그는 밀러의 리비도적 동요를 추적하면서 문화에 대한 아주 새로운 이론에 도달했다. 그래서 수많은 독자들이 《무의식의 심리학》이란 책이 혼동된다고 한 것은 놀라운 일이 아니다.

융은 인간 진화를 탐험하면서 밀러에게 진행된 병적 방식과 과거 몇백, 몇천, 실로 몇십만 년 동안 일어난 일 사이에 유사점이 많다는 결론에 이르렀다. 그는 영웅 신화에 포진된 콤플렉스의 윤곽을 그려냈고, 의식을 창조하는 영웅들의 역할에 주목했다. 영웅이란 남자뿐 아니라 여자에게도 기본적으로 나타나는 인간의 형태다. 이러한 영웅이 보여주는 역할은 '모성'의 희생을 요구하는데, 이는 어린애 같은 수동적 태도를 의미한다. 또한 이것은 성인의 방식으로 삶에 책임을 지며 현실에 직면하는 것이다. 영웅의 원형은 어린애 같은 환상적 사고에서 벗어나 적극적 방식으로 현실에 참여하는 것이다. 만일 인간이 이러한 도전에 직면하지 못했다면 영겁 이전에 이미 파멸했을 것이다. 현실에 일관되게 직면하려면, 아동기의 안락함을 향한 욕망과 갈망을 크게 희생해야 한다. 이것이 바로 밀러가 가진 딜레마였다. 즉 그녀는 삶에서 성장하고 성인의 역할을 충족시켜야 하는 과제에 직면해야 했는데, 그러한 도전을 받고 그만 위축되어버렸다. 그녀는 환상적 사고에서 벗어나지 못했고, 현실과 상대적으로 상관이 없는 비현실적인 병적 세계에서 헤매고 있었다. 그녀는 그 '모성'으로 크게 퇴행하고 있었다. 그래서 그녀는 저승계에 갇힌 테세우스처럼 옴짝달싹하지 못해 결코 되돌아오지 못하는가? 융은 확실치 않지만 그녀가 아마 정신병에 걸릴 수도 있다고 보았다.

융은 프랭크 밀러가 가진 환상들을 연구하면서, 그녀가 보여준 환상 이미지들을 해석하려고 이와 관련된 신화, 동화, 종교적 주제를 담은 이야기들을 세상 곳곳에서 꽤나 많이 수집했다. 그는 이런 수집물들이 서로 놀랍도록 유사하다는 사실에 압도되었고, 밀러가 보여주는 이미지와 주제가 왜 이집트 신화, 오스트레일리아 원주민, 북미 원주민의 것과 크게 닮았는지를 설명하려고 했다. 별 노력도 없이 어떻게 그토록 놀라운 유사함이 인간 마음에 일어나는가? 이것은 무엇을 의미하는가? 그는 이 사실들을 여러 층으로 된 지하실 꿈과 연결했다. 그래서 그는 집단 무의식 층이 존재한다는 증거를 발견하고 있음을 깨달았다. 이것은 의식이 주는 억압과 상관없이 무의식의 자료가 있다는 것을 의미했다.

정신의 보편자를 동일하게 추구하는 것은 프로이트의 흥미를 불러일으켰지만, 그의 관심은 융과 매우 달랐다는 사실에 주목해야 한다. 프로이트는 하나로 된 무의식의 원망顧望, 즉 모든 정신 갈등을 설명할 수 있는 중심 콤플렉스를 찾고 있었다. 프로이트는 원시 유목민 이야기에서 이러한 무의식의 원망을 찾았다고 생각했다. 융이《무의식의 심리학》을 저술하는 동안 프로이트는《토템과 터부Totem and Taboo》에 몰두하고 있었다. 한편으로는 임상 자료를 통해, 다른 한편으로는 프레이저Frazer의《황금가지Golden Bough》를 통해 프로이트는 융과 유사한 작업을 진행하고 있었다. 이러한 경쟁은 누가 먼저 위대한 발견the Great Discovery을 하는가 하는 것이었다. 프로이트와 융의 작업 가운데 어느것이 나으냐는 문제와 상관없이 이들에게 나타나는 공통점은, 인간의 마음이란 인간의 몸이 그러하듯 보편적 구조를 지녔으며 해석적·비교적 방법을 통해 이러한 구조가 발견될 수 있다는 것이다.

프로이트는 어떤 의미에서 융처럼 원형 이론을 산출했다. 원형적 잔

여에 대한 프로이트의 관점은 고대의 원형적 형태를 인정했다는 것이다. 이러한 원형적 자료에 대한 프로이트의 태도는 융이 신화와 이 신화가 갖는 정신과의 관계에 대해 논한 것과는 확연히 달랐는데도, 이들 두 사람은 사고의 유사한 선을 따라서 유사한 결론에 이르고 있었다.

무의식

융은 서로 연관이 없는 역사적 시기나 장소에서 개인 및 집단의 이미지와 신화 사이에 유사점이 있음을 알고는 이것을 밝히는 데 몰두했다. 정신병적 이미지와 꿈 이미지 및 개인적 환상의 산물 측면과, 집단 신화와 종교 이미지와 사유 측면의 기원에 공통점은 있는가? 융은 인간의 사유와 상상에 공통점이 있는지를 탐구하고 있었다. 그는 이러한 연구를 지속하기 위해 무의식의 환상과 생각들을 드러내는 환자들을 확보해야 했다.

융은 〈정신의 본질에 관하여〉에서, 환자들의 환상 활동을 어떻게 활성화했는지 이렇게 설명한다. "나는 환상의 자료를 풍부하게 드러내는 꿈을 꾸는 환자들을 관찰하곤 했다. 이와 동일하게 내적 억압이 어디에서 비롯되었는지 말하지 않고도 환자들은 스스로를 환상으로 꽉 채우고 있다는 인상을 받았다. 그래서 나는 환자의 꿈이나 그 연상을 출발점으로 해서 그 환자의 재량에 맡겨, 그가 생각하고 있는 주제를 한층 더 다듬거나 발전시키도록 했다."[9] 프로이트의 자유 연상 기법도 매

---

9   융, 《전집》 8권, 400항.

우 유사했으나, 융은 환자들로 하여금 훨씬 더 자유로이 상상력을 펼치도록 했다. 그는 환자들이 환상 자료를 잘 다듬도록 고무했다. "이것은 개인의 취향과 재능에 따라 극적, 변증법적, 시각적, 청각적인 어떤 방법으로든, 또는 춤추기나 그리기나 모형 만들기의 형태로 이뤄질 수 있다. 이러한 기법의 결과로 방대한 수의 복잡한 무늬들을 확보했는데, 이들이 너무나 다양해서 나는 여러 해 동안 제대로 파악조차 하지 못했다. 나중에야 나는 이 방법을 통해 무의식 과정이 자발적으로 드러나고 있음을 알게 되었다. 이 무의식 과정의 자발적 현시顯示는 단순히 환자의 기술적 도움을 받으면 되는 것이었다. 나는 나중에 이것을 '개성화 과정'이라고 불렀다."[10] 이렇게 무의식 내용들은 이미지화하는 과정에서 의식 형태로 된다.

처음에 나는 이미지들을 어떻게 분류해야 할지 혼란스럽기만 했다. 그래서 이 작업은 어쩔 수 없이 뚜렷한 주제나 형식적 요소로 축소해 진행되었다. 따라서 개인들은 매우 다양했는데도, 그들이 보여준 이미지들은 동일하거나 유비될 수 있는 형태로 반복해서 나타났다. 가장 두드러진 특징들을 언급하자면 다음과 같다. 혼돈의 다중성과 질서 ; 이원성, 즉 명암, 높낮이, 좌우의 대비 ; 삼각의 한 점에서 두 대극의 연합 ; 4위체(정사각형, 십자가), 회전(원, 구) ; 마지막으로 중심화 과정과 보통 4위체를 따른 방사형 배열. (…) 내 경험상 중심화 과정은 전체 발달에서 정점이며, 가장 높은 치료 가능성 효과를 불러오는 특징이 있다.[11]

---

10 위의 책.
11 위의 책, 401항.

융은 이 주제에 이어서 "무의식적인 형식적 원리"[12]에 대해 말한다. 융은 정신병자가 만들어낸 환상 자료 이외에도 신경증 환자들을 접한 경험을 통해 주요한 형식적 요소는 무의식에 존재한다고 생각하게 되었다. 자아의식은 이 과정을 결정하지 않으므로, 드러난 형태의 원천은 어딘가 다른 곳에 놓여 있어야 한다. 일부 형태는 콤플렉스에 의해 결정되지만, 다른 일부는 더 원초적이고 비인격적이라서 개인적 삶의 경험으로는 해명되지 않는다.

융은 이 논문을 1946년 스위스 아스코나에서 열린 에라노스학회 Eranos Conference에서 발표했다. 이 학회에서 그의 주요 논문들이 많이 발표되었다. 그는 1933년부터 사망하기 1년 전인 1960년까지 이 학회에 참여했다. 세계 전역에서 해마다 사람들이 모여들었다. 그들은 심리학과 종교, 특히 동양 종교에 관심을 보였다. 이 학회 창립자인 올가 프뢰베-캅테인 Olga Fröbe-Kapteyn은 동양 사상과 온갖 종류의 신비술 occultism에 오래도록 관심을 갖고 있었으므로, 이 학회를 통해 유명한 전문가들이 모여 다양한 주제에 대해 토론하도록 주선했다. 학회 참여자들은 융으로 하여금 최선을 다해 자신의 사상을 드러내도록 자극했던 것 같다. 그들은 세계적인 과학자와 학자군에 속했고, 매우 수준 높은 논문을 요구했다.

〈정신의 본질에 관하여〉는 융의 심리학 이론이 무르익었다는 것을 여실히 보여준다. 이 논문에서 역사적인 부분은 철학과 일반심리학의 무의식을 다룬다. 융은 여기에서 무의식에 대한 정의, 의식에 대한 무

---

12 위의 책, 402항.

의식의 관계 이해, 그리고 정신 내부의 역동성에 대한 토대를 구축하고 있다. 무의식 관념은 모든 심층심리학에 근본적이다. 이것 때문에 심층심리학은 다른 심리학적 모델과 구별된다. 융은 무의식이 존재한다는 증거로서 정신의 분리 가능성을 언급한다. 예를 들어 의식이 변경되는 어떤 상태에서 아직 의식에 떠오르지 않은 자기 또는 주체, 즉 자아는 아니지만 지향성과 의지를 보여주는 내면의 인물이 발견된다. 자아는 이런 다른 잠재 인격과 대화에 참여할 수 있다. 그러한 '지킬과 하이드' 같은 현상은 한 성격 안에 두 의식의 중심이 또렷이 나타난다는 것을 말해준다. 사람들이 이런 사실을 의식하지 못한다 해도 이른바 정상적인 성격들에도 존재한다고 융은 적고 있다.

그러나 무의식 정신이 있다는 것을 가정할 경우, 어떻게 그 한계가 설정될 수 있는가? 이 경계들은 명확히 설명될 수 있는가, 아니면 너무나 불분명해서 파악하기 힘든가? 융은 과학자이자 사상가로서 이 경계들을 명확히 정의 내리고자 했으며, 이 논문에서 이들 중 몇 개를 정리하고 있다. 가장 중요한 것 가운데 하나는 정신 영역의 '유사정신적' 양상이라고 불리는 개념이다. 이것은 경계를 넘어야 하는 상황에 발생하는 경계치 형태를 취한다.

인간의 귀에 지각되는 소리의 빈도수는 초당 20~2만 회에 이르고, 눈에 보이는 빛의 파장 길이는 7,700~3,900옹스트롬(전자파나 입자선의 파장을 재는 길이의 단위로서, 100억 분의 1미터)에 이른다. 이런 유비를 통해서 정신의 사건에 상부 경계치 upper threshold와 하부 경계치 lower threshold 가 존재하고, 탁월한 지각 체계인 의식은 소리나 빛의 지각 비율과 비교될 수 있으므로 하부와 상부의 한계를 가진다고 생각할 수 있다. 이러한 비교는 정신 일반으로 확장될 수 있을 텐데, 만일 정신 비율의 양 끝에 '유사정신적' 과정이 있다면 불가능하지는 않을 것이다.[13]

정신에 대한 융의 견해에 따르면, 정신은 외부 경계들이 점차적으로 유사정신적(즉 정신과 유사한) 영역으로 들어가 사라지는 비율에 따라 움직인다는 것이다. 융은 형용사 'psychoid(psyche-like, 정신처럼 보이는)'라는 말을 블로일러에게서 차용했다고 한다. 블로일러는 "우리가 정신이라고 여기는 데 늘 익숙한 피질 기능은 예외로 하고, '유사정신das Psychoide'은 몸과 중앙신경계의 목적의식적이고, 기억을 돕고, 생명을 보존하는 모든 기능의 총합"[14]이라고 정의 내린다. 그래서 블로일러는 (a) 융의 용어로 설명하자면 자아의식과 무의식(개인적·집단적)을 포함하는 정신 기능과 (b) 몸과 중앙신경계의 생명 유지 기능(그중 일부는 유사정신quasi-psychic으로 보이는)은 구분되어야 한다고 보았다. 몸 자체는 기억과 학습 능력을 갖고 있다. 예컨대 일단 자전거 타는 법을 배우면 이 기술을 의식적으로 회상할 필요가 없다. 몸은 자전거 타는 법에 대한 기억을 계속 지닌다. 몸은 또한 생명 보존이라는 목적을 지향하므로 정신 범위 밖에서 스스로 생존을 위해 분투한다. 융은 정신, 유사정신, 비정신nonpsychic과 관련된 이러한 일련의 정의 범위에서 근본적 작업을 한다.

융은 자신의 수많은 저작에서 블로일러의 유사정신이라는 말을 조

13 위의 책, 367항.
14 위의 책, 368항에서 블로일러를 인용함.

심스레 사용한다. 그는 블로일러가 유사정신을 몸의 기관들organs과 과도하게 연결하고 모든 생명체에 정신이 발견된다는 일종의 범심론pan-psychism〔정신의 편재를 말함〕을 고무한다고 비판한다. 융에게 유사정신이란 정신처럼 보이거나 정신과 유사하지만, 정신이 하는 것처럼 적절히 파악되지 않는 과정을 설명하는 용어다. 이 용어는 생기론적vitalistic 기능에서 정신 기능을 구분하는 데 사용된다. 유사정신 과정은 한편으로는 육체적 생명 에너지와 순전한 몸의 과정, 다른 한편으로는 참된 정신 과정, 이들 둘 사이에 놓여 있다.

본능

융은 이 시점에서 인간 본능에 대한 주제를 다룬다. 육체에 근원을 두고 있는 본능은 충동, 사고, 기억, 환상, 감정 형태로 정신에 진입한다. 그래서 본능에 대한 전체 주제가 인간과 무관하지 않다는 것은 두말할 나위 없다. 동물과 달리 인간은 선택하고 성찰하면서 이른바 본능적 충동에 따라 행동하거나 행동하지 않을 능력이 있으므로, 인간 행동에서 본능이 어느 정도 역할을 하는지는 불분명하다. 융은 인간 행동에서 본능적인 면이 동물에 비해 훨씬 더 유연하다고 본다. 그렇긴 해도 인간은 정신과 구별되는 생리적 욕구와 과정의 영향을 받지 않을 수 없다. 융은 피에르 자네의 용어를 빌려, 이것을 인간 존재의 '열등부partie inferieur'라고 부른다. 이 부분은 호르몬의 통제를 받으며 '추동'[15]

---

15 위의 책, 376항.

이라는 말이 사용되는 데서 알 수 있듯 강박적인 면을 보여준다. 우리가 행하고 느끼는 데 호르몬의 지시를 받을 경우에는 충동과 본능의 지배를 받게 된다. 정신의 육체적 단계인 '열등부'는 몸의 활동 과정에 강하게 영향을 받는다.

이 같은 육체적 기질을 인식하면서, 융은 이렇게 진술한다.

> 이런 성찰을 통해 정신은 그 본능적 형태에서 기능이 해방된 것이며, 그래서 정신을 하나의 메커니즘으로 경화시키는 기능의 유일한 결정자인 강박에서 해방된다. 정신의 조건과 특질은 그 기능이 외부와 내면이라는 결정론에서 벗어나 더 포괄적이고 자유로운 적용을 할 수 있는 데서 시작된다…….[16]

정보는 육체에서 정신으로 이동함에 따라 유사정신 영역을 통과하고, 결과적으로 내부와 외부를 나누는 생물학적 결정론은 상당히 완화된다. 이러한 생물학적 결정론은 더 "포괄적이고 자유로운 적용으로 대체된다. (…) 여기서 정신 기능은 다른 원천에서 동기화된 의지에 쉽게 접근할 수 있다."[17] 의지의 출현은 정신의 한 기능을 수립하는 데 결정적으로 중요하다. 예를 들어 굶주림과 성욕은 육체에 기반을 둔 추동인데, 이 추동에 의해 호르몬이 방출된다. 굶주림과 성욕 모두 본능이다. 사람은 먹어야 하고, 몸은 성적 해소를 갈망한다. 그러나 무엇을 먹고 성적 추동을 어떻게 만족시킬지 선택을 해야 하므로, 의지가 이 과

---

16 위의 책, 377항.
17 위의 책.

정에 관여한다. 의지는 사람의 궁극적 행동을 모든 면에서 절대적으로 통제하지 못한다 해도 어느 정도까지는 개입할 수 있다.

만일 이러한 스펙트럼의 육체적 부분 끝(즉 열등부)에 정신이 영향을 미칠 수 있는 한도가 있다면, 의식의 우등부partie superieur에도 한도가 있는 것이다. 즉 "순전한 본능에서 점점 더 자유로워짐에 따라 우등부(의식)는 본능적 기능 에너지가 본능성을 완전히 그치는 지점에 이르고, 그리하여 이른바 '영적 형태'를 갖게 된다."[18] 그래서 본능은 정신을 통제할 수 없지만, 다른 요인들이 들어와 정신을 통제하고 지시한다. 융은 이런 요인들을 '영적spiritual'이라고 부르지만, 독일어 '가이스틀리히geistlich'의 의미를 완전히 충족시키지 못한다. 그래서 영어 형용사 '정신적mental'이란 말도 사용될 수 있다. 이렇게 정신을 통제하는 요인들(그리스어 '누스nous'의 의미에서 마음에 속한 것)은 정신적mental이어서 더는 유기체적 기초를 갖지는 않는다. 이 요인들은 의지를 발동시킨다는 점에서 본능처럼 작동하고, 심지어 몸의 호르몬 분비를 유발할 수 있다. 융은 다양한 양상들이 갖는 개별적 특성은 유지하되 육체, 정신, 영의 전 체계를 통합하려고 했다.

자아는 부분적으로 본능에 의해, 부분적으로는 정신적mental 형태나 이미지에 의해 동기화된다. 자아는 다양한 옵션에서 일부를 자유로이 선택할 수 있다. 자아 동기가 본능에 의거하거나 영의 지배를 받는다고 해도, 자아는 일정한 양의 "처리 가능한 리비도"[19]를 즐긴다. 생물학자이자 의료심리학자로서 융은 추동과 본능의 문제에서 지나치게 멀어

---

18 위의 책.

19 위의 책, 379항.

지지 않으려 했다. 정신을 규정하는 본질인 의지는 생물학적 추동에 의해 유발된다. 즉 "의지의 동기화는 본질적으로 생물학적이다."[20] 하지만 정신 스펙트럼의 정신의mental 끝단에서 본능은 그 힘을 잃는다. "정신 기능이 본래 목적에서 자유로운 상태에 있는 정신의 위쪽 끝에서 (…) 본능은 의지 원동력으로서의 영향력을 상실한다. 형태 변경을 통해 정신 기능은 본능과 더는 관계가 없는 다른 결정 요소 또는 동기화에 조력하지 않을 수 없다."[21]

나는 의지가 정신 영역의 경계를 넘어갈 수 없다는 놀라운 사실을 분명히 하려 했다. 지성을 넘어 있는 것을 우리가 이해할 수 있는 한도에서 볼 때, 의지는 본능을 강제할 수 없고 영을 지배할 힘도 없다. 영과 본능은 본래 자율적이어서 의지가 작용하는 분야를 각각 동일하게 제한한다.[22]

유사정신의 경계는 인간이 기능하는 앎의 영역과 완전한 미지의 영역, 즉 통제 가능한 영역과 통제가 완전히 불가능한 영역 사이의 회색지대를 이룬다. 이 영역은 경계가 분명한 것이 아니라 오히려 변화의 영역이다. 유사정신의 경계치에는 융이 '정신화'라고 일컫는 현상이 나타난다. 즉 정신이 아닌 정보가 '유사정신으로 변화되고psychized', 불가지the unknowable에서 미지(무의식 정신)로 들어갔다가 앎知(자아의식)으

---

20 위의 책.
21 위의 책.
22 위의 책.

146

로 이동한다. 인간 정신이 갖는 기관apparatus은 간단히 말해 비정신적 실재의 육체적인 극과 영적인 극에서 나온 자료를 정신화할 수 있는 능력이 있다는 것을 보여준다.

정신의 삶에 대해 구체적으로 임상 관찰을 해보면, 본능에 기초한 추동의 자료가 정신에 기초한mentally-based 형상과 이미지에서 결코 완전히 자유로울 수는 없다는 것을 알게 된다. 이것이 실제로 드러나는 것은 항상 양자가 혼용된 형태다. 본능은 "상황에 놓일 때 나름의 형태를 띤다. 본능은 항상 이미지를 실행하고, 이러한 이미지는 고정된 특성을 갖고 있어 본능은 거기에 맞춰 기능한다."[23] 본능은 이미지의 안내를 받고 형태를 통해 자신의 모습을 드러내어 기능하게 되는 것이다. 그래서 이것은 또한 본능의 의미를 구성한다. 융은 논문의 바로 이 부분에서 원형, 즉 기본적 정신mental 형태를 본능과 연결한다. 본능은 원형적 이미지의 안내와 지시를 받지만, 원형이 본능처럼 행동할 수 있다.

원형은 조절하고, 수정하고, 자극함으로써 의식이 내용을 형성하는 데 관여하는 정도로만 본능처럼 행동한다. 따라서 이 요인들[원형들]이 본능과 연결되어 있다고 가정하는 것은 당연하며, 그리고 이들 집단적 양식 원리가 표상하는 전형적인 상황적 형태는 결국 본능 형태, 즉 본능적 행위의 형태와 일치하는지 여부를 캐보는 것도 당연하다.[24]

그래서 원형적 형태와 본능의 추동은 매우 밀접히 연결되어 있으므

---

23 위의 책, 398항.
24 위의 책, 404항.

로 우리는 양자를 한쪽으로만 환원해 어느 한쪽을 우위에 두고 싶을지도 모르겠다. 프로이트적으로 보이는 측면도 있었지만, 융은 이것을 생물학적 환원주의로 보고 거절했다. 프로이트는 원형(그는 이 용어를 사용하지 않았지만)이 두 기본적 본능, 즉 에로스와 타나토스의 이미지 표상에 지나지 않는다고 주장했을 것이다. 이러한 주장은 원형을 본능의 이미지이자 이 이미지의 파생물로 가정하는 것이다. 융은 이러한 주장이 매우 설득력 있다고 본다. "나는 지금까지 이런 가능성을 결정적으로 논박할 어떤 논증도 확보하지 못했다고 인정하지 않을 수 없다."[25] 융은 원형과 본능이 동일하지 않음을 명확히 증명할 수 없었으므로, 생물학적 환원론은 여전히 하나의 가능성으로 남았다. 그렇지만 그는 다음같이 인식하고 있다.

원형이 나타날 때는 ('주술적'이 지나치다면) '영적'으로만 서술될 수 있는 누멘적numinous('성스러움'으로 번역될 수 있는 이 말은 독일의 신학자이자 종교현상학자인 루돌프 오토(Rudolf Otto)가 사용했는데, 그는 종교 경험을 누멘적 경험으로 보았다) 특성을 분명히 갖고 있다고 보았다. 그래서 이 현상은 종교심리학에서 가장 중요하다. 이 현상이 주는 영향을 고려해보면 결코 모호한 것이 아니다. 이러한 현상은 치유적이거나 파괴적일 수 있지만, 이러한 현상을 어느 정도 분명히 알게 되면 결코 무시할 수 없게 된다. 이런면에서 볼 때 다른 무엇보다 '영적'이라는 어구를 사용할 만하다. 원형이 꿈이나 환상에서 영의 형태로 나타나거나 환영처럼 위안을 주는 것

---

25 위의 책.

은 드문 일이 아니다. 원형의 성스러움에는 신비로운 아우라(오토는 누멘적 경험 또는 성스러움의 경험을 신비로운 떨림과 매혹이라고 한다)가 둘러 있고, 이에 상응하는 영향을 감정에 끼친다. 원형은 스스로가 어떠한 나약함보다 월등히 높이 있다고 여기는 그런 사람들에게 철학적·종교적 확신을 갖게 한다. 원형은 목표를 향해 유례없는 열정과 후회 없는 방식으로 돌진하고 주체로 하여금 마법에 걸리게 한다. 주체가 필사적으로 항거해도 어쩔 수 없이, 그리고 마침내 벗어날 수 없게 된다. 왜냐하면 이러한 경험이 이전에는 상상하지도 못한 깊고 충만한 의미를 원형과 함께 가져다주기 때문이다.[26]

원형적 이미지와 여기에서 파생되어 나온 관념은 본능만큼이나 강력히 매 순간 의식에 영향을 미친다. 융은 이러한 사실에서 원형이 본능에 제한되지 않으며, 영은 몸으로 환원될 수 없고, 마음은 뇌에 환원될 수 없다고 생각하게 되었다.

자아는 원형적 이미지와 직면할 때, 그 이미지에 깊이 빠져들고 압도되어 저항하고 싶은 마음조차 포기하게 될지도 모른다. 왜냐하면 그 경험은 매우 풍부하고 의미가 깊기 때문이다. 원형적 이미지와 에너지의 동일화를 통해 융은 자아 팽창, 심지어는 정신이상에 대한 정의를 내리게 된다. 예를 들어 카리스마적 지도자는 강력한 말로 사람들을 확신시키고 선동하여 행동으로 옮기게 하는데, 이러한 가르침은 갑자기 감화된 사람들이나 참 신자들에게 삶에서 가장 중요한 것이 된다. 삶

---

26 위의 책, 405항.

자체는 깃발과 십자가 같은 이미지, 그리고 민족주의, 애국심, 종교나 나라에 대한 충절을 위해 희생될 수도 있다. 사람들은 사회 개혁 운동과, 헤아릴 수 없이 많은 비합리적이거나 비현실적인 것들에 노력을 기울였다. 왜냐하면 이러한 참여자들은 "이 일은 내 삶에 깊은 의미를 준다! 이것은 내가 한 일 가운데 가장 중요한 일이다"라고 느끼기 때문이다. 이미지와 관념은 자아에 강력한 동기부여를 해주며 가치와 의미를 생성한다. 인식은 빈번히 본능을 압도하고 주도한다.

정신에 대한 본능의 영향과는 대조적으로—육체적 필요나 욕구가 일어날 때—원형의 영향으로 우리는 큰 관념이나 영상에 휩쓸리게 된다. 자아는 주도권을 잃고 홀리며 추동된다는 점에서 볼 때, 본능과 원형은 유사한 방식으로 자아에 극적인 영향을 미친다.

"본능과의 친화성에도 불구하고, 아니면 아마도 친화성 때문에 원형은 영에 진정으로 속한 요소이면서도 인간 지성과 동일화될 수 없는 영을 표상한다. 왜냐하면 원형은 인간 지성을 '지도하는 영 spiritus rector' 이기 때문이다."[27] 영과 지성의 차이는 쉽게 혼동될 수 있어서, 융은 생각하는 기능이 아니라 오히려 자아와 자아의 다양한 기능을 안내해주는 '지도하는 영 guiding spirit'에 대해 논하고 있다는 점을 분명히 했다. 원형에 사로잡힐 경우에 사고 기능은 원형적 관념을 합리화하고 결국은 그것을 실현하는 데 이용될 수 있다. 그렇게 된 사람은 신학자가 될 수도 있다! 원형적 관념에 사로잡힐 때에야 비로소 신학자들은 원형에 기초한 영상과 관념을 문화적 맥락으로 통합하는 데 필요한 근거

---

27 위의 책, 406항.

를 만들 수 있다. 그러나 그들을 사로잡아서 노력을 기울이도록 하는 것은 사고 기능이 아니라 영상의 요소다. 이러한 영상의 요소는 사고 기능을 지도하는 누스nous(플라톤이 사용한 이 말은 우주 질서의 원인이 되는 정신, 마음, 이성 등의 의미를 갖는다)에 원형적으로 기초하고 있다. 융은 "모든 신화와 종교 및 이념의 본질적인 내용은 원형적이다"[28]라고 강력히 주장한다.

원형과 본능의 관계

본능과 원형은 "상응적 관계로as correspondences"[29] 서로 연관되어 있는 것은 사실이지만, 융은 원형이 본능으로 환원되거나 본능이 원형으로 환원될 수 있다고 명확히 말하지 않는다. 본능과 원형은 서로 밀접한 대응 관계에 있으며, 이들은 "모든 정신 에너지의 기초가 되는 대극의 구조를 갖는 마음에 반영체로 나란히 존속한다."[30] 정신은 순수한 몸과 초월적 마음 사이, 즉 물질과 영 사이 공간에 존재하며, "정신의 과정은 영과 본능 사이에 흐르는 에너지의 균형을 유지하는 것이다."[31] 정신은 중간에 위치해 있는 현상이며, "그 과정은 무게에 따라 아래위로 '움직이는' 저울처럼 행동한다. 정신은 때론 본능에 근접해 있어서 그 영향 아래 있게 되고, 또 때론 영이 지배력을 갖고 본능의 과정을 동

---

28 위의 책.
29 위의 책.
30 위의 책.
31 위의 책, 407항.

화시키는 반대편에서 움직인다."[32] 열등부와 우등부 사이에, 즉 정신의 본능적 극과 영적 또는 원형적 극 사이에 일종의 영원한 왕래가 일어난다. 의식은 "순전히 본능적 원시성과 무의식에 삼켜지지 않으려고"[33] 고투하는 한편, 영적 세력(즉 정신병)에 완전히 사로잡히지 않으려고 저항하기도 한다. 하지만 두 양극이 잘 조절되면, 원형은 본능에 형태와 의미를 제공하고 본능은 있는 그대로의 물리적 에너지를 원형적 이미지에 제공한다. 이 에너지를 받은 원형적 에너지가 실현하는 것은 "인간의 모든 본성이 애써 노력하는 영적 목표다. 원형은 모든 강이 나아가는 바다. 즉 이것은 영웅이 용과 싸워서 획득한 보상이다."[34]

융의 지도에서 정신은 하나의 스펙트럼으로 그려지는데, 자외선 끝에는 원형이 자리하고 적외선 끝에는 본능이 자리한다. "원형은 본능적 힘의 형성 원리이기 때문에, 원형의 상징인 자외선의 남색은 본능의 상징인 적외선의 적색과 혼용되어 우리에게는 보라색으로 드러남으로써 어떤 경우에는 원형처럼 보이고 또 다른 경우에는 본능처럼 보인다. 다시 설명하자면, 이렇게 남색과 적색이 결합해 나타난 보라색 형태가 정신에서는 원형과 본능이 혼용된 원상회복apocatastasis으로 간주된다. 이와 마찬가지로 우리는 이 스펙트럼에서 본래 색인 남색이라는 원형의 잠재적(즉 초월적) 색에서 본능의 색인 적색을 쉽게 구분해낼 수 있을 것이다."[35] 실제로, 그리고 실제 경험에서 본능과 원형은 항상 혼합

---

32 위의 책, 408항.
33 위의 책, 415항.
34 위의 책.
35 위의 책, 416항.

된 상태지 결코 순수한 형태로 나타나지 않는다. 정신 스펙트럼에서 원형과 본능의 양극은 무의식에서 함께 나타난다. 무의식에서 이들은 서로 다투고 섞이고 결합해 에너지를 형성하고 동기를 유발하며, 의식으로는 충동, 분투, 관념 및 이미지로 나타난다. 정신에서 우리가 경험하는 것은 먼저 정신화된 것이고, 그런 연후에 무의식에서 서로 엮인다.

정신을 통해 이어지는 상상의 선을 그어보자. 이 선은 스펙트럼 양 끝의 본능과 영을 연결한다. 이 선 한쪽 끝에 원형이 연결되고, 다른 끝에 본능이 연결된다. 이 선을 따라 정보와 데이터는 유사정신을 통과해 집단 무의식으로, 그다음에는 개인 무의식으로 전달되고, 이 내용들은 의식에 이르게 된다. 본능적 지각과 원형적 표상은 실제로 정신이 경험하는 데이터지 그들 자체가 본능과 원형은 아니다. 스펙트럼 양 끝의 어느 것도 직접적으로는 경험될 수 없다. 왜냐하면 양 끝의 그 무엇도 정신적이지 않기 때문이다. 양 끝에서 정신이 쇠하면 물질과 영으로 변한다. 원형적 이미지로 경험되는 것은 "매우 다양한 구조로 되어 있지만, 이 모든 것은 본질적으로 '표상될 수 없는' 기본적 한 형태인 것이다."[36] 모든 원형적 정보의 형태는 단일한 원천인 '자기(self, 自己)'에서 온다. 융은 인간이 포착할 수 없는 실체를 설명하려고 '자기'라는 말을 마련했다. 자기의 기본적 형태는 "형식적 요소와 근본적 의미를 갖지만, 단지 대략적으로만 포착될 뿐이다."[37] 자기라는 말은 융의 중요한 개념이다(자기에 대해서는 7장에서 자세히 논하겠다). 자기와 자아의식을 연결하는 원형 이미지는 중간 영역, 즉 융이 '아니마anima'와 '아니무

---

36 위의 책.
37 위의 책.

스animus'라고 일컫은 영혼 영역(6장에서 다룰 것이다)을 형성한다. 융의 견지에서 다신론적 종교들은 아니마와 아니무스의 영역에서 생겨나 이 영역을 표상하는 반면에, 유일신론적 종교들은 자기self 원형에 기초를 두고 이것을 지시한다.

융의 지도에서 정신은 순수 물질과 순수 영 사이, 인간의 몸과 초월적 마음 사이, 그리고 본능과 원형 사이에 위치한 지역이다. 그는 정신을 스펙트럼 양 끝 사이에 펼쳐져 있는 것으로 설명한다. 이 스펙트럼 양 끝에 정보가 정신에 전달될 수 있는 통로가 있다. 정신의 양 끝에는 유사정신 영역이 있어서 심신적 증상과 초심리적 사건들 같은 유사정신적 결과를 낳는다. 정보가 유사정신 영역을 통해 지나갈 때 정신화 과정을 겪고 결국 정신으로 변환된다. 정신에서 물질과 영이 서로 만난다. 먼저 이러한 일단의 정보는 집단 무의식으로 들어가고, 이러한 무의식 상태에서 다른 내용과 섞이게 되며, 결국 이렇게 섞인 정보는 직관, 영상, 꿈, 본능적 충동 지각, 이미지, 감정, 관념의 형태로 의식에 들어간다. 자아는 이렇게 출현하는 무의식 내용을 처리해 그 가치를 판단하며, 때론 이렇게 처리된 내용에 따라 행동을 할지 말지 결정한다. 자아의식은 내면 공간에서 온 이러한 침입을 제대로 다뤄야 한다는 부담을 안게 된다.

5장

타자와의 드러내고 감추는 관계
(페르소나와 그림자)

정신이 매우 다양한 부분으로 구성되어 있으며 의식을 그 중심에 둔다는 것은 융이 초기에 관찰한 내용이고, 이 내용은 나중에 이론적 명제들로 발전되었다. 이러한 내면 우주에는 행성이 하나만 있는 것이 아니라, 태양계와 그 이상이 존재한다. 사람은 하나의 성격을 갖고 있다고도 할 수 있겠지만, 사실 이 성격은 일단의 잠재 인격들로 구성되어 있다.

융은 이러한 문제들을 밝히려고 시도한다. 먼저 자아 콤플렉스가 있고, 다음으로 여러 소규모 개별 콤플렉스들이 존재한다. 이들 소규모 콤플렉스 가운데 어머니 콤플렉스와 아버지 콤플렉스가 가장 중요하고 강력하며, 마지막으로 원형 이미지와 원형적 포진들이 주요 역할을 한다. 어떤 면에서 우리는 다양한 잠재적 태도와 지향성을 갖고 있으며, 이들은 쉽게 서로 대립하고 갈등을 일으켜 신경증적 성격 유형으로 발전된다. 이 장에서는 이런 다양한 잠재 인격의 짝인 그림자와 페르소나에 대해 논하겠다. 그림자와 페르소나는 보완적 구조를 이루며, 성장한 모든 인간 정신에 존재한다. 이들은 감각적으로 경험되는 구체적 대상을 따라 지어진 이름이다. 그림자는 우리가 빛을 향해 걸을 때 미끄러지듯 뒤를 따르는 우리 자신의 이미지다. 그 대극인 페르소나는 배우의 가면을 의미하는 로마자(라틴어)를 따른 것으로, 사교적 세계에 직면할 때 걸치는 얼굴이다.

삶 초기에 성격은 미분화된 단순 통합체다. 성격은 다 형성되지 않았고 실체적이라기보다 잠재적이며, 그래서 전일적이라 할 수 있다. 성장과 더불어 전일성은 분화되고 여러 부분으로 분리된다. 자아의식이 형성되며, 이 자아의식이 자라면서 이제 전체로 나타나는 자기 부분은 '무의식'으로 남는다. 반대로 무의식은 이마고, 내면화, 정신적 외상 경험과 연계된 일단의 자료로 구조화되어 잠재 인격, 즉 콤플렉스를 형성한다. (2장에서 논한 대로) 콤플렉스는 자율적이며 자체 의식을 갖는다. 콤플렉스는 일정한 정신 에너지와 결합되어 있고, 자체 의지도 있다.

자아의 그림자

자아가 제어할 수 없는 무의식의 정신 요소들 가운데 하나가 그림자다. 사실 자아는 보통 그림자의 발산을 그다지 인식하지 못한다. 융은 이미지 수준에서는 비교적 파악하기 쉽지만 이론과 실제 수준에서는 다루기 힘든 심리적 실체를 나타내고자 그림자라는 말을 사용했다. 이를 통해 그는 대부분 사람들이 보여주는 그대로의 무의식을 조명하고

자 했다. 그렇지만 그는 그림자를 하나의 사물로 지목하기보다, '그림자 속에 있는(즉 감춰진, 배후에 있는, 어둠 속에 있는)' 또는 '그림자가 드리운' 심리적 특성 또는 특질에 대해 생각하는 편이 더 낫다고 보았다. 통합되었다면 보통 자아에 속하겠지만 인지적 또는 감정적 부조화에 의해 억압된 성격의 일부는 그림자로 전락한다. 그림자의 특별한 내용은 변하는데, 이는 자아의 태도와 그것을 방어하는 정도에 달려 있다. 일반적으로 그림자는 비도덕적이거나 적어도 평판이 나쁜 특질을 갖는데, 사회의 관습이나 도덕적 관례와 반대되는 본성을 가진 사람의 특징도 포함한다. 그림자는 의도하고, 의지하고, 방어하는 자아 조작의 무의식적 측면이다. 말하자면 그림자는 자아의 배면背面이다.

모든 자아는 그림자를 갖는다. 피할 수 없다. 세계에 적응하고 대응할 때, 자아는 부지불식간에 그림자를 이용해 도덕적 갈등이 따르는 불미한 활동을 수행한다. 자아가 모르는 상태라도 그림자의 이러한 방어적이고 자기만 챙기는 활동들은 암흑 속에서 수행될 수 있다. 그림자는 마치 국가의 비밀 정보 조직처럼 작동한다. 이러한 조직을 움직이는 수장은 명백히 알려지지 않은 상태에 있으므로 발생된 일의 책임에서 벗어날 수 있다. 비록 내적 성찰을 통해 어느 정도는 이러한 그림자의 자아 활동을 의식할지라도, 그림자 인식에 대한 자아의 자기방어는 매우 효과적이어서 이 활동을 거의 꿰뚫지 못한다. 스스로 성찰하기보다는 친한 친구나 오랫동안 함께한 배우자에게 비친 인식이 어떠한지 물어보는 편이 자아의 그림자 활동에 대한 정보를 모으는 방법으로 더 유용하다.

자아가 의지하고 선택하고 의도하는 것이 무엇인지 깊이 추적할 경우 사람은 자아가 자신의 그림자 안에서 극도로 이기적이고, 고의적이고, 냉혹하고, 강압적이게 될 능력을 갖췄다는 것이 분명해지는 어둠과 차가움의 영역에 이르게 된다. 여기에서 사람은 순전히 자기중심적이므로 어떤 대가를 감수하고라도 권력과 쾌락이라는 개인적 욕망을 성취하는 데 몰두한다. 자아에 내재한 어두운 마음은 신화와 이야기에서 볼 수 있듯이 바로 인간의 악을 제대로 정의 내려주는 것이다.[1] 셰익스피어의 비극《오셀로》의 등장인물인 이아고는 이러한 고전적 예를 보여준다. 그림자 안에 모든 주요한 죄들이 도사리고 있다.

그림자의 특성들이 어느 정도 의식화되어 통합된 사람은 보통 사람과 매우 다른 모습을 보인다. 사람들 대부분은 자신이 본래 자기중심적이고 이기적인지 잘 모른다. 그래서 스스로가 이타적이며 자신의 욕구나 쾌락을 통제하고 있는 것처럼 보이고 싶어 한다. 사람들은 타인들에게 그런 특성을 숨기는 한편 사려 깊고, 신중하고, 공감적이며, 성찰하고, 상냥하게 보이게 하는 외관 뒤로 숨는 경향이 있다. 이러한 사회적 규범을 따르지 않는 예외는 '부정적 정체성'을 가진 사람들이다. 그들은 자신의 탐욕과 공격성을 자랑스러워하며 대중 앞에서 그런 특성들을 과시하는 검은 양이지만, 그들의 감춰진 그림자에서는 민감하고 감상적인 면을 보여준다. 이와 다르게 예외적인 사람들도 있다. 그들은 잃을 것이 전혀 없는 구제 불능의 범죄자나 반사회적 인물이다. 예를 들어 히틀러나 스탈린 같은 악명 높은 사람들이 권력을 잡으면 상상할 수 없을 정도로 악해질 수 있다. 하지만 사람들 대부분은 스스로 품위

---

1 악에 대한 융의 견해를 잘 다룬《융의 악의 이론(Jung on Evil)》을 참조하라. 이 책은 머리 스타인(Murray Stein)이 편집한 것으로, 서문에서 이 주제를 상세히 설명하고 있다.

를 지키고 자신이 속한 집단에서 요구하는 적합한 규칙에 따라 처신하며, 단지 꿈속에서나 극단으로 몰렸을 때 우발적으로 그림자적 요소를 드러낸다. 그들에게 자아의 그림자는 여전히 작동하지만 무의식을 통해 환경과 정신을 조종하므로, 그들의 의도와 욕구는 사회가 수용하는 정도를 그렇게 벗어나지 않는다. 하지만 그림자 안에서 자아가 원하는 것이 그 자체로 반드시 나쁜 것은 아니다. 일단 직면했을 때 그림자는 종종 상상한 만큼 악하지 않다는 것을 알게 된다.

자아가 그림자를 직접적으로 경험하는 것은 아니다. 그림자는 무의식적으로 타자에게 투사된다. 예컨대 우리는 진짜 이기적인 사람 때문에 엄청나게 약이 오를 때가 있는데, 이런 반응은 보통 무의식적 그림자가 투사되고 있다는 신호다. 당연히 상대방은 그림자 투사를 위한 '연결 고리'를 제시하기 마련이다. 그래서 이렇게 강한 감정적 반응들이 일어날 때 지각과 투사가 섞이는 일은 항상 있다. 심리적으로 순진하거나 방어적 저항을 보이는 사람은 자기가 갖는 지각perception에 초점을 맞춰 변호하며, 투사된 부분을 부정하는 경향이 있다.

물론 이러한 방어적 전략을 사용하면 그림자가 갖는 특성들을 인식할 수 없어 통합할 기회도 놓치고 만다. 대신 이러한 방어적 자아는 스스로 옳다고만 여기기 때문에, 스스로를 무고한 희생자나 단순 관찰자 역할을 하는 것으로 간주해버린다. 그 결과 상대방은 악한 괴물인 반면에 자아는 무고한 양처럼 느낀다. 그러한 역학 관계에서 희생양이 만들어진다.

그림자 형성

이 내면 구조인 그림자를 구성하는 구체적 내용과 특질은 자아 발달 과정에 따라 선택된다. 자아의식이 거절한 것이 그림자가 된다. 자아의식이 긍정적으로 받아들여 동일시하고 흡수하는 것은 자아와 페르소나의 일부가 된다. 그림자는 의식적 자아나 페르소나와 양립할 수 없는 특성 및 특질을 갖는다. 그림자와 페르소나 모두 정신에 존재하는 자아 이질적인 '인물들persons'이다. 이 이질적 인물들은 우리가 자신이라고 간주하는 의식적 성격과 함께 정신에 존재한다. '페르소나'라고 하는 공식적 인물이자 '공공의 인물'이 존재한다. 이 페르소나는 자아의식과 어느 정도 동일하며, 개인의 정신적·사회적 정체성을 형성한다. 그러나 페르소나는 사회적 규범이나 관습과 양립하므로 자아가 편안하게 여길지는 모르지만, 그림자와 마찬가지로 자아에게는 이질적이다. 그림자 성격은 시야에서 멀어져 보이지 않다가 특별한 경우에만 나타난다. 세상은 이러한 그림자 인물에 대해서 제대로 의식하지 못한다. 이에 반해 페르소나는 훨씬 더 분명하다. 페르소나는 매일 사회적 세계에 적응하는 데 공적 역할을 수행한다. 페르소나와 그림자의 관계는 형제(남자의 경우)나 자매(여자의 경우) 같다. 하나는 대중 앞에 나서며, 다른 하나는 멀리 숨어 있고 은둔적이다. 그들은 서로 완벽히 대조적인 면을 보인다. 한쪽이 금발이면 다른 쪽은 흑발이고, 한쪽이 합리적이면 다른 쪽은 감정적이다. 나르치스와 골트문트, 지킬 박사와 하이드 씨, 카인과 아벨, 이브와 릴리트Lilith(유대 신화에 등장하는 이브 이전에 창조된 아담의 반역적인 첫 아내), 아프로디테와 헤라 등의 인물들은 그러한 상반된 모습을 보여주는 짝들이다. 하나는 다른 한쪽을 보완하거나 종종 적대하기도 한다. 페르소나와 그림자는 서로 대칭적 관계에 있지만, 쌍둥이만큼 가깝지는 않다.

페르소나는 문화변용, 교육, 그리고 물리적·사회적 환경에 대한 적응의 결과로서 형성된 인물이다. 앞서 언급한 대로 페르소나는 로마 연극에서 배우의 가면을 나타내는 말로, 융이 차용한 용어다. 가면을 씀으로써 배우는 극에서 제시하는 특별한 역할과 정체성을 견지하고, 그의 목소리는 가면에 입 모양으로 도려내어진 부분을 통해서 나온다. 심리학적으로 볼 때 페르소나는 개인의 의식적 생각과 감정을 타자에게 감추거나 드러내는 일을 하는 기능 콤플렉스다. 콤플렉스의 한 형태로서 페르소나는 높은 자율성을 지녔으며, 자아의 완전한 통제 아래 있지는 않다. 배우는 일단 배역을 맡으면 그 대사가 싫든 좋든, 그리고 특별한 의식 없이 기억한 대로 발설한다. 어느 비 오는 날 아침 누군가가 당신에게 "잘 지내시나요?"라고 인사하면, 당신은 윙크하듯 재빨리 "잘 지냅니다. 당신도 잘 지내시죠?"라고 망설임 없이 대꾸한다. 페르소나는 이렇게 우발적으로 일어나는 사회적 상호작용이 쉬워지도록 하고, 어색함이나 사회적 곤란을 일으킬지도 모를 거친 부분을 유연하게 해준다.

보완적 기능 콤플렉스인 그림자는 페르소나와 반대되는 counter-persona 역할을 한다. 그림자는 페르소나가 허용하지 않는 것을 하길 원하는 잠재 인격으로 간주된다. 괴테의 《파우스트》에 나오는 메피스토펠레스는 그림자 인물에 해당되는 고전적 예다. 파우스트는 모든 것을 보았고, 중요한 모든 책을 읽었으며, 알고 싶은 모든 것을 배웠으나 이제 기력이 떨어져 삶의 의지 없이 권태를 느끼는 지식인이다. 그는 우울해져서 자살을 생각했다. 이때 푸들 강아지 한 마리가 갑자기 그의 앞을 가로질러 달려가더니 메피스토펠레스로 변한다. 메피스토펠레스는 파우스트를 꾀어 연구를 중단시키고 함께 세상으로 뛰어들어 그의 다른 면인 관능을 경험하게 한다. 메피스토펠레스는 파우스트에게 열등 기능들인 감각과 감정을, 그리고 이제껏 영위하지 못한 성적인 삶이 주는 전율과 흥분을 알려준다. 이것은 교수와 지식인으로서 파우스트의 페르소나가 허용하지 않던 삶의 단면이다. 파우스트는 메피스토펠레스의 지도 아래 융이 전향enantiodromia이라고 일컬은, 즉 반대 성격 유형에로 성격의 역전reverse을 경험한다. 그는 그림자를 받아들이고, 얼마 동안 그림자가 갖는 에너지와 특성을 자기와 동일시하게 된다.

페르소나나 페르소나가 형성한 가치 및 특성과 동일시해온 자아에게, 그림자는 부패와 악의 악취를 풍긴다. 메피스토펠레스는 악을 실제로 구현한다. 이 악은 순전하고, 의도적이며, 고의적인 파괴를 의미한다. 그러나 그림자와의 조우는 파우스트에게 변화를 일으킨다. 그가 새로운 에너지를 찾게 되자 권태는 사라지고, 그는 마침내 더 완벽한 삶의 경험으로 이끄는 모험을 감행한다.

그림자를 통합하는 것은 가장 까다로운 도덕적이고 심리학적인 문제다. 만일 그림자를 완전히 외면한다면, 삶은 적당할지 모르나 아주 불완전한 것이다. 하지만 그림자를 경험할 여지를 둘 때는 부도덕의 오점을 남기겠지만 더 큰 전일성을 획득한다. 이것은 진정으로 악마의 거래다. 파우스트의 딜레마이고, 인간 존재의 핵심적 문제다. 파우스트의 경우에는 결국 영혼을 구제받지만, 신의 은총으로만 그렇게 된 것이다.

페르소나

융은 자신의 공식적인 저작들에서 그림자에 대해 깊이 들어가지 않지만, 페르소나에 대해서는 흥미롭게도 상세한 설명을 한다. 이러한 사실에서 우리는 성격 안의 그림자와 그 포진에 대한 정보도 어느 정도 얻을 수 있다. 이제 융이 페르소나에 대해, 정신에서의 그 위치 및 형성에 대해 펼친 논의를 비교적 면밀히 살펴보겠다.

융은 1921년 출판된 주요 저작《심리 유형》에서 페르소나에 대해 정의 내리고 있다. 그는 이 책의 긴 마지막 장인 '정의들Definitions'에서, 정신분석학과 심리학 일반에서 채택한 용어는 물론 자신의 분석심리학을 위해 만든 용어들에 대해 되도록 명확히 제시하려고 노력하고 있다. 심리학과 정신분석에 관한 한, '페르소나'라는 말은 융 자신이 갖는 특별한 지적 특성을 보여준다. 이 장에서 가장 긴 논의 가운데 하나인 48항은 '영혼soul'이라는 개념에 할애되었는데, 여기에서 페르소나가 논의된다. 융은 두 보완적 구조, 즉 페르소나와 아니마에 대해 숙고한다. 아니마에 대해서는 다음 장에서 논의하겠다.

오늘날 페르소나라는 말은 심리학과 현대 문화에 수용되었으며, 대중적 어법과 신문 및 문학에서 빈번히 사용된다. 페르소나는 실제적 인물이 아닌 드러난 인물을 의미한다. 페르소나는 특별한 목적을 위해 채택된 심리학적·사회적 구성물이다. 융은 심리학적 이론을 구축하고자 이 용어를 선택했는데, 이 말이 사회에서 하는 역할과 관련되기 때문이다. 그는 사람들이 어떻게 특별한 역할을 맡게 되고, 통상적인 집단적 태도를 채택하며, 그들 자신의 고유한 독특성을 견지하거나 영위하기보다는 사회문화적 판박이를 표상하는가에 대해 관심을 기울였다. 이

것이 잘 알려진 인간 특성이라는 것은 분명하다. 이것은 일종의 모방이다. 융은 이것을 페르소나로 개념화해 자신의 정신 이론에 적용했다.

융은 정신의학과 심리학 연구에 의거해 페르소나에 대한 정의를 내렸다. 이러한 연구에 따르면, 인간 성격은 단순하지 않고 복잡하고, 어떤 조건에서는 나뉘고 파편화되며, 정상적인 인간 정신에 수많은 잠재 인격들이 내재한다. 하지만 "그러한 다중 인격이 정상적인 개인에게 결코 나타나지 않는다는 것은 분명하다."[2] 그런데 우리가 임상적 의미에서 모두 "다중 인격자들"은 아니지만, 모든 사람은 실제로 "인격 분열의 흔적"[3]을 드러낸다는 것도 사실이다. 정상적 개인은 병리학에서 발견되는 것에 비해 덜 과장된 형태에 지나지 않는다. "'밖에서는 천사가 되고, 집에서는 악마가 되는' (…) 즉 한 환경에서 다른 환경으로의 변화에 의해 인격이 현저히 바뀌는지를 알려면, 다양한 조건에서 그 사람을 밀접히 관찰하기만 하면 된다."[4] 그런 사람은 대중에게 나설 때 내내 미소를 짓고, 등을 토닥거리는 친근한 행동을 하고, 반갑게 악수하고, 외향적이고, 아량을 베풀고, 낙천적이고, 농담을 잘 건넨다. 반면에 집에서는 언짢아하고, 심술궂고, 아이들에게 무뚝뚝하게 대하고, 골을 내고는 신문만 읽으며, 말이나 다른 형태로 학대하는 경향이 있다. 그래서 인격은 상황적이다. 《지킬 박사와 하이드 씨》 이야기는 이러한 예를 보여주는 극단적 형태다. 동일한 주제를 다루고 있는 또 다른 소설 《도리언 그레이의 초상The Picture of Dorian Gray》의 주인공은 다락방에 자

---

2   융, 《전집》 6권, 799항.
3   위의 책.
4   위의 책.

신의 초상화를 보관하고 있다. 그가 나이 들어감에 따라 그 초상은 함께 나이 들면서 그의 진짜 본성과 성격을 드러내는 반면, 사람들 앞에서는 변함없이 주름살 하나 없이 젊고 교양미 넘치며 쾌활한 인물이다.

융은 이어서 사회적·문화적 환경에 반응하는 인간의 감수성이라는 매혹적인 주제를 다룬다. 사람들은 보통 타인들의 기대치에 민감하다. 융은 가족, 학교, 직장 등의 특별한 환경은 사람들로 하여금 특별한 태도를 취하게 한다고 지적한다. 융은 이런 "태도"에 대해 "의식 안에서 표상되든 그렇지 않든 한정된 것에 대한 선험적 지향성"[5]을 취하는 것이라고 본다. 태도란 잠재적이고 무의식적이지만, 사람으로 하여금 상황이나 환경에 지속적으로 적응하게 한다. 태도는 "이쪽이나 저쪽으로 분명한 행동을 취하도록 결정할 (…) 정신 요소나 내용의 결합이다."[6] 따라서 태도란 인격의 한 특색이다. 태도가 오래 지속되고 환경의 요구에 자주 응할수록 더 습관적이게 된다. 행동주의가 알려주는 대로, 행동이나 태도는 환경에 빈번히 영향을 받을수록 더 강하고 견고해진다. 어떤 환경에 적응하도록 특별한 태도를 발달시켜 특별한 방식으로 반응하도록 훈련받으면, 그렇게 하도록 훈련받은 대로 신호나 암시에 응대할 수 있다. 일단 태도가 완전히 발달하면, 행동을 유발하는 데 필요한 것은 적당한 단서나 동기뿐이다. 이것이 1921년 융이 관찰한 내용이다. 이 무렵은 존 왓슨John Broadus Watson이 주도한 행동주의가 북미에서 인기를 끌던 시기였고, 왓슨의 첫 번째 주요 저작은 1913년에 출판되었다.

---

5   위의 책, 687항.

6   위의 책.

비교적 일체화된 환경을 갖춘 시골 또는 야생 지역에서 살거나 일하는 사람들과는 대조적으로, 교육 수준이 높은 도시 거주자들은 완전히 다른 두 환경, 즉 가정의 범주와 공적 세계에서 활동한다. 융 시대의 유럽에서는 여성보다 남성이 더 그러했다. 그 당시 시대와 문화의 영향 아래 있던 남자들은 한 환경에서는 일을 하고, 다른 환경에서는 가정적 삶을 영위했다. 그들은 이렇게 구별되는 다른 두 환경에 반응해야 했는데, 이들 각 환경은 다른 종류의 역할을 제공했다. "이렇게 완전히 다른 두 환경은 완전히 다른 두 태도를 요구한다. 이것은 자아가 그러한 순간에 직면할 때 취하는 태도와 동일시 정도에 맞추어 인격의 복제duplication를 산출한다."[7]

나의 한 친구가 정부 관련 부처에서 중간 관리 업무를 맡고 있는데, 그는 공공 부문에서 요구하는 가치와 행동방식에 맞춰 자기 부서의 직원들을 대하는 태도를 정해야 한다. 이때 정부 기관은 환경을 의미하며, 그는 올바른 가치가 무엇인지에 대한 자료를 잘 찾아내서 자기 직원들에게 비차별非差別, 성차별, 차별 철폐 조처 같은 문제 등에 민감해야 한다고 알려준다. 이 친구는 나에게 말하기를, 그 역할을 직장에서는 쉽게 잘하는데 집에서 혼자 텔레비전을 볼 때는 매우 다른 반응을 나타낸다고 했다. 집에서 그는 매우 보수적이다. 직장에서 그는 진보적이며 개화된 현대인이다. 하지만 그의 자아는 그런 환경에서 갖는 태도와 꼭 일치하지는 않는다. 그는 기능적 페르소나를 갖고 있다. 즉 그는 페르소나와 동일시하지 않고도 페르소나를 쓰고 쉽게 벗어버린다. 그

7   위의 책, 798항.

는 자신이 그러한 일터에서의 페르소나와 동일하지 않다는 것을 분명히 인지하고 있다.

하지만 자아는 페르소나와 자주 동일시한다. 심리학적 용어인 '동일시identification'는 외부의 대상, 태도, 인물을 흡수해 연합하는 능력을 자아가 갖고 있음을 가리킨다. 동일시는 대개 무의식적 과정이다. 사람은 자신이 다른 사람을 무심코 모방하고 있다는 것을 알게 된다. 아마 그는 스스로 주목하지 못하겠지만, 다른 사람들은 그 모방을 알아챈다. 원칙적으로 자아는 페르소나와 상당히 분리되어 있다고 말할 수 있지만, 실제 삶에서는 그렇지 않은 경우가 종종 있다. 왜냐하면 자아는 생활하면서 역할과 동일시하는 경향이 있기 때문이다. "가정에서 보이는 특성은 대체로 정서적 요구와 안락함과 편의에 부응한 것이다. 공적 삶에서 매우 정력적이고, 활발하고, 완강하며, 무자비한 사람들이 집에 있거나 가족의 품에 둘러싸여 있을 때는 온후하고, 부드러우며, 순종적이고, 심지어 나약해 보이곤 하는 이유는 무엇인가? 어느 쪽이 참된 성질, 즉 실제 성격인가? 이 질문에 답할 수 없을 때가 종종 있다."[8]

심지어 그러한 경우에도, 자아가 페르소나와 동일시되지 않는 면이 항상 존재한다. 페르소나는 사회적 교류에서 모습을 드러내는 자아의 측면을 최대한 가까이 싸고 있다. 그러나 사람들은 역할을 해내는 것과 참된 내면이 주는 차이를 보통은 알아차릴 것이다. 자아의 핵심은 개별적이고 개인적일 뿐 아니라 원형적이다. 이것은 작지만 고요한 성찰점, 즉 '나I'의 중심이다. 자아의 핵심에서 원형적 측면은 순수한 '있는 그

---

8   위의 책.

대로의 나I am', 즉 자기self의 드러남이다. 간단히 말해서 '나 됨I-am-ness'
이다(1장을 참조하라).

하지만 개인적인 면에서 자아는 외부의 영향력을 허용한다. 그런
영향은 자아가 새로운 내용과 동일시할 때 침투해 자아의 순수한 '나
됨I-ness'을 밀어내는데, 이것을 자아의 '습득learning'이라 한다. 우리는
자신의 이름을 배운다. 그 후에 우리는 우리의 이름이 된다. 즉 우리는
이름이 발음되는 소리와 동일시한다. 자아가 페르소나와 동일시할 때,
자아는 페르소나와 동일하게 되었다고 느낀다. 그래서 나는 내 이름
과 같은 '존재is'이며, 나는 내 부모의 아들이며, 내 누이의 확실한 남자
형제다. 일단 이런 동일시가 이뤄지면, 나는 이제 단순히 '있는 스스로
있는 나I am that I am'가 아니라, 어느 특정한 날에 태어나고 특별한 개
인사를 가진 머리 스타인Murray Stein이다. 이것이 지금 바로 내 모습이
다. 나는 기억과, 내 역사의 구성과, 내가 갖는 어떤 특질과 동일시한다.
이런 방식으로 순수한 '나 됨'(원형의 한 단편)은 눈에 띄지 않게 되어 의
식에서 완전히 숨거나 사라질 수 있다. 그렇게 되면 자긍심과 소속감은
물론 자신의 모든 정체성과 현실감을 페르소나에 진짜 의존하게 된다.

물론 이리저리 변동을 거듭할 수 있다. 사람은 때로 특별한 무엇과
동일시되지 않는 순수한 '나임I-am' 상태에 있을 수 있고, 또 때로는 어
떤 내용이나 특질과 확고히 동일시되어 페르소나의 이미지에 깊이 몰
입되기도 한다. T. S. 엘리엇은 이름을 세 개 가진 고양이에 대해 언급
한다. 모든 사람이 아는 이름과, 몇몇만 아는 이름, 고양이 자신만 아는
이름이 있다는 것이다! 첫 번째 이름과 두 번째 이름은 페르소나를, 세
번째 이름은 자아의 원형적 핵심을 가리킨다.

페르소나의 두 원천

융은 페르소나의 두 원천을 밝혀냈다. "사회적 조건과 요구에 따라, 사회적 성격은 한편으로 사회의 기대와 요구에 맞춰지고, 다른 한편으론 개인의 사회적 목적과 열망에 맞춰진다."[9] 환경의 기대와 요구라는 첫 번째 원천은 사회가 요구하는 인물이 되고, 자신이 속한 집단의 사회적 관습에 맞게 적절히 행동하며, (종교적 가르침에 동의하는 등의) 실재 본질에 대한 명제적 진술을 믿는 등의 요구들을 포함한다. 두 번째 원천은 개인의 사회적 야망들을 포함한다.

사회가 개인의 태도와 행동에 영향을 미칠 수 있으려면 개인이 이 사회에 소속되기를 원해야 한다. 자아는 페르소나가 갖는 특성과 사회가 요구하고 제공하는 역할을 받아들이는 동기부여가 되어 있어야 하며, 그렇지 않으면 이것들은 단지 회피될 것이다. 그러면 동일시가 전혀 일어나지 않는다. 페르소나가 형성되려면 개인과 사회 사이에 협정이 이뤄져야 한다. 그렇지 않을 경우 개인은 문화 주변부에서 고립된 삶, 즉 성인 세계에서 일종의 혼돈을 겪는 청소년으로 영원히 살게 된다. 이 고립된 개인은 자기 방식대로 살면서 사회적 규범을 무시하는 영웅적 반란자와는 다르다. 영웅적 반란자 역시 일종의 페르소나이며, 이러한 영웅적 페르소나는 모든 사회나 집단이 제공하는 것이다. 역할은 많다.

일반적으로 명망 있는 역할일수록 동일시는 더 강해진다. 사람들은 폐품 수거인이나 수위 같은 하층계급 페르소나 역할과, 심지어 매니저

9　위의 책.

나 관리인 같은 중간계급 역할과의 동일시를 보통 꺼려한다. 그런 경우에도 그들은 해학적으로 그렇게 한다. 이러한 직업들은 나름의 가치와 위신을 갖지만 사회에서 자부심을 갖고 하는 페르소나 역할이 아니며, 이러한 직업과 강하게 동일시하려는 열망은 아주 미비하다. 역할 동일시는 일반적으로 야심과 사회적 열망이 있어야 동기부여가 된다. 예를 들어 미국 상원의원으로 선출된 사람은 집단적 가치가 높고 엄청난 특권이 있는 역할을 획득한다. 이와 함께 명성, 명예, 사회적 가시성이 높은 역할이 뒤따르며, 상원의원이 된 사람은 이 역할과 일치하려는 경향이 있다. 심지어 친한 친구들에게서도 돋보이는 존경을 받기를 원하게 된다. 존 F. 케네디가 미국 대통령으로 선출된 뒤, 그의 가까운 친지들까지 그를 '대통령님 Mr. President'으로 불렀다고 전해진다.

잉마르 베리만Ingmar Bergman의 자전적 영화 〈화니와 알렉산더Fanny and Alexander〉에서, 어린 소년은 정서적으로 동떨어지고 냉정하며 종교적 페르소나와 깊이 동일시된, 무섭고 학대하는 교회 주교에게 보내져 살게 된다. 영화에는 주교가 꿈을 꾸는 장면이 나온다. 꿈에서 주교는 떼어내기 힘든 가면을 애써 찢어내려고 하는데, 결국 가면과 함께 낯가죽마저 벗겨져버린다. 주교 역할이 삶에서 그의 개인적 열망을 보장해주므로 그의 자아는 주교 페르소나와 완전히 융합되어 있다. 주교는 의심할 바 없이 사회적으로 신분이 높은 사람이다. 이와 마찬가지로 내과 의사, 군인, 왕족은 강한 동일시로 이끄는 페르소나를 부여받는다. 이 악몽에서 주교는 자기 얼굴에서 가면을 벗기려고 한다. 왜?

자아와 페르소나의 기능 콤플렉스는 상반된 목표를 갖고 있기에 이들의 관계는 단순하지 않다. 자아는 근본적으로 분리와 개성화를 지향하고, 무엇보다 무의식 밖에서 자리를 강화하며 가족 환경 밖에서도 입지를 굳히려는 경향을 보인다. 자아는 자율성을 향한 강한 운동, 즉 독립적으로 기능할 수 있는 '나 됨I-ness'을 강하게 지향하는 경향이 있다. 동시에 페르소나가 뿌리내린 자아의 다른 부분은 이와 반대 방향으로 대상 세계와 관계하고 이 세계에 적응하려 한다. 이들은 자아 안에서 두 가지 상반된 경향성, 즉 한편으론 분리와 독립을 향한 욕구를, 다른 한편으론 관계와 소속을 향한 욕구를 보여준다. 분리 및 개성화를 향한 자아의 근본적 욕망은 종종 그림자에 뿌리를 두고 있는데, 이 욕망이 집단 생리와 개인 안녕에 위협이 되는 수도 있기 때문이다. 객관적으로 우리 모두는 육체적·심리적으로 생존하기 위해 타인을 필요로 한다. 자아가 현존하는 환경과 관계를 맺고 적응하려는 것은 생존을 확보하기 위해서다. 이러한 노력은 페르소나가 정착하는 기회를 제공해준다. 이것은 페르소나가 세계에 자신을 보여주는 방식이다.

페르소나 발달

분리 및 개성화와 사회적 순응 사이에 일어나는 자아의 이러한 갈등은 자아가 기본적으로 갖는 불안을 촉발한다. 사람이 어떻게 자유롭고 독특하며, 개인적이면서도 타자에게 받아들여지고 호감을 얻어 그들의 필요와 바람에 부응할 수 있는가? 근본적 갈등의 원인은 자아와 페르소나의 발달 사이에 존재한다. 초기 성인기에 접어들면 자아와 페르소나 양쪽 모두 골고루 발달되어, 자아가 이중적으로 필요한 독립 지향과 관계 지향이 충족되고, 동시에 페르소나는 자아가 현실 세계에 살기에 적합한 적응을 한다. 바그너, 베토벤, 피카소 같은 유명한 천재들은 이러한 규칙에서 예외적일 수 있는데, 왜냐하면 부여받은 재능 덕분에 비범한 개인이 될 수 있었기 때문이다. 세상에 제공한 보상을 통해 도에 넘치는 그들의 재능은 너그러이 용인된다.

자아는 페르소나와 동일시하려고 의도적으로 선택하지 않는다. 사람들은 자신들이 생존해야 하는 사회적 환경 안에 있다는 것을 깨달으며, 대다수는 앞길을 열고자 최선을 다한다. 출생 순서는 중요한 요인이며, 성별도 그러하다. 한 여자아이 또는 남자아이는 다른 아이들이 하는 것을 관찰하고 그들을 모방한다. 여자아이는 어머니의 옷을 입어보면서 그녀가 갖는 태도를 시도해보려 한다. 남자아이 또한 어머니의 옷을 입어보려고 하는데, 그래서 부모가 걱정을 하기도 한다. 옷은 페르소나를 표상한다. 남자아이는 유달리 아버지나 형제들이 하는 대로 모자를 써보고, 뽐내며 활보하고, 그들을 따라 침을 뱉기도 한다. 성별 차이는 초기부터 우리 자신을 분별해내는 한 방식임이 분명하며, 페르소나는 이런 차이를 받아들인다. 아이는 적절히 행동할 경우 대접받는 방식을 인식함으로써 성별에 따른 요구에 맞춰 반응한다. 이것은 아이 각자에게 꽤 자연스러울 수도 있고 그렇지 않을 수도 있다. 페르소나가 꼭 맞을 수도 있고 그렇지 않을 수도 있는 것이다. 결국 성적 차이가 주는 매력과 관련해 반응하는 능력이 향상되지 않을 수 있겠지만, 적어도 타당하게 행동하는 태도는 갖게 된다(젠더 및 젠더 동일시와 관련된 더 깊은 논의는 다음 장에서 하겠다).

페르소나 발달에는 두 가지 난제가 잠재되어 있다. 하나는 페르소나와의 지나친 동일시로, 세상살이에 만족하고 적응하는 것이 지나쳐 이렇게 구성된 이미지가 성격의 전부인 양 믿게 된다. 다른 문제는 외부 대상 세계에 별로 관심을 기울이지 않고 내면세계(융이 아니마 또는 아니무스의 지배라고 일컬은 조건)에만 지나치게 관여하는 것이다. 이러한 사람은 충동, 바람, 욕망, 환상에 주의를 기울이며, 그런 세계에 흡수되고 타인에게는 별로 관심을 기울이지 않는다. 그 결과 지각력과 타인에 대한 이해력이 떨어지고 타인과의 관계를 제대로 형성하지 못하는 경향을 보이는데, 운명의 강한 타격을 받아 어쩔 수 없을 때만 이런 특성들을 포기한다.

페르소나 발달은 청소년기와 초기 성인기에 전형적으로 나타나는 문제다. 이 기간에 내면세계의 활동이 무척 활발해진다. 즉 한편에서는 수많은 충동, 환상, 꿈, 욕망, 이념, 이상주의가 일어나고, 다른 한편에서는 순응을 요구하는 동류 집단의 압력이 매우 높아진다. 또래 및 이 집단의 가치와 동일시되는 패거리 의식 구조 때문에 이러한 동류 집단을 넘어서는 사회적 관계는 그들에게 매우 원시적이고 집단적인 것처럼 보일지도 모른다. 또래와의 동일시는 청소년들을 부모에게서 벗어나게 하는 데 일조하는데, 이것은 성숙해지는 데 필요한 단계다. 동시에 10대 청소년들은 대상 세계를 사려 깊게 따져보지 못하고, 즉 이 세계를 제대로 인식하지 못하고 두려움을 모르는 호기심의 세계에서 산다. 초기 성인들은 내면세계의 비대와 외부 현실의 부적응이 결합하는 것을 설명하려고 자아 팽창inflation과 과대망상grandiosity 같은 문제에 적응하려는 경향을 보인다. 다른 한편 일부 청소년들은 성인의 가치와 기대에 지나치게 관심을 기울인다. 그들은 겨우 열다섯 살 나이에 단추를 꼭 채운 셔츠를 입고, 서류 가방을 들고, 큰 회사의 변호사가 되는 일에 대해 얘기한다. 이처럼 그들은 개인적 정체성이 그다지 발달하지 못한 가정과 문화의 기대에 부응하여 잘 적응한다. 그들은 판에 박힌 문화적 형태, 즉 미성숙한 페르소나 적응의 희생물이 되어간다.

내향적인 사람과 외향적인 사람 모두 페르소나를 발달시키는데, 이는 양자가 갖는 태도 유형이 대상 세계와 관계해야 하기 때문이다. 외향적인 사람의 경우, 페르소나 발달은 내향적인 사람에 비해 단순히 진행된다. 외향적인 리비도는 대상에게 나아가 머물고, 외향적인 사람은 별스러운 소동이나 혼란을 겪지 않고 대상을 받아들여 결부된다. 내향적인 사람의 경우, 대상에 관심을 기울이며 정신 에너지는 대상에게 나아가지만 다시 주체에게 되돌아오는데, 이로써 대상들과 더 복잡한 관계가 초래된다. 대상은 정신 밖에 있을 뿐만 아니라 그 사람의 정신 내부에 깊이 파고든 상태에 있다. 대상이 이렇게 정신에 깊이 부착되면 다루기가 더 어렵다. 이렇게 볼 때 외향적인 사람에게 적당한 페르소나를 찾는 것은 더 손쉬워 보인다. 대상 세계가 매우 밀접한 상태에서 위협하는 것이 아니기에 외향적인 사람들은 그다지 불안함을 느끼지 않는다. 반면에 내향적인 사람의 페르소나는 모호하거나 다르고 불분명해서 상황마다 다르게 반응한다.

그런데 모든 사람에게서 페르소나는 대상들과 관계를 맺고 있어야 하고, 그러면서도 주체를 보호해야 한다. 이것이 페르소나의 이중 기능이다. 내향적인 사람들은 몇 안 되는 사람들에게는 매우 활달한 면을 보여주면서도 사람 수가 많은 큰 집단에서는 움츠러들고 피해서 숨어버리며, 그 페르소나는 종종 사람들과 함께 있는 것이 부적당하다고 느끼는데, 특히 낯선 사람들과 함께 있거나 자기 역할이 분명하지 않은 상황에서 더욱 그러하다. 내향적인 사람에게 칵테일파티 같은 모임은 고문을 받는 것처럼 힘든 자리지만, 무대에서 하는 역할 연기는 그들에게 순전한 기쁨과 즐거움을 줄 수도 있다. 이렇게 내향적인 경향을 보이는 유명 배우들이 많다. 사적으로 그들은 소심한 경향을 보이지만, 공적 역할이 주어지면 보호받고 안전하다고 느낌으로써 가장 외향적인 유형으로 간주되는 행동을 보일 수도 있다.

심리 발달이라는 측면에서 페르소나는 창조적으로 사용될 때 성격의 여러 면을 표현할 뿐 아니라 감추는 기능도 한다. 사회적 요건에 맞는 역할을 하는 페르소나는 사회적으로 타당한 성격 측면을 표현하는데, 이러한 성격 측면은 진심에서 나오며 현실적으로 일어날 수 있다. 이때 페르소나는 성격을 참되게 표현할 정도로 되어, 개인은 별 탈 없이 페르소나와 동일시할 수 있다. 물론 이것은 나이에 따라 변할 수 있다. 새로운 삶의 단계에 들어설 때마다 새로운 페르소나들이 나타난다. 예를 들어 사교적인 면에서 외향적인 사람이 50~60대에 접어들 때 내향적으로 변할 수도 있다. 우리는 살면서 나중에 페르소나가 참되고 정직하며 진짜라고 느끼는 것과, 무의식적으로 페르소나와 완전히 동일시하는 것 사이에는 차이가 있음을 깨닫기도 한다.

본질적으로 말해 자아와 세계 사이에 있는 정신의 외피라고 할 수 있는 페르소나는 대상들과의 상호작용에서 오는 산물인 동시에 이러한 대상들에 개인이 투사한 결과물이기도 하다. 우리는 타인들에 대해 우리가 감지한 것과 그들이 원하는 것에 맞춰 적응한다. 이러한 인식은 타인들이 우리를 보고, 타인들이 그들 자신을 보는 방식과 매우 다를 수도 있다. 콤플렉스에서, 특히 부모 콤플렉스에서 발원한 투사는 페르소나 구조에 둘러싸이게 되며, 이것을 동화하는 과정을 통해 주체로 되돌아와 페르소나로 들어간다. 이것이 초기 아동기가 나중에 성인 페르소나에 심대한 영향을 끼치는 이유가 된다. 심지어 성장해 부모를 떠난 지 오랜 시간이 지난 뒤에도 부모의 존재는 이 사람의 페르소나에 지속적으로 영향을 미친다. 왜냐하면 부모라는 존재는 부모 콤플렉스로 세상에 투사되고, 개인의 페르소나를 통해 세상에 계속 적응해 존재하기 때문이다. 성인이 되고 한참 지난 뒤에도 우리는 소년기에나 요구되는 착한 소년과 소녀로 남는다. 적응하려는 지속적인 노력으로 본래 상황에서 새롭고 꽤 다른 상황으로 페르소나가 투사되기 때문에, 이 페르소나를 한 상황에서 다른 상황으로 넘기는 문제가 발생한다. 이것이 바로 프로이트가 관찰한 '전이transference'라는 개념이다. 아동기의 옛 상황은 의사-환자 관계라는 새 상황으로 전이된다. 이러한 두 사회적 환경이 어떻게 다른지 깨닫지 못하면, 사람은 이전의 습관적 행동에 갇힌 나머지 새로운 환경이 마치 이전의 익숙한 환경인 양 착각하고 반응한다.

페르소나 변화

자아의 원형적 핵심은 시간이 지남에 따라 바뀌지 않지만, 페르소나는 생애 과정에서 여러 번 변경될 수 있고 변경되는데, 이것은 변화된 환경에 대한 자아의 지각이나 그 환경과 작용하는 능력에 달려 있다. 주요 변화는 아동기에서 청소년기로 가는 과정에서 일어난다. 변화는 청소년기에서 성인기로 바뀌는 과정에서, 초기 성인기에서 중년기로 전이되는 과정에서, 또 노년기로 전이되는 과정에서도 일어난다. 유능한 자아는 이러한 전이 과정에서 적응해야 하는 난관에 대해 자아 관념과 페르소나의 자기 표상을 적절히 변경함으로써 대처한다. 사람들은 나이, 결혼 상태, 경제적·사회적 계급, 동류 집단의 선호도에 따라 자신에 대한 생각을 달리하고, 옷을 다르게 입고, 머리 모양을 다르게 하고, 다른 종류의 차와 집을 산다. 이 모든 것이 페르소나 변화에 반영된다.

생애 과정에서 사람이 취하는 다양한 역할은 집단적이며, 어느 정도는 원형적 기초를 갖는다. 모든 기능 콤플렉스와 마찬가지로 페르소나는 원형적 핵심을 갖는다. 모든 인간 집단에는 각기 맞게 채워져야 할, 예측 가능하며 전형적인 역할이 있다. 예컨대 가족을 책임져야 한다고 생각한 나머지 어린 어른Little Adult이 되어버린 맏아이가 있고, 중년과 노년 나이에 여전히 못된 장난을 하는 짓궂은 장난꾸러기 아이Trickster Kid가 있고, 어린아이 때부터 시시덕거리고 유혹의 삶을 살아가는 매력적인 팜므파탈적 인간이 있다. 가정에는 자녀와 부모가 담당해야 할 전형적 역할이 있다. 출생 순서는 종종 자녀가 채택하는 페르소나에서 큰 역할을 한다. 첫째 아이는 책임 있는 어린 성인이며, 중간 아이는 중재인이고, 막내 아이는 창의적이다. 희생양이 맡는 역할처럼, 말썽쟁이 검은 양의 역할은 시대를 막론하고 어디에서나 발견된다. 사람들은 가족과 집단 안에서 무의식적으로 그런 역할을 할당받으며, 어린 시절에 그 역할들을 받아들이면 생애에 걸쳐 이와 비슷한 역할을 지속하곤 한다.

사람들에게 페르소나가 끈질기게 붙어 있게 하는 원인은 무엇인가? 부분적으로는 동일시와 높은 친숙성 때문이다. 페르소나는 성격과 동일시되며, 종종 정신의 사회적 정체성을 제공한다. 이와 반대로 수치심이 근본적인 동기 유발자이기도 하다. 페르소나는 사람을 수치심에서 보호해주며, 수치스러움을 회피하려는 것은 페르소나를 발달시키고 지속하게 하는 가장 강한 동기일 것이다. 수치심과 죄의식의 문화에 대한 루스 베네딕트Ruth Benedict의 저작들은 서구 국가들이 죄의식 문화에 기반한 특징을 가졌으며, 이와 대조적으로 동양 나라들은 수치심 문화라는 것을 보여주었다. 수치심 문화는 죄의식 문화보다 페르소나를 더 강조하므로, '체면face'을 잃으면 죽는 편이 더 낫다고 본다. 체면 상실은 근본적 위기를 초래한다. 죄의식이 완화되거나 교정될 수 있는 죄의식 문화의 상황은 이와 꽤 다른데, 죄를 지은 사람은 대가를 치르고 나서 공동체에 복귀할 수 있다.

죄의식은 행위를 분리할 수 있지만, 수치심은 자존감 전체를 빼앗아 간다. 수치심은 죄의식보다 더 원시적이며, 잠재적으로 더 파괴적인 감정의 일종이다. 우리는 이미 채택된 페르소나와 다르게 행동할 때 죄의식을 갖거나 깊이 수치스러워하는 경향이 있는데, 성격에서 그림자가 실현된 것이다. 그림자는 수치심, 즉 무가치하다는 의식, 더럽고 달갑지 않다는 불결의 감정을 야기한다. 훈육을 잘 받는다는 것은 자랑스러워하는 것이며, 자신을 더럽힌다는 것은 수치스러운 것이다. 자연은 용변하는 법을 배운 자아에 정복된다. 수치심의 이러한 경험에는 우리가 훈련받는 방식과 맞지 않는 무엇이든 포함된다. 즉 훌륭한 사람이 되는 것은 바른 사람이 되는 것이며, 적합해지는 것은 받아들여진다는 것이다. 서구 같은 청교도 문화에서 '훌륭한 인물'의 페르소나에 적합하지 않은 특별한 종류의 성적 환상과 행동은 쉽게 수치심을 불러일으킨다. 그림자의 또 다른 특성은 공격성이다. 공격적이고 증오를 일으키거나 시기하는 감정은 수치의 감정이다.

이러한 정상적인 인간의 반응은 감추려 드는 경향이 있다. 우리는 이렇게 일으키는 반응 때문에 당황한다. 이는 자신에게 비춰지는 우리 육체적 또는 성격상 결점을 부끄러워하는 것과 동일하다. 페르소나는 다른 얼굴을 만나려고 우리가 쓰는 얼굴이다. 그래야 우리는 그들처럼 보이고, 또 그들에게서 호감을 얻는다. 우리는 지나치게 이질적으로 보이는 것을 원치 않는다. 왜냐하면 페르소나가 끝나고 그림자가 시작되는 상이한 점들이 우리를 수치스럽게 하기 때문이다.

페르소나와 그림자의 통합

그림자와 페르소나는 자아의 양극성으로서, 정신에 위치한 고전적 형태의 대극적 짝이다. 심리 발달(8장에서 논의될 '개성화')의 전반적 과제는 통합이고, 전일성은 매우 중요하며 최상의 가치를 지녔으므로, 적어도 여기서 예비적 방식으로라도 페르소나와 그림자를 통합하는 것이 무슨 의미인지 물어야 한다. 이 장 주제가 보여주듯, 통합은 자기 수용에 달려 있다. 여기서 자기 수용이란 페르소나에 속하지 않은 이상적 이미지 또는 문화적 규범 같은 이미지를 자신의 일부로 온전히 받아들인다는 뜻이다. 사람이 수치스러워하는 개인적인 면은 철저히 악한 것으로 느껴지곤 한다. 어떤 것은 진짜 악하고 파괴적인 반면에, 그림자의 자료는 늘 악한 것이 아니다. 페르소나에 순응하지 않아서 그림자에 붙어 있는 수치심 때문에 그렇게 느껴질 뿐이다.

페르소나와 그림자가 통합되는 상태는 무엇과 같은가? 융은 자신의 예전 환자에게 받은 편지를 인용하는데, 이 편지는 융이 분석을 위해 그녀를 진찰하고 얼마 후 작성된 것이다.

저한테 전화위복이 일어났습니다. 침묵을 지키고, 아무것도 억누르지 않고, 주의를 흩트리지 않고, 현실을 받아들이는(제가 원하는 대로 되기보다는 사물을 있는 그대로 받아들이고) 등의 모든 것을 했을 때, 전에는 결코 상상하지 못하던 이례적인 앎과 힘이 제게 생겼습니다. 우리가 사물들을 받아들일 때, 이들은 특정한 방식으로 우리를 압도한다고 생각했었습니다. 이런 생각은 전혀 사실이 아닌 것으로 판명되었습니다. 우리는 그 사물들을 수용함으로써만 그들을 향한 태도를 취할 수 있습니다. 그래서 저는 지금 제게 오는 무엇이든, 선하든 악하든, 양지와 음지로 번갈아 영원히 바뀌든, 이처럼 긍정적이고 부정적인 측면이 있는 저 자신의 본성을 받아들이는 인생 게임을 하려고 합니다. 그래서 모든 것이 더 생생해졌습니다. 제가 이토록 어리석었다니! 당위적으로 해야 한다고 느끼는 방식에 따라 모든 것을 억지로 진척시키려 하다니![10]

이 여성은 페르소나에게서, 그리고 대극으로 나뉜 페르소나와 그림자에게서 모두 물러나 이제 단순히 관찰하고, 그녀 자신에게 오는 자신의 정신을 성찰하고 수용하며, 그것이 무엇에 관한 것인지 분별해 선택하게 된다. 그녀는 자아와 그림자 사이뿐 아니라 자아 콤플렉스와 페르소나 사이에 심리학적 거리를 두었다. 그녀는 이제 양쪽으로 펼쳐진 스펙트럼의 한쪽 끝에만 집착하지 않는다.

---

10 융, 《전집》 13권, 70항.

융은 대극들이 '제삼자a third thing'의 개입으로 정신 안에 통합된다고 주장한다. 예를 들어 페르소나와 그림자라는 두 대극의 갈등은 개성화의 국면, 즉 통합을 통해 성장할 수 있는 기회로 간주될 수 있다. 페르소나의 집단적 가치들에 갈등이 일어나고, 개인의 타고난 본능적 구성물(프로이트의 이드)에 속한 자아 그림자의 양태에 갈등이 일어나며, 또한 원형과 무의식의 콤플렉스에서 파생된 것들에 갈등이 일어난다. 그림자 내용은 페르소나에 수용될 수 없으므로 격렬한 갈등이 일어날 수도 있다. 융은 페르소나와 그림자라는 두 극이 긴장 관계에 있을 경우, 자아가 페르소나와 그림자 모두를 허용하고 무의식은 새로운 상징 형태로 창조적 해결책을 제시할 수 있는 내면의 빈 공간을 창조한다면 갈등이 해소될 수 있다고 주장했다. 이러한 상징의 역할을 통해서 페르소나와 그림자 대극들의 관계가 진척되는데, 이러한 진척은 양자의 절충으로 그치는 것이 아니라, 자아가 새로운 태도를 갖고 세상과 새롭게 관계를 갖도록 두 대극이 연합하게 하는 것이다. 이 과정은 치료 요법이나 삶의 경험을 통해 이러한 두 부분 모두를 발달시킬 때 관찰될 수 있다. 즉 이전 갈등을 해소하고, 새로운 페르소나를 취하며, 수용할 수 없던 부분을 통합할 때 관찰될 수 있는 과정이다.

사람들은 치료 요법을 통해, 그리고 삶의 발달 과정에서 진정으로 변모된다. 적응 방편으로서의 페르소나는 변화를 위한 크나큰 잠재력을 갖고 있다. 자아가 옛 형태를 기꺼이 수정하려 한다는 사실을 감안해볼 때, 페르소나는 점차적으로 유연해질 수 있다. 《지킬 박사와 하이드 씨》같은 이야기는 페르소나와 그림자가 완전히 분열된 모습을 보여준다. 이런 이야기에는 통합이란 전혀 없으며 대극들의 갈등만 요동

칠 뿐이다. 이 대극들을 통합하는 초월적 기능이 나타나지 않은 상태에서 그림자의 역할과 추동이 일어난다. 그래서 우리는 현실적 삶에서 그런 통합을 이루지 못하는 사람들에 대해 궁금해진다. 때로는 이러한 어두운 면이 너무 심하고 지나치게 에너지로 채워져, 사회적으로 수용할 만한 페르소나와의 통합이 불가능해진다. 오늘날 이 문제를 해결하는 유일한 방법은 향정신성의약품뿐이다. 이 의약품은 완충제 역할로 그림자의 힘이 나오는 원천을 차단할 수 있다. 이와 다른 경우, 자아는 추동을 조절하기에 너무 불안정하고 약해서 초월 기능이 포진하는 것을 허용하지 못할 수 있다.

— 6장 —

심층의 내부에 이르는 길
(아니마와 아니무스)

　융은 자서전에서 아니마를 발견한 경험담을 토로하고 있다.[1] 그는 1913년 프로이트와 결별한 뒤 몇 년에 걸쳐 내면을 깊이 성찰하면서, 그동안 했던 작업의 본질과 가치에 대해 스스로 되묻는 시간을 보냈다. 이러한 연구 작업은 과학에 속하는가? 아니면 예술인가? 그는 스스로 되물었다. 그는 자신이 꾼 꿈을 기록하고 해석하며, 때로는 그 꿈을 그림으로 표현하면서 스스로 체험한 환상을 이해하려고 노력했다. 어느 순간에는 "예술이다"라고 하는 여성의 '음성'을 들었다. 놀란 그는 그녀와의 대화에 빠져들었고, 점차적으로 그녀가 자신의 환자 가운데 한 사람과 닮았다는 점을 깨달았다. 그녀는 일종의 내면화된 인물이었지만, 융 자신의 무의식적 생각과 가치의 일부를 대변해주기도 했다. 자신의

1　융,《기억, 꿈, 회상》, 185~188쪽.

자아 및 페르소나와 관련해 융은 예술가가 아닌 과학자이기를 원했다. 그러나 이 음성은 또 다른 관점을 대변해주기도 했다. 융은 의식적 자아의 태도를 보유하면서도, 이렇게 내면화된 인물과 대화를 시도하고 그녀에 대한 연구도 했다. 환자의 내면화된 이미지가 갖는 것 이상의 모습이 그녀에게 있었다. 대화가 진행되면서 그녀는 점점 구체적인 모습을 갖추었고 완전한 형태의 성격personality을 드러냈다. "나는 그녀에게 어느 정도 경외감을 가졌다. 그것은 마치 방에서 보이지 않는 존재를 느끼는 것과 같았다"[2]라고 그는 술회했다.

융에게 이것은 '아니마'의 내적 경험이자, 분석심리학의 집단 기억에서 아니마의 현시를 보여주는 핵심 기준점이었다. 융 이래로 적극 상상을 발휘한 수많은 사람들은 그와 유사한 내면의 인물을 발견해냈다. 통상적으로 남성에게 아니마는 여성적 인물이고, 여성에게 '아니무스'라는 내적 인물은 남성적이다. 아니마와 아니무스는 그림자보다 더 깊은 무의식을 표상하는 주관적 인격들이다. 좋든 나쁘든 그들은 영혼의 특성들을 드러내고 집단 무의식의 영역으로 진입한다.

이번 장에서는 아니마/무스anima/us('아니마/우스'로 표기하면 '아니마'와 '아니우스'로 헷갈릴 수 있어 '아니마/무스'로 한다)의 내적 구조를 다루게 될 것이다. 그림자와 마찬가지로 아니마/무스는 페르소나가 반영하는 자기 표상과 자기 정체성을 일치시키지 않는 정신 내부의 한 성격이다. 하지만 그림자가 하는 방식으로 자아에 속하지 않는다는 점에서 그림자와 다르다. 즉 아니마/무스는 그림자가 자아와 다른 것보다 더 '다른' 것이

---

2   위의 책, 186쪽.

다. 만일 페르소나와 그림자를 구분하는 것이 '악에 대한 선'의 측면(자아의 음과 양, 긍정과 부정의 측면)이라면, 자아와 아니마/무스의 구분은 남성성과 여성성의 양극으로 표시된다. 다시 말해 카인과 아벨의 차이가 아니라, 솔로몬과 시바 여왕의 차이인 것이다(스타인은 히브리 성서 〈창세기〉에 나오는 카인과 아벨의 선과 악의 대비로서 페르소나와 그림자를, 그리고 솔로몬과 시바 여왕을 아니마와 아니무스로 대별해서 설명한다. 아니마/무스의 차이에 대해서는 이후에 설명한다).

아니마와 아니무스의 정의

융의 이론이 보여주는 모든 면을 고려해볼 때, 이 장에서 펼쳐지는 주제는 가장 논란이 많다고 봐야 한다. 왜냐하면 젠더 문제를 야기하며, 남녀 사이에는 심리적으로 본질적 차이가 있다는 것을 보여주기 때문이다. 이 주제는 융 시대만 해도 그다지 문제 될 것이 없었지만, 요즘은 벌집을 쑤셔놓은 듯 논란이 일고 있다. 당시의 그는 시대를 앞서 원초 페미니즘protofeminism(현대 여성운동이 본격적으로 일어나기 전 남성 중심적 사고에 도전한 초창기 여성운동을 일컬으며, 현대 여성운동의 기초가 되었다)을 예상하고 옹호한 사람처럼 보이거나, 남녀 차이에 대한 전통적 고정관념을 대변한 것으로 비치기도 한다. 사실 그는 양쪽 견해를 조금씩 모두 담고 있는 것 같다.

융은 후기 저작에서 아니마와 아니무스를 정신의 원형적 인물들로 언급한다. 그래서 아니마와 아니무스는 가족, 사회, 문화, 전통 같은 개인의 의식을 형성하고 구체화하려는 영향력을 넘어서서 본질적으로 존재하는 것이다. 원형은 문화에서 파생되는 것이 아니라, 오히려 (융이론에서는) 문화적 형태가 원형에서 나온 것이다. 따라서 아니마/무스를 이렇게 원형으로 정의하면, 아니마/무스의 가장 깊은 본질은 완전히 정신 밖에 있다는 것을 알게 된다. 즉 이 본질은 개인적인 것을 넘어서 존재하는 비개인적 영의 형태와 힘의 영역 안에 있는 것이다. 아니마와 아니무스는 기본적인 삶의 형태들이고, 다른 영향들과 마찬가지로 개인과 사회를 형성한다. 4장에서 보았듯 원형은 '물 자체(칸트의 Ding an sich)'이며, 그래서 인간의 인식 범위를 넘어서는 것이다. 우리는 단지 원형이 현시되는 것을 주목함으로써 간접적으로만 인식할 수 있다.

중력의 끄는 힘을 근사치로 측정해 그 위치와 크기를 알 수 있는 미지의 별처럼, 엄밀히 말해 아니마/무스는 존재하긴 하지만 직접적으로 관찰될 수 없는 '무엇'에 대해 과학적 가설을 통해 알게 되는 것이다. 그렇지만 융이 주목해서 설명한 대로, 아니마와 아니무스의 현시는 사실 전통적인 남녀가 구현한 기존의 문화적 이미지와 닮았으므로, 다음과 같은 문제가 제기될 수 있다. 즉 융은 시대에 현혹된 나머지 그 당시 문화적 틀에서 벗어나지 못했는가? 다시 말해 '원형'이란 시대상을 반영하는 사회적 구성물인가? 또는 융은 이런 문화적 형식에 새겨져 있으면서도, 이것들을 초월하고 인간의 심리적 특성과 행동의 보편적 형태를 드러내는 심층적 구조를 조사하고 있었나? 이러한 질문에 분명한 답변을 할 정도로 문제가 간단하지는 않으며, 사실 융의 사유는 그를 비판하는 사람들이 보는 것보다 더 복잡하다는 점을 염두에 둘 필요가 있다. 나는 이러한 상황을 염두에 둔 채 그의 사유를 되도록 명확히 제시하도록 하겠다.

우리는 이러한 무의식의 영토로 신중히 들어가 난해한 용어들에 대해 융이 어떤 의도를 갖고 있었는지 점차 파악하게 될 것이다. 이제까지 우리가 조사한 정신의 지도에서 위치하고 있는 지점들은 비교적 분명하고 잘 정리된 것처럼 보이는 반면, 아니마와 아니무스의 영토는 깊고 뒤얽힌 황무지처럼 보일지도 모른다. 아마도 그렇게 보일 것이다. 왜냐하면 여기서 우리는 무의식의 심층, 집단 무의식, 경계가 불분명한 원형적 이미지의 영토로 들어가고 있기 때문이다.

이들 용어와 관련해 젠더 문제에 접근하기 전에, 아니마와 아니무스에 대한 별도의 진술도 가능하다는 점을 지적해야겠다. 한 대상의 본질이 파란색이나 분홍색이라는 색깔로 결정되지 않듯이, 젠더 문제는 아니마/무스에서 본질적이 아닌 부차적인 것이다. 아니마/무스를 이해하는 데 추상적·구조적 방식도 있다. 정신의 이러한 특성을 추상적 구조로 볼 수 있기에, 이 장 전체에서 나는 이러한 구조적 모습을 보여주려고 '아니마/무스anima/us'의 형태로 특수하게 표기하겠다. 이러한 표기는 남녀 모두에게 공통적 정신 구조가 있음을 잘 보여준다. 끝 부분인 '-아(-a)'와 '-우스(-us)'는 이 내적 대상의 젠더적 특성을 의미할 때 사용하겠다. 추상적으로 말해 아니마/무스는 정신의 한 구조를 형성한다. 이 아니마/무스는 (a) 페르소나와 서로 보완적이며, (b) 자아가 정신의 최심층에 위치한 자기self의 이미지와 경험에 연결되게 하는 역할을 한다.

이전 장에서 논했듯이, 페르소나는 자아가 세계를 만나기 위해 채택하는 습관적 태도다. 페르소나는 대외적 성격을 말하며, 물리적, 그리고 (1차적으로) 사회적 현실의 요구에 적극적으로 대응한다. 융이

1921년《심리 유형》에서 정의 내린 용어를 사용할 때 페르소나는 '기능적 역할을 하는 콤플렉스functional complex'에 해당된다. 이것은 몸의 피부처럼 작용해 자아와 외부 사이에 보호 장벽을 제공한다. 아니마/무스는 이 같은 기능 콤플렉스이긴 하지만, 내면세계 적응과 관련된 콤플렉스라는 특징이 있다. "(아니마와 마찬가지로) 아니무스의 타고난 기능은 개인 무의식과 집단 무의식 사이에 존재한다. 페르소나는 자아의식과 외부 세계의 대상들 사이에 일종의 층위를 형성한다. 아니무스와 아니마는 다리 또는 문 같은 기능을 함으로써 집단 무의식의 이미지에 도달하게 한다. 이것은 페르소나가 일종의 다리가 되어 세상을 이어주는 것과 같다."[3] 다시 말해 아니마/무스는 자아가 정신의 심연으로 들어가서 이러한 심연을 경험하게 하는 것이다.

융은 프로이트에 대한 의존에서 자유로워지자 심층심리학에 대한 자신의 견해를 표명할 준비를 하고, 1921년 최신 이론을 정리한《심리 유형》을 출판했다. 이 책에는 새로운 용어들이 많이 등장하는데, 이들 용어는 정신의 본질과 구조에 대한 그의 수정주의적 견해를 정의 내리는 데 사용되었다. (5장에서 지적했듯이) 그는 이 책 결론에서 이러한 용어들을 정의 내리는 데 한 장 전체를 할애할 정도로 분량을 늘릴 필요성을 느꼈다. 여기에서 그는 여러 용어에 대한 정의를 상세히 서술했고, 그래서 이 책은 일종의 분석심리학 교과서로 읽힐 수 있다. 그는 '영혼'과 '영혼 이미지' 항목에서 아니마와 아니무스의 개념을 광범위하게 다루고 있다. 이들 정의는 다소 기계적이고 단순하긴 하지만, 적어도

---

3 이 구절은《기억, 꿈, 회상》의 392쪽에서 인용된 대로, 융의 '영상 세미나(Visions Seminar)'에서 가져온 것이다.

당시 그가 사용하던 방식에서 개념적 범위를 한정하고 용어들을 구체적으로 인식하는 데 도움을 준다.

융은 아니마/무스에 대한 정의에 이르러, "페르소나는 오로지 대상과의 관계에 관여하는"[4] 반면에 아니마/무스는 주체에 대한 자아의 관계에 영향을 미친다고 하면서, 아니마/무스를 페르소나와 대비한다. "'주체'란 무엇보다 그러한 모호하고 희미한 일깨움, 감정, 사상, 감각을 의미한다. 이들은 우리가 대상을 의식적으로 경험해 계속 이해할 수 있는 형태로 흘러 들어오는 것이 아니라 어두운 내면의 심층에서 오는 불안하고 억누르는 형태로, 때론 친화적 형태로 분출된다."[5] 여기서 '주체'란 자아가 아니라 1차적으로 무의식의 세계다. 정신의 주관적인 면, 기반, 내면의 공간이다. 주체는 '내적 대상', 말하자면 이따금 융이 '이마고' 또는 단순히 '이미지'나 '내용'이라고 일컬은 것이다. 적어도 이런 특수한 경우에 '주체'란 말은 무의식을 지시하므로, "외부 대상, 다시 말해 외부를 향한 태도(즉 페르소나)와의 관계가 존재하듯 내면 대상, 즉 내면을 향한 태도와의 관계도 존재한다"[6]고 귀결되는 것은 당연하다.

융은 "이러한 내면을 향한 태도는 극도로 사적이며 접근하기 어렵다는 특성 때문에 즉각적으로 누구나 감지하는 외부를 향한 태도에 비해 식별하기가 매우 어렵다는 것은 이해할 만하다"[7]는 것을 인정한다. 그래서 사람이 다른 사람을 대하는 것은 쉽게 관찰할 수 있지만, 그 사

---

4   융,《전집》6권, 801항.
5   위의 책.
6   위의 책.
7   위의 책, 801항.

람 자신을 어떻게 대하는가를 파악하는 데는 세심한 주의가 요구된다. 내면세계를 향한 우리의 태도는 무엇인가? 그 태도는 (페르소나가 그러하듯) 수용적이며 온화한가, 아니면 가혹하고 지나치게 비판적인가? 관대한 마음씨를 가진 사람들은 자기 자신이 내면 최악의 적(가장 야비한 심판자이고 가장 가혹한 비판가)이지만, 이는 매력적이고 환대하는 페르소나의 배후에 감춰져 있다. 또는 감상적인 자기 탐닉으로 자신의 내적 삶을 대하면서도 타인에게는 극도로 비판적인 사람들도 있다. 사람들이 실제로 자기 자신을 내적으로 어떻게 대하는지 알기 전에 그들이 어떤 사람인지 잘 알고 있어야 한다. 그들은 자신을 진지하게 받아들이는가? 그들은 자신을 어린애 취급 하는가? 그들이 심층적 내면의 자기에 대해 느끼는 방식은 그들의 아니마 또는 아니무스적 태도에 영향을 미친다.

융은 더 나아가 이렇게 말한다. "어떤 이는 자기 내면의 과정에 의해 어지럽혀지는 것을 조금도 허용하지 않으려 한다. 어떤 이는 그 과정에 의해 완전히 좌우되는 것처럼 보이고 (…) 그래서 약간 불쾌한 느낌에도 알 수 없는 질병에 고통을 당하고 있다고 생각하게 되며, 단 한 번의 꿈에도 우울한 예감으로 가득 찬다. (…) 어떤 이는 그 과정을 생리학적으로 여기고, 어떤 이는 이웃의 행동 탓으로 여기며, 또 어떤 이는 종교적 계시로 간주해버린다."[8] 융은 "그래서 내면을 향한 태도는 (…) 외부를 향한 태도만큼이나 기능 콤플렉스와 분명히 상관된다. 정신의 내면 과정을 완전히 간과하는 사람들이 전형적인 내면적 태도를 결여한 것

---

8   위의 책.

은, 외부 대상과 사실적 실체를 지속적으로 간과하는 사람들이 전형적으로 외면적 태도를 결여하는 것과 거의 차이 나지 않는 것 같다"[9]고 결론을 내린다.

이상은 1921년 《심리 유형》에서 제시된 대로 아니마/무스에 대한 융의 구조적 정의를 요약한 내용이다. 아니마/무스는 무의식의 내면세계(상상, 주관적 인상, 관념, 기분, 감정)와의 관계에 관여하는 태도의 일종이다. 지금까지는 아니마/무스 구조의 내용이나 젠더에 대해 전혀 언급하지 않았다. 간단히 정의하자면, 아니마는 남성에게 있는 내면적 여성성이고, 아니무스는 여성에게 있는 내면적 남성성이다. 그리고 아니마/무스는 자아와의 관계에서 특별한 목적을 수행하는 기능적 구조를 가진 것으로 간주된다. 정신 구조로서 아니마/무스는 남성과 여성이 갖는 심리적 본성의 심층으로 들어가 적응하게 하는 수단의 역할을 한다. 페르소나가 사회적 세계에 직면해 외부에 적응하는 데 필수적 도움을 주듯이, 아니마/무스는 사람으로 하여금 정신의 내면세계로 나아가 자아가 직면하는 직관적 사고와 감정 및 이미지의 요구와 요건에 적응하도록 한다.

예를 들어 기분이 자주 바뀌는 변덕스런 사람은 '아니마 문제anima problem'를 갖고 있다고 한다. 우리가 한 친구에게 "그는 오늘 아니마 속에 있다"라고 말할 경우, 그의 아니마는 감정을 다스리는 데 도움을 주기보다 자아의식으로 가스처럼 스며드는 기분을 일으켜 이 자아의식과 더불어 미숙하고 분화되지 않은 정서를 수반한다. 이것은 자아 기

---

9 위의 책, 802항.

능과 상충하게 된다. 이 남성의 자아는 아니마의 성격과 동일시되는데, 이러한 성격은 대체로 지나치게 민감하고 무기력한 감정을 드러낸다. 그의 아니마는 그다지 성숙한 상태에 있지 않으며, 이런 압도적 기분에 대처하는 것을 돕기보다는 오히려 더 빠져들게 한다. 이렇게 자주 강렬한 기분에 젖는 사람은 이런 성격의 일부(보통 열등 부분)와 밀접한 관련을 맺고 있다. 물론 그가 극도의 아니마 문제를 가졌던 릴케 같은 시인이라면 이 관계를 창조적으로 사용할 수 있다. 그러나 사소한 경시나 곤혹 또는 모욕도 참지 못하고 극도로 감정적이고 과민한 반응을 보일 수도 있다. 그는 감정적 반응에 대처할 능력이 없으므로 그가 맺는 관계는 주로 갈등으로 끝난다. 아니마는 그에게 도움을 주기보다 오히려 그를 압도해버린다.

이와 마찬가지로 '아니무스 문제animus problem'를 가진 여성은 자신의 무의식에 압도된다. 즉 그녀는 감당할 수 없을 정도의 감정적 생각과 견해에 압도되어버린다. 아니마에 경도된 남성과 별로 다르지 않다. 차이점이라면, 남성이 여성보다 더 지적인 측면을 보여주는 경향이 있다는 것이다. 이렇게 아니무스에 의해 속박되지 않은 자율적 관념과 의견은 장애를 일으키는 감정적 에너지를 수반하므로, 그녀가 세상에 적응하는 데 오히려 방해가 된다. 이러한 관념과 의견 때문에 그녀가 사람들과 맺는 관계는 엉망이 된다. 왜냐하면 그녀 가까이 있는 사람들은 함께 있을 때 이러한 감정적 공격으로부터 자기 보호막을 설치해야 하기 때문이다. 그들은 그녀 앞에서 방어적이고 불편한 감정을 갖는다. 그녀가 아무리 열심히 수용적이고 친밀한 태도를 보여도 관계는 실패한다. 그녀의 자아는 더 친절하고 온화한 태도를 보이려 해도 파괴적 에너지의 침투에서 벗어나지 못하고, 자신이 원하는 친절하고 온화한 사람이 결코 되지 못한다. 대신 그녀는 무례하고 무의식적으로 힘을 휘두르며 통제하려 한다. 이것이 바로 융이 아니무스에 사로잡혔다고 일컫는 것이다. 아니무스는 자아나 바람직하다고 간주되는 페르소나와 일치하지 않으려는 강력한 성격이다. 아니무스는 자아의 '타자other'다.

아니마에 사로잡힌 남성은 상처받는 감정 때문에 위축되는 경향이 있고, 아니무스에 사로잡힌 여성은 공격적인 경향이 있다. 이러한 경향은 젠더의 통상적 구분과 다르지 않으며, 이 구분은 물론 최근의 문화적 발달에 비추어 수정될 수 있다. 하지만 양자의 경우 '사로잡힘'의 내용이 무엇이든 무의식의 내면세계는 제대로 통제되지 않은 상태에 있으며, 감정적이고 비합리적인 욕구는 사람들 사이에서, 그리고 삶 전반에서 정상적 관계를 방해하고 왜곡한다. 아니마/무스에 사로잡히면 무의식 문이 활짝 열리고, 통과하는 데 충분한 에너지를 가진 모든 것이 실제적으로 들어오게 된다. 우리는 일시적인 변덕이나 기분에 밀려 넋을 잃는다. 일시적 자극으로 이뤄지는 통제는 그 힘이 미미하다. 이러한 생각이나 정서를 억제할 것이 전혀 없다. 이것 역시 물론 자아의 문제로서, 미발달된 자아의 징후를 보여주는 것이다. 이러한 자아의 징후는 의식으로 흘러 들어오는 무의식 내용을 방어하고 억제하지는 못하지만, 말이나 물리적 행동으로 옮기기 전에 성찰해서 소화해낼 필요는 있다. 여기에 아니마/무스의 구조가 거의 발달되지 않는 문제도 있다. 이러한 발달 결핍은 미발달된 근육과 같다. 그래서 필요할 때 그 일을 수행하기에는 지나치게 연약하거나 무력하다. 따라서 남성은 전형적으로 자신의 감정을 다스리는 데 도움을 줄 여성을 찾고, 여성은 전형적으로 자신의 영감 어린 생각을 수용하고 함께 일할 수 있는 남성을 찾는다. 이렇게 사람들은 아니마/무스의 관계 게임에 참여한다.

'이상적ideal' 심리 발달(매우 이론적이고 실현 가능성이 희박하더라도)에 대해서 생각해보자. 정신계의 의식과 무의식 두 영역이 균형 있고 조화로운 상호작용을 하는데, 이러한 상호작용은 아니마/무스와 페르소나 사이에서도 일어난다. 이때 자아는 내부나 외부에서 오는 자료에 압도되는 것이 아니라, 오히려 이러한 구조로 촉진되거나 보호된다. 그리고 삶의 에너지인 리비도는 퇴행적이기보다 진전하는 운동 형태로 흘러들어와 삶의 과제와 요구에 적응하게 된다. 이것은 내면 자원에 접근할 수 있고, 외부에 잘 적응하는 건강하고 제구실하는 성격의 면모를 보여준다. 외부 세계를 향한 태도는 균형이 잡혀 있으며, 내면세계를 향한 태도와 보완적 관계에 있다. 이런 경우 둘 다 어긋나거나 부적절하게 나아가지 않는다. 페르소나는 삶의 요구에 적응할 수 있고 주변의 사회적·자연적 환경과 안정된 관계를 유지할 수 있다. 내적으로는 에너지와 창조적 영감의 원천에 대한 안정되고 꾸준한 접근이 이뤄진다. 이렇게 외부와 내면에 대한 적응은 삶의 요구에 적합해진다.

왜 현실적 삶은 이와 같지 않은가? 실제로 많은 사람들은 삶에서 때때로 이러한 조화롭고 균형 잡힌 경험을 한다. 일과 사랑이 제대로 풀리는 시기는 분명히 있다. 그러나 이런 시기는 갈등으로 점철된 정황 가운데 짧게 존재하는 막간의 풍경이라 할 수 있다. 이렇게 될 수밖에 없는 주요한 이유는 우리가 균형 있게 성장하지 않기 때문이다. 현대 문화에서 살아가는 우리는 참된 내면의 성장, (페르소나에 기초한) 집단 문화와 반대되는 '개인 문화'라고 일컫은 내면의 성장에 관심을 기울이지 않는다. 내면으로 말할 것 같으면, 우리 대부분은 매우 원시적인 상태에 머물러 있다. 페르소나가 벗겨져 나가고 아니마/무스가 무의식의 심층을 향해 문을 열어줄 때만, 예를 들어 중년기처럼 자아가 페르소나와 아니마/무스의 갈등으로 찢겨졌을 때에야 비로소 내면의 성장을 위한 시급한 이슈가 제기되고 이것을 심각하게 고려하게 된다. 이것은 마치 신경증이 발생한 듯 보이겠지만, 향후 개성화를 위한 요청, 그리고 개인의 성장 과정에서 내부에 이르는 심층 여행을 위한 준비 과정일 수도 있다.

젠더, 그리고 아니마와 아니무스

젠더 문제를 직접적으로 함축하는 아니마와 아니무스에 대한 논의로 돌아가보자. 이들 용어는 무엇보다 라틴어에서 따온 말이라는 데 주목해야 한다. 당시 유럽의 대부분 지식인들처럼 고전어에 능통했던 융은 정신에 나타나는 인물이나 구조의 이름을 짓는 데 이런 고전적 자료들을 이용했는데, 이는 꽤 자연스럽고 편리한 방법이었다. 아니마는 라틴어로 '영혼 soul', 아니무스는 '영 spirit'을 의미한다(독일어로는 각각 'Seele'와 'Geist'로 표현된다). 한 관점에서 볼 때, 이들 두 라틴 말이 갖는 의미는 사실 크게 차이 나지 않는다. 만일 사람이 죽을 때 '영혼(아니마)'이 몸을 떠나는 것으로 본다면, 그리스어와 라틴어가 제시하듯 '영(아니무스)'이 떠났다고 말하는 것과 같다. 영은 종종 숨 또는 공기로 묘사되고, 영이 몸을 떠날 때 마지막 숨을 거두는 것은 그 사람의 영혼을 거두는 것이다. 그래서 영과 영혼이라는 말은 거의 의미 차이 없이 바꿔 사용될 수 있다. 또한 이들 용어는 사람의 내면세계, 즉 영혼과 영의 세계를 가리킨다. 자신의 아니마와 아니무스에 대해 이렇게 질문할 수 있다. 나는 어떤 종류의 영혼을 가졌는가? 어떤 종류의 영을 가졌는가?

물론 융이 아니마라는 말을 사용할 때 영혼의 종교적 의미와 같은 맥락에서 말하는 것은 아니다. 융은 전통적 종교적 저술가들이 이 말을 사용할 때처럼 인간존재의 불멸성을 의미한다고는 보지 않는다. 그는 이 말을 심리학적 맥락에서 사용하며, 이 말을 사용할 때 남성 성격의 숨겨진 내면이 드러난다고 보았다. 이와 마찬가지로 아니무스라는 말도 형이상학적이며 초월적인 것, 예컨대 성령the Holy Spirit을 언급하는 것이 아니라 오히려 여성 성격의 숨겨진 내면세계를 가리킨다.

이 말들의 접미어는 성별 차이를 함축한다. 아니-마anim-a의 어미는 여성형이고, 아니-무스anim-us의 어미는 남성형이다(이와 유사하게 독일어 Seele와 Geist는 각각 여성형과 남성형이다). 이렇게 한쪽에는 남성을, 다른 쪽에는 여성을 할당함으로써 융은 양성 사이에는 근본적(즉 원형적) 차이가 있다는 이론적 구상을 분명히 하려고 했다. 융은 모든 인간이 동일한 원형을 공유한다고 했지만, 이 경우에 그는 남성이 한쪽을, 여성이 다른 쪽을 별개로 갖는다고 말하고 있다. 이러한 구별을 원치 않았다면, 융은 양성을 나타내는 데 특별한 구분을 두지 않고 동일한 용어를 쉽게 사용했을 것이다. 아니면 '아니미animi' 같은 중성적 용어를 만들어냈을 것이다. 그렇지만 그가 이런 용어를 만들어내지 않았다는 점이 중요하다. 남성은 어떻게, 그리고 왜 여성과 이런 내면의 방식에서 본질적으로 다른가?

융은 양성 모두 남성과 여성의 구성 요소 및 특성을 갖는다고 주장한다. 그는 이 점을 여러 구절에서 남녀 각자 남성과 여성의 유전적 형질을 모두 갖는다는 사실과 연결한다. 남성과 여성의 경험은 정도 차이에 지나지 않는다. 이것을 감안한다면, 그는 아마도 원초 페미니스트다. 융은 인류를 서로 공통점이 거의 없고 차이가 분명한 다른 두 집단으로 나누는 것을 피하는 듯하다. 그의 이론에서 볼 때, 남녀 모두는 남성성과 여성성을 각각 갖는다. 하지만 이러한 특질은 성에 따라 다르게 분할된다. 이 차이는 사회적이거나 문화적인 것이 아니라 원형적이다. 다시 말해 이러한 차이는 사회 정책의 변화로 쉽게 제거될 수 있는 것이 아니다. 이런 점에서 그는 남성과 여성 사이의 본질적·심리적 차이가 거의 없거나 전혀 없다고 하는 현대 여성운동가와의 충돌을 피할 수 없다. 융에 따르면, 남성은 외부에 남성성을 드러내고 내면에서 여성성을 드러내며, 여성은 외부에 여성성을 드러내고 내면에서 남성성을 드러낸다. 여성은 자아와 페르소나에서 관계 지향적이고 수용적이며, 성격의 다른 면에서는 엄하고 예리하다. 남성은 외부에서는 거칠고 공격적이나, 내면에서는 부드럽고 관계 지향적이다. 남자 성인과 여자 성인의 페르소나를 제거하면, 젠더에 대한 지각은 반대로 될 것이다. 여성은 남성보다 더 엄하고 통제적이 되며, 남성은 여성보다 더 양육적이고 관계 지향적이 될 것이다.

각 개인에게는 적용되지 않을지라도, 적어도 통계학적으로는 융의 정의가 확립될 수 있을 것 같다. 만일 사람들이 여론조사원에게 드러낼 정도의 개인적 수준의 인식을 통해 정치가 유도된다면, 경험이 풍부한 정치인의 선거 캠페인은 여성 투표자를 얻기 위해 자비, 감성, 일치와 관용의 마음을 보여줘야 한다는 시각에 초점을 맞출 테고, 남성 투표자의 마음을 얻으려면 논리, 경쟁력, 강인함, 그리고 도덕적 판단력을 보여줘야 된다고 여길 것이다.[10] 하지만 융에 따르면, 남성과 여성의 내면세계(그들의 감추어진 성격, 무의식적 다른 자기)는 위 내용과 정확히 반대된다. 다시 말해 인간존재란 공개된 자리에서나 여론조사가 보여주는 것에 비해 더 복잡하다. 여성들이 내면을 바라볼 때, 그들은 논리, 경쟁력, 강인함, 그리고 도덕적 판단력에 관여하고 (그들에게 밀접히 관여된 것에) 이러한 특질을 드러낸다. 마찬가지로 남성들은 자비, 감성, 일치와 관용의 마음을 보인다. 융이 아니마와 아니무스의 이론으로 해결하려고 한 부분이 바로 인간이 갖는 이러한 복잡성이다.

융은 1921년 아니마와 아니무스에 대한 정의를 내리면서, 자신의 관찰과 경험을 바탕으로 이 개념의 보편적 법칙을 구축하려 했다. 이를 통해 그가 다른 많은 후기 저작들에서 주목하고 강조한 것을 대략 살펴볼 수 있다. "아니마의 특성과 관련해 나의 경험으로 비춰볼 때, 아니마는 대체로 페르소나의 특성과 보완적 관계에 있다. 보통 의식적 태도에는 결여되어 있는 모든 인간의 공통적 특질이 아니마에는 존재한다."[11] 이때는 아직 융이 그림자 개념에 대해 확실히 정리하지 못한 상태였다. 그림자와 아니마/무스의 이러한 구분은 나중에 정리될 것이다. 그림자는 페르소나에 보완적인 많은 내용을 갖지만, 그 내용들은 페르소나 이미지와 양립할 수 없으므로 의식의 정체성에서는 배제된다. 이 구절에서 융은 외부와 내면세계의 대상을 향한 보완적 태도에

10 이러한 견해는 대통령 후보들이 다가오는 선거를 준비하던 무렵인 1996년 9월 9일 〈뉴요커(The New Yorker)〉 34면에 보도되었다.

11 융, 앞의 책, 804항.

대해서라기보다는 역페르소나counter-persona 유형에 대해 숙고하고 있다. 역페르소나 문제는 나중에 그림자에 대한 논의에서 설명될 것이다. "아니마는 보통 의식적 태도가 결여한 공통의 인간적 특질을 모두 갖고 있다. 악몽, 암울한 예감, 내적 두려움으로 괴로움을 당하는 압제자는 전형적으로 나타나는 인물이고 (…) 그의 아니마는 자기 페르소나에 나타나지 않는, 타락한 인간이 갖는 특질을 모두 갖고 있다. 페르소나가 지성적이라면, 아니마는 지나치게 감성적일 것이다."[12] 이러한 특징들은 나중에 그림자의 요소로 설명되지만, 젠더 문제로 귀결되는 것은 바로 다음과 같은 생각 때문이다. "아니마의 보완적 특성은 의심할 나위 없이 나 스스로에게 증명한 대로 성적 특성에도 영향을 미친다. 매우 여성적인 여성은 남성적 영혼을 갖고, 매우 남성적인 남성은 여성적 영혼을 갖는다."[13] 여기서 젠더 간 차이로 나타나는 특성들이 아니마/무스가 갖는 구조의 이미지에 포함되는 것은 이러한 아니마/무스의 구조가 페르소나에 보완적인 것으로 보이기 때문이다. 만일 한 남성의 페르소나가 특정 문화에서 남성성으로 통용되는 특질과 특성을 갖는다면, 그 이미지와 맞지 않는 성격 특성들은 억압되어 결국 보완적인 무의식 구조인 아니마에 모두 집결될 것이다. 이때 아니마는 이 문화에서 전형적 여성성으로 통용되는 특성들을 갖게 된다. 그래서 페르소나에서 매우 남성적인 특성을 보여주는 남성은 이와 동일하게 아니마에서는 여성적이 될 것이다.

---

12 위의 책.
13 위의 책.

그런데 페르소나에서 매우 여성적이지 않은 여성들과 매우 남성적이지 않은 남성들은 어떤가? 매우 여성적이지 않은 여성은 비남성적 아니무스를 갖고, 매우 남성적이지 않은 남성은 비여성적 아니마를 갖는가? 융의 전제를 고려해볼 때, 그는 이렇게 생각하지 않을 수 없었을 것이다. 어떤 사람은 남성적 특성과 여성적 특성의 내적 간극이 그렇게 크지 않을 수 있다. 최근 몇십 년 동안 증가하고 있는 양성적兩性的 방식은 사내다운 남성과 수동적 여성이라는 고전적인 성의 양극적 차이와는 분명히 다르다. 여성들은 이전 세대보다 더 남성적 방식으로 옷을 입거나 행동하고, 많은 남성들의 페르소나 역시 조상이 그랬던 것에 비해 더 여성적인 면을 보인다. 이러한 변화는 아니마와 아니무스의 특성들에 어떤 영향을 미치는가? 남녀 성별에 맞춰 적절한 옷차림과 행동을 하는 데 대한 지배적인 집단 이미지가 변함에 따라, 아니마와 아니무스의 내면 이미지도 마찬가지로 바뀌게 될 것이다. 이러한 법칙에 따르면, 개별적 인간이 지배적 문화에 의식적으로 적응하면서 배제되어 남는 것은 모두 융이 아니마/무스라고 일컫은 구조 주변으로 모이게 된다. 극도로 여성적인 남성의 내면 태도(아니마)는 페르소나가 적응하면서 남은 것이므로 특징상 남성적이게 된다.

내면 태도인 아니마와 아니무스의 본질과 특질을 정의 내리는 문제와 관련해 이러한 젠더의 특질이 실제로 의미하는 것은 무엇인가? 남성성은 활달한, 엄격한, 통찰력 있는, 논리적인, 자기주장이 강한 등의 형용사로 거의 보편적으로 정의 내려지고, 여성성은 수용적인, 부드러운, 베푸는, 양육하는, 관계적인, 감정적인, 공감적인 등 광의적으로 정의 내려진다. 이러한 속성의 범주들은 남성이나 여성의 몸에 구현되는 것과는 별도로 변하지 않은 상태로 남아 있는 것 같다. 논쟁 핵심은 이러한 범주들이 성적 구별과 연관되느냐 하는 것이다. 일부 여성들은 그들의 페르소나에서 여성적이기보다 남성적이고 일부 남성들은 남성적이기보다 여성적이지만, 그들이 생물학적 여성과 남성으로서 갖는 젠더의 차이를 바꾸지는 않는다. 중국의 음양론은 이러한 속성들에 잘 들어맞고 중도적인 용어로 제안되었으며, 이러한 음양은 남성성과 여성성을 대신해 사용될 수 있다. 어느 방법을 취하든 우리는 동일한 특성에 대해 논하고 있는 것이다. 융은 이러한 관점에서 내면 태도가 페르소나에서 배제되어 남겨진 특질을 드러낸다고 말하곤 했다. 만일 한 사람이 페르소나에서 양이라면 아니마/무스 구조에서는 음이 될 것이다. 그러나 내면 태도는 무의식 안에 있으므로 자아의 통제를 덜 받으며, 페르소나가 갖는 정교함보다 떨어지고 미분화된 상태로 남아 있다. 그래서 음 주도적 페르소나를 갖는 개인에게 나타나는 것은 열등의 양inferior Yang이고, 양 주도적 의식이 제어하지 못하는 순간 불현듯 나타나는 것은 열등의 음inferior Yin이다.

그러므로 매우 여성적인 여성은 남성적 영혼을 갖지만, 매우 정교한 남성적 영혼을 갖지는 않는다. 세계와의 관계에서 그녀는 특징적이고 두드러진 여성적 태도를 지니는데, 이러한 태도는 수용적이고, 따뜻하고, 양육하고, 포용하는 것으로 인식되고 설명될 수 있다. 그녀의 내부에는 매우 다른 내면 태도, 즉 엄격하고, 비판적이고, 공격적이고, 군림하는 태도가 존재한다. 이렇게 매우 여성적으로 보이는 여성의 내면 모습은 강철 같은 성격을 드러낸다. 이와 마찬가지로 정력적이고, 정신이 강인하고, 무심하고, 공격적인 유형의 매우 남성적인 남성은 감상적이고, 과민하고, 쉽게 상처받고, 연약한 내면의 성격을 갖는다. 이 사내다운 남성은 자신의 어머니를 사랑하고, 딸을 사랑하며, 키우는 말을 사랑하지만, 이러한 사실을 (심지어 자신에게조차) 인정하기를 삼가고, 사적으로는 때로 양보도 하며 맥주를 마시면서 흐느껴 울지라도 공적으로는 그러한 감정들을 피할 것이다. "이러한 대조는 남성이 모든 일에 전적으로 남성적이지는 않고 어떤 여성적 특성을 갖는다는 사실 때문에 일어난다. 그의 외면 태도가 더 남성적일수록 그의 여성적 특성들은 점점 더 제거된다. 대신에 그 특성들은 무의식으로 나타나게 된다. 이것은 이렇게 정력 넘치는 사람들이 나약함의 특성을 드러내기 쉬운 이유를 설명해준다. 그래서 무의식 태도는 여자다운 연약함과 감수성을 드러낸다. 반대로 내면의 삶에서 오기, 완고함, 남성의 외면 태도와 비교될 수 있는 강력한 고집을 드러내는 사람은 종종 가장 여성적인 여성들이다. 이들 특성은 여성답게 보이는 외면 태도에서 배제되어 그녀의 영혼의 특질이 된 남성적 특성들이다."[14] 융은 여기서 최상으로 발달된 형태의 내면의 남성성과 여성성에 대해서가 아니라, 오히려 일종의 풍자로서 개인 성격의 미발달된 부분을 바탕으로 하는 남성성과 여성성의 열등 형태에 대해 논하고 있다.

아니마/무스 발달

하지만 정신에서 성장할 수 있는 잠재력이 아니마와 아니무스에 있

---

14 위의 책.

다는 것은, 정확히 말하자면 위에서 논한 무의식에서 성장 결여와 열등 부분이 있음을 두고 한 말이다. 페르소나는 집단적 가치와 특성(문화의 어떤 단계에서 남성적·여성적 행동과 태도를 취하는 방식과 관련해 '안에서in' 일어나는 것이 무엇이든)에 기초하므로 개인적 고유성을 갖게 하는 잠재력은 페르소나가 아니라 정신의 다른 영역에 존재한다. 한 사람의 자아의식이 페르소나와 동일시되어 하나가 된다고 느끼는 경우, 집단적 이미지에서 벗어나서 그 사람만이 갖는 고유한 성격의 특질을 형성하고 개성화를 제대로 드러낼 여지는 배제되고 만다. 개별적으로 독특한 존재가 되려는 충동은 적응한다는 구실로, 즉 '꼭 들어맞도록 fit in' 하기 위해 억압된다(또는 완전히 억눌린다). 이러한 개인적 특질이 특정한 경우에 존재하는지는 페르소나를 점검함으로써 결정되지 않는다. 이러한 특질들은 페르소나가 출현할 때 어느 정도 나타나거나 거의 완전히 배제된다. "이것은 경험적으로 거듭 입증된 근본 법칙이다. (…) 개인적 특질과 관련해 [페르소나에서] 이러한 특질들이 있는지 추론될 가능성은 전혀 없다. (…) 한 남성이 페르소나와 동일시될 때, 그의 개인적 특질은 아니마와 연관되리라는 점은 자명하다."[15]

회색 플란넬 옷을 차려입은 이 사람은 매일 아침 기차를 타고 직장에 간다. 그는 집단에서 하는 역할과 거의 동일시되어 이러한 테두리 밖에 존재하는 자기 성격을 전혀 갖고 있지 않다. 이런 경우 그의 고유한 성격은 무의식의 아니마에 나타난다. 즉 그는 인습에 거의 얽매이지 않는 여성들에게 (아마도 은밀히) 매력을 느낄 것이다. 왜냐하면 이런 여

---

15 위의 책.

성들은 그의 아니마 투사를 가졌고, 그의 영혼의 초상을 그려주고, 그의 모험과 대담무쌍함의 정신을 포착해주기 때문이다. 이러한 법칙은 여성들에게도 똑같이 적용된다. 여성들은 자신의 페르소나가 집단적이고 일반적으로 표상될 때, 전통적 의미에서 결코 짝이 될 수 없는 은밀한 내면의 애인(종종 그들에겐 무의식적 존재지만)을 마음에 품는다. 그런 남성이 나타날 때 이 여성은 매혹되어 방종에 빠진다. 정신의 이러한 근본 법칙은 삶의 현실에서 관찰될 수 있고, 헤아릴 수 없이 많은 소설과 오페라와 영화에서 묘사된다. 아니마와 아니무스 투사의 운반자carrier를 실제적으로 조우하면 "빈번히 정신을 잉태하는 상징에 대한 꿈을 꾸게 하는데, 이 상징은 영웅 탄생의 원초적 이미지로 되돌아가는 것이다. 태어날 아이는 현존할지라도 아직 의식화되지 않은 개성화를 의미한다."[16] 전통적인 남성과 이 남성의 비전통적인 아니마를 갖는 여성으로 하여금 정사를 나누게 하는 정신의 진짜 목적은 상징적 아이를 출산하게 하는 것이다. 이러한 상징적 아이의 출산은 그의 성격 안에서 두 대극이 연합한다는 것이고, 이것은 자기self의 상징을 의미한다.

융에 따르면, 바로 이렇게 자아가 아니마나 아니무스와 조우할 때 심리적 성장의 가능성이 많다. 아니마/무스와의 만남은 그림자와의 만남보다 훨씬 더 심층적으로 무의식과 연결된다. 그림자와 만난다는 것은 정신 가운데 경시받고 거절당한 부분, 즉 열등하며 달갑지 않은 특질과 조우하는 것이다. 그림자와 달리 아니마/무스와의 만남은 자아가 달성할 수 있는 가장 깊고 높은(또는 가장 먼) 범위에 이르게 하는 잠재

---

16 위의 책.

력을 가진 정신 수준들과의 만남이다.

그런데 융은 이렇게 얻은 직관을 깊이 탐구하고자 과정을 바꿔 아니마/무스의 본질에 대한 정의를 다시 내리기 시작한다. 그림자는 아니마/무스를 절대악으로 안내하는 경우가 아니면, 보통 페르소나에게 거부된 정신 영역 밖의 범위까지 아니마/무스를 이끌지 않는다. 다른 한편 아니마/무스의 구조는 훨씬 더 광범위하게 다리를 놓아 자기self에 이르도록 할 수 있는 잠재력을 갖는다. 아니마/무스는 단순히 페르소나와의 역逆 관계, 즉 시대의 집단적 태도를 부정적으로 반영하는 것이 될 수 없다. 아니마/무스는 집단 무의식 가운데, 그리고 원형과 원형 이미지의 구조 가운데 깊이 닻을 내리고 있다. 그 뿌리는 그림자보다 더 깊이 심층으로 뻗어 있다. 1921년, 융은 이러한 징후들을 추적해 집단 무의식의 배후지로 막 들어갔다. 그는 장차 밝혀질 것에 대한 힌트를 다음과 같이 알려준다. "환경에 적응하는 데 도구 역할을 하는 페르소나가 환경적 조건에 강하게 영향을 받는 것과 똑같이, 아니마는 무의식과 무의식의 특질에 의해 형성된다."[17] 여기에서 아니마 개념은 크게 부각되지 않지만 매우 중요하다. 단순히 페르소나의 보완물이 되어 페르소나의 속성을 통해 변화되고 채색되는 대신, 아니마는 이제 무의식과 '그 자체의' 특질에 의해 형성된다. 이후에 융은 원형적 이미지로서의 아니마와 아니무스가 정신 스펙트럼의 영적인 끝에서 그 형태를 부여받는다는 착상을 하게 된다(4장을 보라). 즉 아니마/무스는 특정 시대의 집단적 합의가 아니라 원형에 의해 형성된다는 결론에 이른다. 아

---

17 위의 책.

니마와 아니무스는 정신의 영속적 형태가 될 것이다. 다시 말해 정신에 의해 형성되듯 정신을 형성하는 힘이 될 것이다. 이 역동적 힘은 문화 형태를 깨뜨리고, 놀라서 때론 내키지 않아하는 자아에게 자신의 일을 부과할 수 있다.

융은 1925년 결혼에 관한 논문에서 "모든 남성은 자신 안에 영원한 여성 이미지를 지니고 있다. 이러저러한 특정 여성의 이미지가 아닌 종국적 여성성의 이미지를 일컫는다"[18]고 적었다. 이러한 융의 설명은 분석심리학에서 아니마의 표준적 정의가 된다. 여기서 융은 아니마/무스의 원형적 본질을 지적하고, 이러한 아니마/무스의 내면 태도가 페르소나에 보완적이라는 방식은 제쳐둔다. 그는 계속해서 아니마/무스의 태도가 "원초적 기원을 갖는 유전적 요인이다"라고 주장하며, 본질적인 여성적 이미지가 아니라 '남성에게 드러나는 모습으로서의' 여성적 이미지를 제시한다. 이와 마찬가지로 아니무스는 남성적 성격을 드러내는 여성의 내면적 이미지다. 이런 내면적 구조가 생성한 이미지, 사고, 추정은 남성과 여성 사이에 모든 혼란과 당혹을 일으키는 배후가 되는 것이다. 이러한 이미지, 사고, 추정은 현실적으로 존재하는 사람보다 상대편 성이 갖는 '이미지'와 관련되는 수가 많으므로 서로가 오해를 해버린다. 이런 내면 구조들이 현실을 왜곡하지 않았으면 매우 합리적이고 선의를 가졌을 개인들 사이에 오해를 불러일으킨다는 것은 자명하다. 남성과 여성 각자의 무의식에 내장된 남성과 여성의 이미지들은 원초적이며, 역사적·문화적 환경의 영향은 별로 받지 않는다. 이

---

18 융,《전집》17권, 338항.

렇게 큰 변화 없이 영속적으로 안정된 모습을 보여주는 이미지들은 대대로 인간들 각자의 정신에서 그 모습을 반복한다. 소크라테스와 플라톤이 여성에 대해 혼돈을 일으킨 것은 오늘날 남성들을 곤혹스럽게 하는 아니마 이미지와 동일한 것이라고 볼 수 있다. 막달라 마리아의 마음을 채웠던 기대와 열망은 현대와의 문화적·사회적 거리에도 불구하고 현대 여성의 의식에까지 계속 스며들고 있다(플라톤의 저술에 묘사된 소크라테스의 여성은 다양하게 해석될 수 있지만, 일반적으로 여성의 역할은 남성의 덕을 세우고 자녀를 생산하는 데 초점이 맞춰져 있다. 이에 반해 막달라 마리아는 예수와 함께한 인물로 종교적 지도자로서 평가되기는 하지만, 통속적으로는 창녀나 예수의 비밀 애인으로 간주된다). 아니마/무스는 닳아서 열정을 잃어버린 여자를 싱글벙글 웃게 하고, 순진한 여자를 애끓는 환상에 빠지게 하는 위대한 창조자다.

노년의 원숙기에 접어든 1950년, 융은 《아이온》에서 "투사하는 요인은 아니마이거나 아니마가 표상된 무의식이다"[19]라고 적었다. 여기에서 그는 파악하기 어려운 아니마라는 내면의 요인을 다시 정의 내리고자 한다. 융은 투사를 만드는 것은 자아가 아니라 무의식이라고 늘 주장했다. 우리는 자신이 투사한 데 책임이 있는 것이 아니라, 단지 이러한 투사를 의식하지 못하고 그들을 되돌려놓거나 분석하지 못한 데만 책임이 있다. 이러한 투사는 자발적으로 일어나기 때문에, 우리는 현실을 검증함으로써 지각하기보다 오히려 무의식의 이미지와 구조에 기반한 세계와 현실을 보게 된다. 융은 이제 아니마/무스에서 발생한

---

19 융, 《전집》 9권·하, 26항.

투사의 기원을 밝혀냄으로써 이러한 정신적 요인이 갖는 역동적이고 적극적인 본질을 부각한다.

우리는 물론 지속적으로 투사를 하며, 그래서 삶과 타자 및 세계가 축조되는 방식에 대해 우리가 갖는 관점은 이렇게 축조된 환경으로 투사되어 절대적으로 사실이라고 집착하게 되는 무의식 내용으로 구성되어 있다. 여기에서 융이 말하는 것은 아니마/무스는 허상虛像의 세계를 창조한 인도의 여신 마야Maya와 같은 존재이며, 자아는 이렇게 투사에 기반해서 형성된 세계에 주로 거주하게 된다는 것이다. 융은 이러한 사실을 동양 종교에 대한 연구를 통해서가 아니라, 주로 정신과 의사이자 정신분석가로서의 직접 경험을 통해 알게 되었다. 사람들의 시각이 얼마나 왜곡되는지는 놀랄 만한 정도다. 이처럼 우리 모두는 놀랍게도 심각한 오류가 있을 때마저 우리 자신의 견해를 절대적으로 믿는 경향이 있다는 것이다. 일련의 기본 가정들에도 거의 의문을 제기하지 않는다.

아니마/무스와 함께 의식 고양

정신에 근본적인 원형적 구조의 아니마/무스는 정신 체계를 통해 여과되고 자아의식에 의해 인식되는 과정에서 특별한 형태를 취한다. 만일 그림자 이미지가 두려움과 공포를 불러일으킨다면, 아니마/무스 이미지는 보통 흥분을 일으키고 연합하려는 욕망을 갖게 한다. 이러한 아니마/무스 이미지는 끄는 힘이 있다. 지나치게 소심하지 않거나 모험을 두려워하지 않는다면, 우리는 아니마/무스가 있는 곳으로 가고 싶어 하며 그 일부가 되어 합류하기를 원한다. 위대한 웅변가가 마법을 걸면 청중은 카리스마로 채워지는데, 이로써 아니마/무스가 나타나 그들에게 포진하게 된다. 청중은 마냥 믿고 싶어 하고, 각자는 웅변가가 제시하는 분명한 촉구에 맞춰 행동하게 된다. 이에 청중에게 현실에 대한 지각이 일어나며, 아니마/무스가 부과하는 강력한 감정적 명령의 결과로 확신이 일어난다. 따라서 아니마/무스는 변화시키는 능력이 있는 것이다.

하지만 심리 발달의 목적과 의식의 증가에서 본질적 자아의 행위는 변증법적으로 진행되는 과정에서 아니마/무스에 관여하는 것이지, 즉각 행동에 임하라는 요구를 따르는 것은 아니다. 융은 대화와 대립의 과정을 일종의 '논쟁Auseinandersetzung'이라고 했다. 이것은 문자적으로 '무언가를 갈라지게 하는 것'을 의미하는 독일어로, 두 사람이 강하게 대화 또는 협상을 하면서도 둘 중 누구도 그 갈등을 회피하지 않을 때 일어나는 과정을 뜻한다. 그들이 서로 머리를 맞대고 서서 물리적으로 또는 말로 갈등을 드러냄에 따라, 처음엔 두루뭉술하고 명료하지 않던 의견 차이가 차츰 분명해진다. 선이 그어지고 구분되며, 마침내 그 논쟁이 명료해진다. 처음엔 꽤 감정적인 대결 국면으로 시작되었다가 매우 다른 두 성격의 차이를 인정하는 의식적 관계로 바뀐다. 이렇게 합의에 이르면 계약서가 작성되고 계약이 체결된다.

자아와 아니마/무스가 관여하는 것도 이와 다르지 않다. 이런 작업은 의식을 불러오고, 투사가 무엇인지 인식하며, 가장 낭만적이고 면밀히 보호된 허상에 도전하는 것이다. 아니마/무스와 '논쟁'을 한다는 것은 무의식적 환상이 만든 허상의 세계를 분쇄하는 것이며, 우리 자신의 정신세계의 심원함을 가장 완전히 경험하는 것이기도 하다. 이러한 무의식적 추정은 이미 많이 먹었는데도 더 먹으라고 타액을 계속 분비하며, 성적 충족이 이미 이뤄졌는데도 성적 갈망을 계속 일으키게 한다. 즉 우리로 하여금 자극과 반응이 연속되는 쇠사슬에 묶여 감정적으로 팽창된 형태를 끊임없이 반복하도록 추동한다. 지하 감옥과 용, 신화와 동화, 낭만적 과잉과 빈정대는 비난 모두 우리 정신 내면에서 아니마/무스가 직조한 세계다. 우리는 자기기만과 환상을 가장 귀중하다고 여기며 더욱더 집착하면서, 기껏해야 이러한 것을 포기하는 체할지도 모른다. "우리가 의식 영역에서 '아니마와 아니무스'를 발견하는 것은 거의 감지가 안 될 정도로 미미하다. 우리가 정신의 어두운 심연으로 빛을 밝히고 들어가 인간의 운명이라는 낯설고 구불구불한 길을 탐험할 때만, 의식적 삶을 보완하는 이들 두 요인의 무한한 영향력이 점점 분명히 인식된다."[20] 이것은 피할 수 없는 운명이라고 주장한 프로이트에 대한 응답이 된다. 융의 시각에서 아니마/무스는 피할 수 없는 운명이다. 우리의 의식적 의지나 지식을 훨씬 넘어 존재하는 원형적 힘의 이미지에게 안내를 받아 운명에 이르게 된다.

융은 또한 저작 가운데 아니마/무스에 대해 논한 중심 텍스트《아이온》에서, 관계가 우리 정신 내부에 숨겨진 영토를 의식하게 되는 과정에서 중심적 위치를 차지한다고 본다. 그는 "그림자는 (…) 상대 짝과의 관계를 통해서만 현실화되고, 아니마와 아니무스는 이성과 맺는 관계를 통해서만 실현될 수 있는데, 그러한 관계에서만 그들의 투사가 작동

---

20 위의 책, 41항.

하기 때문이라는 것을 강조하고자 한다"[21]고 적고 있다. 이 장 앞부분에서 언급한 대로, 이러한 점에 수정이 필요할 수도 있다. 왜냐하면 현대는 젠더 정체성에 대한 인식에 매우 민감하여 아니마/무스 이미지가 동성끼리도 작용할 수 있기 때문이다. 그럼에도 불구하고 문제의 핵심은 감정적 관계에서 이러한 의식 발달이 이뤄진다는 것이다. 의식이 만개滿開하는 데는 상당한 내적 성찰이 요구되지만 고립된 상태에서 수행되는 것은 아니다. 그러나 경험이 통찰보다 선행되어야 한다. 그림자는 개인적으로 무의식의 관계적 특성을 갖는 사람에게 투사할 때 경험된다. 마찬가지로 아니마/무스는 그러한 특색과 특징을 가진 사람, 즉 아니마/무스에게서 무의식의 반응을 일으킬 수 있는 사람이 한 투사에 포착된다. 이러한 투사가 일어날 때 무의식의 정신이 의식에 포진해 나타나는 것은 다음 세 인물이 서로 밀접히 연관되는 상태라고 융은 주장한다. "남성에게 아니마 인식은 3인조, 즉 남성적 주체, 대극에 위치한 여성적 주체, 그리고 초월적 아니마를 생성하는데, 이 가운데 3분의 1이 초월적 특성을 갖는다. 여성의 경우 이 같은 3인조 관계는 역전되어 여성적 주체, 대극에 위치한 남성적 주체, 그리고 초월적 아니무스를 생성한다."[22] 일반적으로 투사 대상으로서의 투사 운반자와 투사가 융합되면 아니마/무스, 그리고 주체와 대극적 위치에 있는 주체가 하나가 되는데, 이렇게 되려면 상당한 의식적 노력이 필요하다. 하지만 그러면서도 각각은 세 가지 형태의 독립적 지위를 갖는데, (1) 개인적 주체성과 함께하는 의식적 자아, (2) 그/그녀의 의식적 자아 및 개인

---

21 위의 책, 42항.
22 위의 책.

적 주체성과 함께하는 또 다른 인물인 상대 짝, (3) 아니마/무스의 원형적 이미지다. 융은 이 3인조가 여기에 머물지 않고 네 번째 인물을 통해 완성된다고 보았다. 이 네 번째 인물은 남성의 경우 '노현자Wise Old Man'이고, 여성의 경우 '지모地母, Chthonic Mother'(융에게 지모는 지혜로운 여성을 지시하는 원형으로 태모(Great Mother) 등으로도 불린다)가 된다. 아니마/무스와 이러한 지혜의 인물들은 본질적으로 무의식에 속하고 영의 영역에 기원을 두고 있다는 점에서 초월적이다. 반면에 자아와 상대 짝은 이러한 아니마/무스가 의식에 포진하도록 자극하는 감정적 관계에 관여하는 의식적 인물들이다. 우리는 이러한 사위체quaternity(기독교에서 '삼위일체'로 번역해 사용하는 'trinity'의 확장으로 '사위일체'라고 번역하는 것이 관례상 편리할 테지만, 신학적 개념으로 오해할 수 있으며 각각이 갖는 위격의 독립성을 인정한다는 점에서 사위체로 번역한다. 사위체에 대해서는 다음 장에서 상세히 설명된다)의 출현에서 자기self의 누멘적 경험은 관계를 통해서 이뤄진다는 것을 알게 된다. 만일 의식이 이러한 사랑과 매혹 상황에서의 인간적 특성과 원형적 특성의 차이를 충분히 인식한다면, 자기self가 완전한 경험에 이르는 기회를 갖게 될 수도 있다(7장을 보라).

투사 과정에서 일어나는 아니마/무스에 대한 이러한 경험은 심리적 성숙의 여러 단계에서 나타나므로 단순하지 않다. 이러한 경험이 단지 매혹되거나 사랑에 빠지는 문제라면, 아동기 때 부모와 자녀 사이에 일어날 수 있다. 그다음 청소년기에 (전형적으로, 그리고 강렬하게) 다시 일어난다. 운 좋게도 이 경험은 성년기로 접어들어서도 계속 일어나고, 심지어 노년기에 이르기까지 계속된다(괴테는 70대 나이에도 여전히 젊은 여성과 사랑에 빠질 수 있어서 조용히 감사의 기도를 드렸다고 한다). 아니마/

무스는 심리적 삶에서 영원히 활동하며, 이러한 활동이 없으면 우울증에 빠진 상태라는 것을 단적으로 알려준다. 이것은 육체적 성sexuality을 초월해 존재하는 정신의 성이다. 정신의 성은 신체 조직이 성적 경험을 할 정도로 발달하기 전에 시작되고, 강렬한 성행위를 할 수 있는 물리적인 신체 능력이 다한 뒤에도 계속해서 활기차게 활동적일 수 있다. 그럼에도 아니마/무스 경험을 할 수 있는 심리적 능력이 제대로 활동하려면 꽤 높은 의식 수준에 도달해야 한다. 투사된 것과 투사 운반자, 즉 환상과 현실 사이를 구분하는 능력은 실로 흔하지 않다. 그래서 융이 말하는 실현(무의식이 의식에 포진하는 데 관여하는 사위체, 그리고 초월적 특성들에 대한 경험적 실현)은 소수의 개인들만 이룰 수 있는 것이다. 이러한 소수자들은 심리적 분별 능력이 있는 쿤달리니 각성 숙련자들과, 이런 경지와 같은 정도의 수련을 하는 사람들이다. 나머지 사람들에게 아니마/무스는 마야, 허상의 창조자, 혼미자, 사기꾼, 마술사, 신기루처럼 잡히지 않는 영원한 애인이다. 활동 중인 이러한 초월적 인물들을 분간하지 못하고 아니마/무스라는 허상의 게임을 통해 보게 되면, 아니마는 진정으로 파악하기 힘든 '무자비한 미모의 여인이며la belle dame sans merci', 그래서 우리는 냉소와 절망에 빠진다.

성과 관계들

많은 사람들이 아니마/무스를 경험하는 데서 오는 위험을 피하려는 충분한 이유를 갖고 있다. 타고난 방어기제를 통해 자아는 이러한 유혹을 멀리하려 한다. 소년들은 지나치게 강하고 매력적인 소녀들에게서

도망치는데, 소년들 스스로가 직관적으로 그 도전에 직면할 수 없다는 것을 알기 때문이다. 아니마는 관례적 결혼과 경력의 파괴자이므로 성인 남성들은 이를 잘 간파해 때론 소년 같은 행동을 한다. 여성들 역시 황홀한 사랑에 빠지기보다는 포기함으로써 디오니소스적 아니무스의 부름에 저항할 것이다. 분열과 광기의 위험이 도사리고 있기 때문이다. 많은 사람들이 자기 능력을 넘어서는 유혹에서 벗어나 현상을 유지하게 해달라고 기도하는 이유가 없지 않다. 아니마의 힘에 대해 융이 선호한 예는 라이더 해거드Rider Haggard의《그 여자She》라는 통속소설인데, 야생의 아프리카에서 그녀의 명령에는 무조건 따라야 한다는 불멸의 '팜므파탈' 이야기다. 여기서 '복종을 받아야 하는 그녀'는 단순히 영국 드라마 〈럼폴Rumpole〉의 권위적 아내에 대한 재미있는 명칭이 아니다. 이 말은 원래 해거드의 소설에서 나왔다. 그녀는 영원히 살아나고 죽기를 반복하는 여신으로서, 남자들로 하여금 열정의 불길에 휩싸여 마침내 파멸에 이르게 한다. 그러나 융은 감정과 열정의 불길을 견뎌낼 수 있는 사람은 변화될 수도 있다고 본다. 원형, 즉 집단 무의식과 그 힘에 대한 경험은 새로운 의식 상태에 이르는 것으로서, 이를 통해 정신의 실재는 물질세계의 실재가 감지되는 만큼이나 자아에 확신을 불러일으킨다. 한때 초월적이고 마야로서 인식되는 아니마/무스는 세계를 완전히 새롭게 파악하게 하는 다리 역할을 한다. 아니마/무스는 자기self에 이르는 왕도via regia다.

융의 아니마/무스 이론은 부분적으로는 프로이트의 논제인 리비도의 핵심 원천인 성을 융 자신의 방식으로 변형한 것처럼 보인다. 그러나 융은 인간의 성에는 발정으로 긴장을 해소하거나 쾌락을 추구하는 동물을 훨씬 넘어서는 면이 있다고 보았다. 정신에도 매혹하는 요소들이 존재한다. 이러한 요소들이 생물학적 활동과 구별될 때 이미지가 나타난다. 이 이미지는 정신 스펙트럼에서 원형적 끝에 있는 정신적 실체다. 이 이미지는 성적 본능과 깊이 맺어져 있으므로, 이렇게 성적 본능과 이미지가 결합할 때 아니마/무스는 물리적 추동력을 가지게 된다.

원형적 이미지는 인간의 성sexuality을 선도하기는 하지만, 이 이미지가 성적 추동으로 환원되는 것은 아니다. 우리는 어떤 사람들에게 매력을 느낀다. 왜 우리는 이 사람을 영혼의 벗으로 선택하고 저 사람은 선택하지 않는가? 이것은 투사된 이미지를 통해서 제어된다. 전형적으로 "아니무스는 '지성적인 사람들'이나 테너 가수, 예술가, 유명 스포츠 선수 등 온갖 종류의 '영웅들'에게 투사하기를 좋아한다. 아니마는 여성성에서 무의식적이고 어둡고 애매하고 연결성이 떨어지는[융의 원문에는 '뭘 할 줄 모르는'] 것으로 보이는 모든 면과, 또한 허영, 냉담, 무기력에 특별히 경도되어 끌리는 경향이 있다."[23] 왜 그토록 까다로운 여성이 자주, 그리고 쉽게 남성의 관심을 끄는가? 왜 강한 여성은 종종 남성의 관심을 끌지 못하는가? 나약하고 무기력한 여성에 대한 이러한 선호는 아니마의 투사에 근거하는데, 이 아니마는 매우 남성적인 것으로 동일시된 인물의 무의식에서 미분화되고 열등한 상태에 있다고 융은 주장한다. 남성의 관심을 끌려면 "나약하게 보여라!"라는 옛말이 있다. 이 아니마는 무의식적으로 무기력하고, 혼란스럽고, 어둡고, 모호

23 융,《전집》16권, 521항.

한 남성의 미발달된 면이다. 그는 이러한 것에 매력을 느낀다. 마찬가지로 강한 여성은 종종 약한 남성에게 매력을 느껴, 때론 그 감정을 운명적으로 여김으로써 알코올중독이나 불행한 상황에서 그를 구원하는 환상을 갖는다. 다시 말해 그녀는 자신의 잃어버린 부분인 아니무스를 찾는데, 이 아니무스는 열등한 남성으로 투사되어 나타난다. 반면에 나약하고 무기력한 여성의 무의식은 경쟁력 있는 강한 남성의 이미지로 보상받기를 원하며, 그녀는 투사된 영웅적 아니무스를 지닌 사람에게 별 저항 없이 이끌린다.

두 남녀가 만나 남성은 여성에게 나타나는 아니마, 여성은 남성에게 나타나는 아니무스와 얼마 동안 함께 시간을 보내고 나서 전형적으로 보여주는 관계는 아니마-아니무스의 특성 일부를 드러낸다. 친밀한 관계에서 나타나는 이 특성은 정신의 혼합이 이뤄지는 두 사람의 자아뿐만 아니라 무의식의 일부, 중요하게는 아니마와 아니무스다.

아니마와 아니무스는 두 사람 모두에게 줄곧 매력적 요소를 제공하지만, 구애하는 단계가 지나면 이전 모습과는 놀랍도록 다르게 보일 수도 있다. 여기서 그 상황을 설명하는 심리학적 실재론자로서의 융을 엿볼 수 있다. "아니무스와 5분만이라도 대화를 나누면 누구나 그 자신의 아니마의 희생물이 될 수 있다. 이어지는 대화를 객관적으로 들으려는 여유가 있는 사람일지라도 수없이 쏟아지는 흔해 빠진 말, 오용된 진부한 문구, 신문과 소설에 보이는 상투어, 저속한 오용과 부적합한 논리로 산재한 별 볼 일 없는 단조로운 표현 때문에 서로의 관계는 더 진척되지 못할 것이다. 참여자를 개의치 않고 이뤄지는 이러한 대화는 세계 모든 언어에서 몇천만, 몇억 번 반복되고, 언제나 본질적으로 변하는 것은 전혀 없다."[24] 남성적 측면에서 아니마는 민감하고 과민하며 감정적이고, 여성적 측면에서 아니무스는 무례하고 권력 지향적이며 독선적이다. 이것은 예쁘게 보이는 그림이 아닐뿐더러, 노래와 이야기에 등장하는 '신비로운 결합mysterium coniunctionis'을 이룬 낭만과는 크게 대조된다. 한쪽은 아니무스(권력 추동적인 획일화된 견해의 집합)에 사로잡히고, 다른 쪽은 사랑의 욕구에 일방적으로 추동된 기분에 빠진다. 한쪽은 독단적이고 다른 쪽은 내향적이거나 감정적으로 되어 일이 흐트러진다. 이것은 전형적으로 아니마와 아니무스 앙숙끼리의 싸움이다.

이러한 갈등의 감정과 질책, 즉 갈등의 열기와 불꽃이 좀 수그러질 경우 이러한 짝은 이제 중요한 것을 말할 가능성이 있다. 일단 자아가 정상적인 자리로 되돌아오면 어떤 초월적인 일이 일어났음을 깨닫는다. 발설된 것은 매우 개인적인 데 국한되지 않았을 것이다. 그것은 일반적이고 집단적이며, 아마도 원형적이고 보편적인 것이다. 이 짝의 각자에게서 분출된 어두운 재료 덩어리에 숨겨진 지혜의 보물이 있을지도 모른다. 분명한 통찰은 이제 막 지나간 폭풍에서 발생한 것일 수 있다. 감정 수준을 넘어서 나타나 통찰과 공감에 이르도록 한 의식 활동이 이룩한 것이다. 적어도 우리는 우리 자신뿐 아니라 상대방의 심층, 즉 사회화되고 적응된 페르소나 배후에 전형적으로 감춰진 감정의 끝까지 엿볼 수 있게 된다.

아니마적 인물이 융에게 가졌던 의미를 확대하려고 그의 삶을 점검하는 것은 물론 일리 있는 일이겠지만, 이 연구의 범위를 넘어선다. 나

---

24 융,《전집》9권·하, 29항.

는 융의 자서전에서 여러 구절들을 인용했다. 그에 대한 전기들이 출판되고 있으며, 그가 여성들과 깊은 관계를 가졌던 것에 대한 심도 있는 연구들이 진행 중이다. 융은 언젠가 모든 심리학적 이론은 개인적 고백이라고 말한 적이 있다. 이 말은 그림자, 아니마/무스, 자기 같은 정신의 내면적 인물과 성격에 관련된 영역에서는 잘 들어맞는다. 이러한 개념들과 추상적 이론들은 구체적인 심리학적 경험을 바탕으로 나왔으며, 이 가운데 많은 부분은 대인 관계적이지 혼자거나 사적인 데만 국한되는 것은 아니었다. 아니마와 관련해서 보면, 융에게 아니마는 살아 있는 내면의 실재, 즉 일류에 속하는 참된 내면적 인물이었고 투사와 관계를 통해 그에게 깊이 경험된 것이었다. 생애 초기에 그의 보모와 함께 시작해 이후 에마 라우센바흐Emma Rauschenbach와의 낭만적 구애와 결혼, 그리고 토니 볼프Toni Wolff와 깊고 지속적인 관계를 유지한 것에 이르기까지, 아니마는 융의 내면과 외면적 삶에서 지속적인 동반자였다. 그에게 아니마는 운명의 안내자였던 셈이다. 다음 장에서 설명하겠지만, 자기self에 대한 융의 심원한 경험은 남녀의 결합에서 일어났는데, 이때 아니마와 아니무스는 그들의 연합을 안내하는 인물이다.

— 7장 —

정신의 초월적 중심과 전일성
(자기)

　자기self는 융의 전체 기획에서 가장 근본적인 특성을 드러내는 것
이므로, 나는 이 주제에 대한 장으로 이 책 첫 부분을 시작하고 싶었다.
자기는 그의 심리학 이론의 핵심이고, 모든 면에서 심층심리학과 정신
분석학의 다른 연구자들과 그를 가장 잘 구분해준다. 정신분석 이론은
지난 반세기에 걸쳐 융의 이론적 영향 아래 있었다. 그런데 자기의 개
념적 이론화 과정에서 융만큼 멀리 나아간 사람은 거의 없었다. 오늘날
많은 저술가들이 임상 연구와 이론적 진술에서 '자기'라는 말을 사용하
지만, 어느 누구도 융이 이 개념을 통해 포괄하려 했던 범위를 넘어서
지 못한다. 하지만 자기에 대한 융의 이론은 역사적으로 그 개념이 호
도될 수 있다. 자기에 대한 이론은 그가 제시한 이론에서 가장 근본적
인 특징일 뿐만 아니라 중요한 초석이기도 하다. 그러므로 자기라는 개
념이 갖는 범위와 중요성을 제대로 파악하려면 준비가 필요하다.

융에게 자기는 정신 영역에 제한받거나 포함되지 않고 오히려 정신 영역을 넘어가며, 중요하게는 정신 영역을 규정한다는 의미에서 초월 적이다. 자기 초월성의 이러한 점이 바로 융의 이론을 코헛Kohut 등의 자기에 대한 이론가들과 구별한다. 융에게서 자기는 역설적으로 자기 자신oneself이 아니다. 자기는 주관성 이상의 것이며, 그 본질은 주관적 영역을 넘어서 존재한다. 자기는 주체가 세계, 즉 존재 구조와의 공통 성을 갖는 데 필요한 근거를 제공한다. 자기 안에서 주체와 객체, 즉 자 아와 타자가 구조와 에너지라는 공통의 장으로 합류해 들어간다. 이것 이 바로 이 장에서 다뤄야 할 가장 두드러진 요소다.

영어에서 전형적으로 사용되는 '자기self'라는 말로는 융의 이론을 제대로 평가하기가 쉽지 않다. 일상적으로 자기는 자아와 같은 뜻으로 사용된다. 누군가 이기적이라고 말할 때는 자기 본위적이거나 자아도 취적이라는 의미다. 그러나 융의 경우 자기는 이와 상반되는 의미를 갖 는다. 누군가 자기중심적이라고 말하는 것은 자기 본위적이라거나 자 아도취적이라기보다 오히려 폭넓은 전망을 갖는다는 점에서 철학적이 며, 그래서 개인적으로 반사적 반응을 보이거나 균형을 쉽게 잃는 것과 는 다르다. 자아가 자기에 잘 연결되어 있다는 것은 초월적 중심과의 관계에 있음을 의미할 뿐, 근시안적 목표나 단기간 목표 달성에 자기 본위적으로 몰두해 있다는 의미가 아니다. 이렇게 자기와 잘 연결된 사 람은 자아에게서 자유로운 면이 있다. 이런 사람은 자아의식이 전형적 으로 보여주는 실질적, 합리적, 개인적 동기보다 깊고 넓은 실재를 추 구할 수 있다.

융의 자기 경험

융이 자기 이론을 전개한 핵심 텍스트《아이온》을 논의하기 전에, 독자들은 자기가 존재한다고 가정하게 만든 융 자신의 본래적 경험을 염두에 두는 것이 좋다. 나중에 그가 정립한 자기에 대한 이론은 바로 그 자신의 경험에서 비롯되었다.

융은 자기에 대한 첫 주요 경험이 1916~1918년에 일어났다고 진술한다. 삶에서 어려움을 겪던 이 기간에 그는 주요한 발견을 한다. 즉 정신은 근본적 구조에 실지로 근거하고 있으며, 이 구조는 정신적 안정과 정서적 균형을 해체하려고 위협하는 버림과 배반에서 오는 충격을 견뎌낼 수 있다. 이것은 심리학적 통일성과 전일성을 갖춘 심층, 바로 무의식의 발견이었다.

융에게 모든 원형 가운데 개인적인 면을 가장 초월한 자기의 경험은 매우 극적인 면이 있다. 자기 경험은 내적 투쟁과 혼란에서 비롯되어, 정신의 광야에서 길을 잃고 있지 않은지 알고 싶어 하던 그의 삶의 한 시점을 장식했다. 그는 참고해야 할 지도가 없었으므로 서로 엉켜 있는 감정, 관념, 기억, 이미지의 정글을 더듬어 탐색해가야 했다. 그는 자서전에서 이것을 "무의식과 대결"[1]을 한 시기라고 술회했다. 융이 중요한 발견을 한 때는 중년의 위기라는 한 시기에 이미 들어선 상태였다. 41세가 될 무렵은 융이 프로이트와의 결별에 따른 정서적 방향 상실과 직업적 불확실성으로 고통스런 시간을 보낸 지 5년 정도가 된 시기다. 이때가 되어서야 비로소 그는 프로이트와 결별한 충격에서 점차 회복

1　융,《기억, 꿈, 회상》, 170~199쪽.

하고 있었다. 융의 중년기(1913~1916년) 전반부는 내면세계, 아니마, 그리고 무수한 무의식적 이미지와 환상을 발견한 때였다. 융은 이렇게 내면을 탐구하면서 보낸 여러 해 동안 자신의 꿈, 환상, 그 밖의 다른 중요한 경험을 '빨간 책Red Book'이라고 알려진 문헌에서 매우 상세히 조명하고 있다. 그는 무의식에서 그에게 쏟아져 내리는 이미지와 감정을 분류 및 정리하면서, 이들이 어떻게 서로 잘 맞고 의미하는 바가 무엇인지 이해하려고 애썼다. 그는 요가 호흡 같은 훈련을 하면서 정서적 평정을 유지하려고 했다. 그에게 솟아나는 감정이 정신적 평정과 안정을 파괴하려고 위협할 때, 정신의 평형상태를 유지하기 위해 명상, 놀이 치료, 적극 상상, 그림 그리기 등을 이용했다. 그는 스스로 자신의 치료사로서, 무의식에서 쏟아져 나오는 자료material의 홍수 속에서도 안정적인 자아의식을 유지하는 기법(그는 이 기법을 나중에 환자들에게 사용하곤 했다)을 만들어냈다.

그는 계속 자신의 내면 경험을 관찰하고, 듣고, 기록했다. 이렇게 열려 있는 태도는 정신의 연속체에서 원형적 끝과 영의 세계에까지 확대되었다. '아니마 수준'에서 씨름하며 여러 해를 보내고 나서, 그는 정신의 전일성과 질서를 가장 근본적으로 설계하는 설계가인 자기를 드러내는 영토로 들어갔다. 여러 해에 걸쳐 이뤄진 자기에 대한 이러한 발견은 그의 자서전에 자세히 설명되어 있다.

첫째, 우연히 초인종이 울린 일이 있었다. 1916년 어느 일요일 오후에 융이 퀴스나흐트의 지스트라세Seestrasse(지 거리)에 있는 집 거실에 앉아 있을 때, 집안에서 무거운 감정적 분위기를 감지했다. 그의 가족은 신경이 곤두서고 짜증이 난 듯 보였다. 그는 그 이유를 알지 못했지만, 집안 공기는 눈에 보이지 않는 인물들이 집에 출몰한 것 같았다. 갑자기 초인종이 울렸다. 그가 나가보았지만 아무도 없었다. 그렇지만 현관문에 장치된 노커가 움직이는 낌새가 분명히 보였다. 그는 맹세코 그것을 보았다고 한다. 아무도 없는데 저절로! 하녀가 초인종을 누가 울렸는지 물었을 때 융은 문밖에는 아무도 없었으므로 모르겠다고 대답했다. 초인종이 또 울렸다. 이번에는 하녀도 문의 노커가 움직이는 것을 보았다. 그가 환각을 일으킨 상태는 아니었다. 그런 뒤에 융은 다음과 같은 말을 들었다.

사자死者들이 찾고자 한 것을 찾지 못하고 예루살렘에서 되돌아왔다. 그들이 나에게 집으로 들어가 가르침을 달라고 해서, 나는 가르치기 시작했다……[2]

그는 이러한 말을 써 내려가기로 결심했다. 그 말은 다음과 같이 이어졌다.

귀를 기울여라. 나는 무無로 시작한다. 무는 충만함과 같다. 무한에서 충만함은 빔보다 더 나을 것이 없다. 무란 빔과 참이다. 예컨대 무란 희거나 검다, 또는 희지 않거나 검지 않다, 또는 검거나 희다고 말하기보다 다른 무엇으로 표현하는 편이 나을 것이다. 이러한 무 또는 충만을 우리는 플레로마PLEROMA라고 부른다.[3]

---

2   위의 책, 378쪽.
3   위의 책, 379쪽.

그 이후 며칠 동안 융은 받아쓰기를 하듯이 '사자의 일곱 수훈Seven Sermons to the Dead'이라는 영지주의 문헌을 적어 내려갔다. 고대 영지주의 교사인 바실리데스Basilides의 것으로 알려져 전승된 이 가르침은 정신의 원형 영역에서 융에게 온 메시지다.[4]

물론 이런 방문이 있기 전 융은 영지주의에 깊은 관심을 가지고 있었기에 고대 영지주의의 수많은 단편들을 읽었다. 그러므로 그가 거실과 서재에서 겪은 영상 경험visionary experience과 영지주의 사이에 상당한 연결 고리 있었다는 것은 자명하다. 이것은 거대한 종교적 텍스트 형태임에도 고도의 상상력과 창조력을 요구하는 작업이었는데, 앞에 인용된 내용은 융 자신의 정신 심층에서 자발적으로 나온 것이었다. 이것은 영지주의의 다른 주요 문헌에서 발견되는 내용이 아니므로, 융이 단순히 기억해서 인용한 것이 아니다(심지어 무의식적 기억 회복도 이것을 설명하지 못한다). 그가 고의로 영지주의자 같은 스타일로 글을 쓰려고 시도한 것도 아니었다. 이 글은 의도적인 것이 아니었다. 돌이켜보면 쓰는 데 사흘쯤 걸린 이 텍스트에는 그가 앞으로 몇십 년 동안 좀 더 합리적이고 과학적인 용어로 진척해갈 사상의 맹아들이 담겨 있었다.

이것은 융이 몇 년에 걸쳐 무의식과 대결해 얻은 흔하지 않은 정신 경험의 일부다. 여느 세속적 삶과 다르지 않게 융은 삶을 영위하고 전문 직업인의 일을 계속해 나갔다. 이 기간은 1차 세계대전 시기와 거의 일치하며, 이때 스위스는 중립국으로 남아서 유럽과 다른 여러 나라에게서 고립된 상태였다. 여행은 불가능했다. 스위스의 모든 성인 남자와

---

4   이 놀라운 사건에 대한 융의 진술은《기억, 꿈, 회상》189~191쪽에 나온다.

마찬가지로 융은 군에 입대해 군의관으로 복무했고, 스위스의 불어권 지역인 샤토 데Chateau d'Oex에서 포로수용소의 지휘관 역할을 위임받았다. 그 일은 두말할 나위 없이 다소 지루한 행정 업무였다. 그는 일상적으로 매일 아침 시간을 내어 마음 내키는 대로 원을 그렸으며, 이 원들을 통해 자신의 정신 활동을 성찰했다. 이렇게 연습을 하고 나면 기분이 상쾌해져서 하루 일과를 시작할 준비가 되었다. 이런 활동을 통해 집중력을 갖게 되었다고 그는 자서전에서 적고 있다.[5]

이 도안들의 일부는 매우 정교한 그림으로 발전되기도 했다. 융은 나중에 이 그림들을 우주, 즉 수행자의 영적 우주를 표상하는 티베트 불교의 만다라와 비교했다(20년쯤 지나 인도를 여행하면서 융은 이 전통적 이미지를 어떻게 사람들이 집이나 사원 벽에 그려서 우주적·영적 힘과 계속 연결되고 악령과 그 영향에서 벗어나려 했는지 깊은 관심을 갖고 주목했다. 만다라는 보호 기능과 주문 기능 모두를 갖고 있다). 보편적으로 존재하는 원형적 형태는 사물의 질서를 갖게 하는데, 융은 자신이 이러한 형태를 만들어내고 있다고 깨닫게 되었다. 결국 이런 경험을 통해, 만일 자발적으로 전개되는 정신 과정이 자체의 논리적 목적에 따르고 스스로 완전히 표현하도록 허용된다면, 질서와 통일이라는 보편적 이미지를 드러내는 목적이 성취된다는 결론에 도달했다. 만다라는 질서 있는 전일성에 대한 직관을 표현하는 보편 상징이다. 이러한 목적과 형태를 산출하는 정신 안에서 작용하는 원형적 요소를 융은 자기self라고 이름 지었는데, 이는 고도의 숙련 단계에 있는 성격을 가리키는 '아트만atman'을 명시한 인도

---

5 앞의 책, 195~197쪽.

의 우파니샤드를 따른 것이다. 이렇게 도안을 그리고 만다라 그림으로 발전시킨 경험을 통해 융은 자기의 중심적 경험을 유지할 수 있었다. 이러한 자기는 서서히 경험적으로, 자발적으로 의식 안으로 출현한다.

마침내 융은 1928년에 자신이 꾼 꿈을 기록했는데, 그에게 이 꿈은 자기self 실현의 완성을 표상하는 것이었다(비록 휘몰아치는 중년의 위기가 1920년 무렵 끝났을지라도, 그 여파는 52세가 되는 1928년까지 지속되었다). 융은 40대 내내 일종의 심리적 전이 단계 또는 과도기에 살았는데, 처음엔 강렬했고, 심화되다가, 나중에 차츰 약화되었다. 끝판에 그는 자신이 영국 도시 리버풀에 머무는 꿈을 꾸었다. 그는 스위스 친구들과 함께 비가 내리는 밤거리를 걷고 있었는데, 곧 바퀴처럼 둥글게 보이는 교차로에 이르렀다. 여러 갈래의 거리가 중심에서 방사형으로 뻗어 있었고, 이 교차로 중간 지점에는 정사각형 광장이 있었다. 모든 주변 지역은 어두웠지만, 이 광장의 연못 가운데 있는 작은 섬은 밝게 빛나고 있었다. 거기에 나무 한 그루가 있었는데, 불그스름한 꽃들이 만발한 목련이었다. 그의 동료들은 이 아름다운 나무를 못 본 것 같았지만 융은 그 광경에 압도되었다. 그는 나중에 이 꿈을 중심의 비전, 자기, 즉 '생명의 웅덩이(pool of life, 즉 Liverpool)'에 있는 신비한 아름다움의 이미지를 받았다는 의미로 해석했다. 이러한 꿈의 경험에서 "나의 개인 신화를 암시하는 첫 번째 것이 출현했다"[6]고 적고 있다. 이 핵심 구절에서 융은 자기란 개인 신화의 중심이라고 선언한다. 그는 나중에 이것을 본원적 원형(유일자)이라고 보았다. 이 본원적 원형에서 다른 모든 원형

---

6 위의 책, 199쪽.

과 원형적 이미지가 궁극적으로 나온다. 자기self는 융의 심리학적 우주에서 자석처럼 끌어당기는 중심이다. 자기의 출현은 자아의 나침반 침이 항상 북쪽을 향하도록 한다.

자기에 대한 융의 정의

이제 자기에 대한 융 자신의 개인적 경험에 대한 설명에서 이론 문제로 전환하면서, 이 주제의 핵심적 텍스트《아이온》에 대한 논의를 위해 몇 가지 미리 지적할 것이 있다. 자기에 대한 융의 글들은 1925년(융의 50번째 생일) 이후 출판된 책과 논문에 등장하며, 그의《전집》전체에 흩어져 있다. 이들 가운데 자기라는 주제를 가장 집중적으로 다룬 것은 《아이온》이다.《아이온》은 1951년에 출판되었고, 이 책 편집자에 따르면 '자기의 원형에 대한 긴 학술서'다. 이 책의 부제 '자기의 현상학적 탐구Researches into the Phenomenology of the Self'는 동일한 요점을 나타낸다. 이 책의 제목 '아이온'은 고대 종교인 미트라교의 신에서 따온 것으로, 점성 역법과 시간을 다스리는 신의 이름이다. 따라서 이 책 제목은 자아의식을 지배하는, 시공의 연속체를 초월하는 요소가 있다는 것을 알려준다.

《아이온》의 처음 네 장은 융의 심리학을 개략적으로 안내하는 기능을 한다. 이 부분에 자아, 그림자, 아니마/무스, 그리고 처음 등장한 자기 이론을 담고 있다. 여기에서 그는 자기에 대한 많은 상징적 표상을 논의하는데, 1차적으로는 성서적 전통과 이와 연관되는 영지주의와 연금술 같은 '이단들'에 관해서다. '자기의 구조와 역학The Structure and

Dynamics of the Self'이라는 제목의 마지막 장에서는 앞부분에 논의된 내용을 상당히 길게 요약하고, 결론으로 이 책을 마친다. 융은 빈번히 점성술, 영지주의, 연금술, 신학, 여러 전통적인 상징체계를 통해 논의를 펼쳐가므로 따라가기 힘들긴 하지만, 이전의 수많은 사람들이 (우리가 현재 자기라고 부르는) 정신의 초월적 요소를 연구하고 경험했으니까 그들이 상징적 형태로 표현한 진술은 자기의 본성과 에너지를 파악하는 데 유용할 수 있다고 주장한다.

자기에 대한 도입부는 이렇게 시작된다. "자기는 개인적 영역에서 완전히 벗어나 있고, 개인 영역 안에 있다 하더라도 종교적 신화의 기본 주제mythologem로만 나타나며, 그 상징들은 최고 형태에서 최저 형태까지 범위가 넓다. (…) 서로 상반된 특성을 보이는 지적인 면뿐만 아니라 감정의 가치도 동시에 실현하는 난제를 성취하려는 사람은 아니마/무스의 문제와 씨름해 고차원적 연합, 즉 '대극의 일치coniunctio oppositorum'를 성취하기 위한 길을 모색해야 한다. 이것은 전일성을 이루기 위한 필수 불가결의 전제 조건이다."[7] 이 책 이 지점에서 융은 자기와 동등한 의미를 지니는 '전일성wholeness'이란 개념을 소개한다. 실제적으로 말해서 전일성은 의식에서 자기가 실현될 때 일어난다. 사실 자기에 내재하는 양극과 대극은 통합을 해야 새로운 소재를 추가적으로 영원히 생성하기 때문에, 전일성은 완전히 성취될 수 있는 것이 아니다. 그럼에도 규칙적으로 전일성을 실천하는 것은 도道 안에 사는 것인데, 융 식으로 말하자면 자기의 도道다. "비록 '전일성'은 언뜻 보기에

---

7 융,《전집》9권·하, 57~58항.

(아니마와 아니무스 같은) 추상적 관념에 불과한 것 같지만, 그럼에도 이 것은 자발적이거나 자율적 상징의 형태로 정신이 예상하는 한 경험적 이라고 볼 수 있다. 이러한 사위체 또는 만다라 상징들은 들어본 적이 전혀 없는 현대 인간의 꿈에 나타날 뿐 아니라 수많은 민족과 시대에 걸쳐 역사적 기록물 형태로 널리 유포되어 있다."[8]

자기의 상징은《아이온》에서 매우 중요하게 다뤄지고 있다. 이 상징 들은 융이 인지한 대로 도처에 존재하고ubiquitous 자생적이며(즉 고유하 고 자발적이며), 원형 자체에서 나와 원형적인 유사정신 지역을 통과해 정신에게 전달된다. 초월적이며 비심리적인 실체인 자기는 정신계에서 활동해 전일성의 상징을 산출한다. 이 상징들은 종종 사위체나 만다라 이미지(정사각형과 원)로 표현된다. "이들이 '연합과 총체성의 상징으로 서' 중요한 이유는 경험심리학뿐만 아니라 역사에서 풍부한 증거를 보 여주기 때문이다. 처음엔 추상적 관념에 불과한 듯 보이는 것이 실제로 는 존재하고 경험될 수 있는, 즉 선험적 임재presence를 자발적으로 드러 내는 것이다. 그래서 전일성은 우리와는 별도로 독립적으로 주체에 직 면하는 객관적 요인이다."[9]

위에 인용된 구절에 이어서 융은 더 나아가 정신에 내재한 매개 요 인들의 위계질서를 설명한다. 아니마나 아니무스가 "그림자보다 위계 에서 더 높은 자리를 차지하듯, 전일성은 대점syzygy〔對點, 짝을 이뤄 하나 가 되는 것〕인 아니무스와 아니마보다 더 높은 자리와 가치를 갖는다"[10]

---

8   위의 책, 59항.
9   위의 책.
10 위의 책.

고 주장한다. 가장 직접적인 수준에는 그림자가 있고, 아니마/무스(대점)는 그림자 위에 더 우월한 권위와 힘의 위치를 차지한다. 정신 전체의 지배를 주재하는 것은 자기인데, 자기는 궁극적 권위와 최고의 가치를 갖는다. "연합과 총체성은 객관적 가치의 규모에서 최고점에 위치하는데, 여기에서는 연합과 총체성 상징이 '신의 형상imago Dei'과 더는 구별되지 않기 때문이다."[11] 융은 우리 모두가 자신 안에 신의 형상God-image, 곧 자기self의 인印을 지니고 있다고 주장한다. 우리는 원형의 표식인 '티포스typos'를 지닌다. 티포스는 화폐에 새겨져 있는 도장을 의미하며, '아르케arche'는 이러한 화폐를 찍어내는 원본 또는 원판을 의미한다. 인간은 각자 자기라는 원형의 날인을 지니고 있다. 이는 본래적이며 부여받은 것이다.

우리 각자는 인간이라는 이유로 신의 형상의 인을 받았으므로, 우리는 또한 '객관적 가치의 규모에서 최고점에 있는 연합과 총체성'과 접해 있다. 필요한 경우 이러한 직관적 지식은 우리를 돕는다. 즉 "경험에 따르면, 개별적 만다라는 질서의 상징이며, 이 만다라는 원칙상 정신이 방향을 잃었을 때나 다시 방향을 조정하는 동안 환자에게 일어난다."[12] 사람들이 자발적으로 만다라를 그리거나 만다라 꿈을 꾸는 것은 의식에서 심리적 위기가 있음을 치료사에게 암시해준다. 자기 상징의 출현은 정신이 연합될 필요가 있음을 의미한다. 이것은 바로 융 자신의 경험이었다. 그는 가장 방황하던 시기에 자발적으로 만다라를 그리기 시작했다. 정신계가 파편화되는 위험이 있을 때, 자기는 전일성에 대한

---

11 위의 책, 60항.

12 위의 책.

보상적 상징을 산출한다. 이때가 바로 자기의 원형이 연합하려고 관여하는 시점이다.

정신계에서 연합의 상징과 통합적 운동이 출현하는 것은 자기의 원형이 활동한다는 일반적 표시다. 자기가 지향하는 목표는 연합이다. 자기의 임무는 정신계를 결합하고 그 균형을 유지하는 데 있다. 연합은 정적인 것이 아니라 역동적인 것으로서, 다음 장의 개성화에 대한 논의에서 살펴볼 것이다. 정신계는 균형을 유지하고, 서로 관계를 이루며, 통전됨으로써 연합한다. 대체로 정신에 대한 자기의 영향은 의식에 대한 자아의 영향과 아주 흡사하다. 자기와 마찬가지로 자아 역시 중심, 질서, 연합의 기능을 가지며, 그 목표는 콤플렉스와 방어기제가 존재한다는 점을 염두에 두고 되도록 균형과 통합 기능을 수행하는 데 있다. 나는 1장에서 자아가 의식의 중심이며 의지가 위치한 곳이라는 논의를 폈다. 자아는 '나', "나는 있다" 또는 "나는 생각한다" 또는 "나는 의지意志한다I will"라고 말할 수 있는 능력을 갖는다. 또 다른 단계에서 자아는 자기의식적 정신의 실체가 되며, "나는 존재한다"는 물론 "나는 존재한다는 것을 안다"라고 말할 수 있게 된다. 비록 우리가 확신할 수는 없을지라도 자기 역시 존재한다는 것을 안다고 말할 수 있다. 원형은 자기의식을 갖는가? 원형은 자신이 존재한다는 것을 아는가? 융은 자신이 보기에 원형에서 일종의 의식적인 것이 있다는 것을 발견했다. 예를 들어 원형 이미지가 자아에 침투해 점유하면, 이 이미지는 자신만의 소리, 정체성, 관점, 가치를 갖는다. 그런데 원형적 단위 안에 자기의식은 존재하는가? 어떤 신화는 그런 인식이 있음을 강하게 지시해준다. 모세가 불타는 덤불에서 신과 직면했을 때 "당신은 누구십니까?"라고 묻자, 원형적 음성은 "나는 스스로 있는 자다"라고 응답했다. 신학적으로 무슨 의미가 있든, 이것은 원형에 자기 성찰적 의식이 있음을 드러내는 것과 같다.

융은 자아와 자기 사이에 특별한 관계가 존재한다고 믿었다. 아마도 자기는 자기인식의 최고 형태를 가지며, 이것을 자아와 공유한다. 반대로 자아는 정신세계의 더 익숙한 지역에서 이러한 속성을 가장 강하게 드러낸다. 자아와 자기 사이에 이런 친밀한 관계가 존재한다는 사실 때문에 자기는 사실 자아의 이미지, 즉 일종의 초자아 또는 자아의 이상적 형태라고 할 수도 있다. 하지만 융은 유사정신적인 것(정신과 비슷하긴 하지만 엄밀히 말해 정신적인 것만은 아니다)이 있음을 발견했다고 주장했다. 이것은 정신 자체를 넘어서는 영역에 존재하는 것, 즉 이미지와 정신 내용 및 신화적 관념을 통해, 그리고 모세가 불타는 덤불에서 계시를 받거나 시나이 산에서 율법을 받은 경험을 통해 정신 체계에 영향을 미치지만, 자아나 사회적 구성의 산물은 아니다.

자기의 상징

《아이온》 전체는 자기에 대해서 두루 다루고 있지만, 이 주제를 특별히 집중적으로 다룬 곳은 두 개 장이다. 이들 두 개 장에서 첫 번째 부분인 4장은, 곧 논의하겠지만, 자기에 대해 개괄적으로 다루고 있다. 두 번째 부분인 이 책의 마지막 장은 자기에 대한 가장 정교하고 완벽한 해설을 담고 있다. 이 장은 지난 2,000년에 걸쳐 서구 문화의 한 맥을 이어온 영지주의, 점성술, 연금술에서 얻은 상징들에 관여해 논의하고 있다.

이 마지막 장은 자아의식에 기초한 원형으로서의 자기를 언급하면서 논의를 시작한다. 자아의식은 개별적 의지, 자각, 자기주장과 관련된다. 자아의식의 기능은 개인에게 세심한 주의를 기울여서 그 또는 그녀로 하여금 생존하게 하는 것이다. 내가 1장에서 설명했듯이 자아는 이중적 중심, 즉 정신적 외상과 원형(자기) 주위에 조직된 콤플렉스다. 융은 이제 자기에 대해 논하려고 이에 대한 다수의 가능한 이미지 목록을 만든다.[13] 그중 일부는 꿈이나 환상으로 보여주는 이미지들이고, 다른 이미지들은 세계와 관계를 맺고 상호작용을 하면서 나타난다. 원, 정사각형, 별 모양 등의 기하학적 구조는 여기저기, 그리고 자주 나타난다. 이들은 자체에 특별한 관심을 기울이지 않아도 꿈속에 나타날 수 있다. 이를테면 둥근 탁자에 둘러앉아 있는 사람들, 정사각형 공간에 배열된 네 가지 물체, 도시 계획, 집 등이 그 예다. 수, 특히 4와 4의 배수는 사위체 구조를 나타낸다. (융은 숫자 3을 좋아하지 않았다. 그는 3이라는 수가 자기를 부분적으로만 표현한다고 보았다. 3은 "불완전한 사위체이거나 사위체를 향해 가는 디딤돌로 이해되어야 한다."[14] 그는 다른 구절들에서는 3과 삼위체에 대해 긍정적으로 보긴 하지만, 이들은 전일성이 요구하는 구체성과 기초적 근거가 결여되어 있어 이론적으로만 전일성에 가까운 것으로 융은 보았다.)

자기의 다른 이미지는 다이아몬드와 사파이어 같은 보석들인데, 이들은 가치가 높고 희귀한 것이다. 더 나아가 자기가 표상하는 것은 성, 교회, 선박과 컨테이너, 그리고 둥근 테두리에까지 살이 뻗쳐 있는 바

---

13 위의 책, 351~357항.
14 위의 책, 351항.

쿼를 포함한다. 부모, 삼촌, 왕, 여왕, 왕자와 공주 같은 자아의 인격보다 우월한 인물들은 실현 가능성이 있는 자기 표상들이기도 하다. 자기를 상징하는 동물 이미지, 즉 코끼리, 말, 황소, 곰, 물고기, 뱀의 이미지도 있다. 이들은 부족이나 민족을 나타내는 토템 동물들이다. 집단은 자아의 성격보다 더 크다.

자기는 나무와 꽃 같은 유기적 이미지와, 산과 호수 같은 비유기적 이미지로 표상될 수도 있다. 융은 또한 자기의 상징으로 남근을 언급한다. "성을 과소평가하는 곳에서 자기는 남근으로 상징된다. 과소평가는 일상적 억압이나 공개적 평가절하가 일어날 때 존재한다. 어떤 미분화된 인물들에게 성에 대한 순수 생물학적 해석과 가치 평가는 이러한 영향을 끼칠 수도 있다."[15] 융은 프로이트가 성에 대해 지나치게 합리적인 태도를 견지했다고 비판한다. 이런 비판적 시각을 가진 융은 본능에 대해 신비적 태도를 취했다.

자기는 대극을 포함하고 "역설적인, 도덕률 초월론적[초도덕적]인 특성을 지니고 있다. 자기는 남성과 여성이고, 노인과 아이며, 강력하고 무기력하고, 크고 작은 것이다. [융은 자기가 선과 악의 측면을 동시에 가지고 있다는 말도 추가했을 것이다.] 자기가 역설적으로 보이는 것은 대체로 호불호 효과를 낼 수 있는 의식적 태도가 항상적 균형의 변화를 반영하기 때문이다."[16] 다시 말해서 자기가 표상되는 형태는 자기에 대한 그 사람의 의식이 취하는 태도의 영향을 받는다. 의식적 태도가 변하면 자기 상징의 특성도 변한다.

---

15 위의 책, 357항.
16 위의 책, 355항.

융은 자기 이론을 요약하면서, 자신의 생각을 명확히 하려는 뜻에서 자기self에 대한 도형을 그렸다. 《아이온》의 390항과 391항의 도형은 그가 광대한 소재를 간명히 보여주려 한 것이다. 융이 자신의 사상을 도형으로 나타내려 한 것은 다소 예외적인 것이지만, 그는 인간이 파악할 수 있는 한계를 넘어서는 복잡성과 이해 수준에 도달하고 있다. 첫 도형은 자기에서 횡단면적 수준의 시각을 보여준다.

각 수준은 사위체로 형성되어 있고, 이들 각각은 그 수준에서 갖는 복잡성과 전일성을 드러낸다. 네 개 사위체가 갖는 이미지는 총체성과 전일성을 표현하는 것이다. 이들 사위체는 그림이 보여주듯이 물질적 극에서 영적인 극으로 올라가는 순서로 되어 있다.

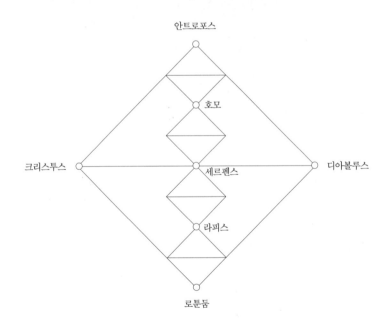

한 지점에서 사위체로 보이는 것이, 다른 각도에서 보면 입체적이며 여섯 개 꼭짓점을 가진 형태인데, 각각의 끝은 서로 연결되어 있다.

이러한 입체적 이중 피라미드 각각은 아래위로 공유점을 한 개씩 갖는다. 이렇게 아래위로 나란히 네 단계로 쌓여 있는 것을 반으로 나누는 크리스투스Christus(그리스도) – 디아볼루스Diabolus(악마) 선이 있다. 이 선 위쪽엔 호모Homo(인간)와 안트로포스Anthropos(이상적 인간) 사위체가 있고, 아래쪽엔 라피스Lapis(돌)와 로툰둠Rotundum(원) 사위체가 자리하고 있다. 호모 자리의 원은 자아의식의 자리를 가리킨다. 바로 호모 자리 위에 안트로포스가 있는데, 이는 영적 수준에서 이상적 전일성을 표현한다. 안트로포스 사위체는 영지적Gnostic 안트로포스 또는 높은 아담the higher Adam으로서 이상적 인물을 상징한다. 융은 지난

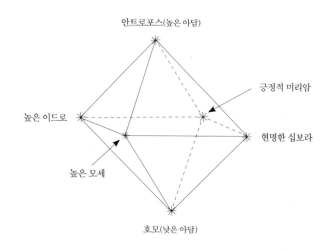

A. 안트로포스 사위체

2,000년으로 구성된 현 역사 시대는 이러한 영적 사위체가 중요하다는 인식과 함께 시작되었다고 진술한다. 인간이란 역사적 인물인 나사렛 예수에 투사된 기독교의 이상적인 영적 이미지에 내재한 영적 존재로 간주되었다. 예수가 그리스도로 변모하게 된 것은 사람들이 이 인물에게 영적으로 높은 (안트로포스) 자기들을 투사한 결과다.

　호모의 원(자아의식) 아래에는 그 위에 있는 안트로포스 사위체의 그림자를 표상하는 사위체가 위치한다. 이 그림자 사위체는 세르펜스Serpens(뱀)의 원에 기초를 두고 있다. 이 '낮은 자기'는 그 위에 있는 '높은 자기'를 반사하기는 하지만, 어렴풋이 한다. 그림자의 인물은 이 사위체의 네 점 각각을 점유한다(예컨대 낮은 이드로는 높은 이드로를 반영한다). 융은 이것을 그림자 사위체라고 부른다. 그림자 사위체는 위에

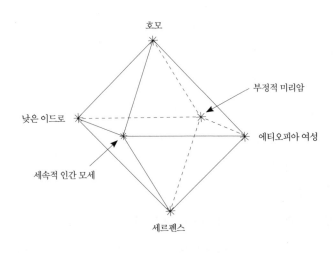

B. 그림자 사위체

있는 안트로포스 사위체의 점들과 각각 대응하며, 안트로포스 사위체에 비해서는 동일한 전일성의 맥락에서 이상화가 낮은 형태다. 이 그림자 사위체 아래로 지금까지 진행된 궤도는 계속된다. 즉 영에서 시작해 본능에 이르고, 다시 아래로 이르러서 물질 자체에 이른다. 뱀의 지점은 그림자의 토대를 가리키며, 이 토대를 물질세계와 연결한다.

그림자는 열등한 인격, 즉 동물의 본능과 식별할 수 없는 최하위 수준이다. 그림자는 우리가 이상적으로 보는 영적 전일성을 우리의 생물학적인 동물적 본성과 연결한다. 이 사위체와 의식상 연결되지 않은 사람은 일상적 삶이나 존재의 생물학적 층위와 거의 관계가 없는 머리 부분에, 즉 지적이고 영적인 이상 영역에 산다. 반면에 그림자 사위체와 동일시되고 이 가운데 사는 사람은 다소 동물적인 존재의 수준, 즉 개인의 생존(양육), 종의 생존(성욕), 영적이고 도덕적인 성장이 부족한 상태에 머무는 수준의 의식으로 한정된다.

뱀은 가장 강하고 가장 뻔뻔한 역설을 보여주는 자기를 상징한다. 한편으로는 인간 본성에서 '뱀 같은snaky' 모든 것, 즉 생존을 위한 냉혈적 본능, 영역 확보, 물리적 기반을 표상한다. 반면에 몸의 지혜와 본능(육체 의식, 직감, 그리고 본능적 지식)을 상징하기도 한다. 뱀은 전통적으로 역설적 상징으로서, 지혜와 악(또는 악을 저지르게 하는 유혹) 둘 다를 가리킨다. 따라서 뱀은 자기 안에 있는 대극이 극도로 긴장을 유지하는 것을 상징한다.

계속 아래로 내려가서 파라다이스 사위체는 유기물 과정의 수준을 향하는 하강을 표상한다. 인간은 동물뿐 아니라 식물과도 이 수준을 공유한다. 이것은 유기적 생명이 탄소 원자와 그 속성이 갖는 성질로 조직되었다는 물리적 사실을 가리킨다. 유기화학은 인간존재의 이러한 수준을 체계적으로 연구하는 과학 분야다. 파라다이스 사위체 아래 라피스 사위체가 있는데, 이는 존재의 절대적인 물리적 토대다. 이 수준에서 화학원소와 소립자는 일종의 결합과 구조를 구축하며, 유기적·정신적·영적 수준에서 생명에 충분한 물리적 평형을 유지할 수 있는 안정된 생물을 생산하는 방식으로 상호작용한다.

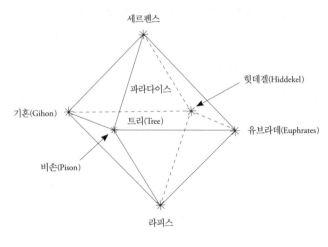

C. 파라다이스 사위체

정신과 유기체를 받쳐주는 이 수준은 비유기적 영역, 분자 수준으로까지 내려간다. 자기의 구조가 로툰둠 수준에 이르면, 원자 수준을 통과하고 아원자 수준을 지나는 순수 에너지 자체에까지 다다랐다는 것이다. 융은 로툰둠을 추상적인 초월적 관념, 즉 에너지의 관념이라고 말한다.

정신 자체는 크리스투스-디아볼루스 선, 즉 뱀 사위체에 남겨진다. 이 선은 정신이 물질로 융합해 들어가는 유사정신의 경계다. 비록 다소 정신적 또는 유사정신적일지라도, 뱀은 자아의식과 개인적 의지에서 매우 멀리 떨어져 있는 에너지를 표상한다. 뱀은 운동과 의식의 한 형태를 보여주지만, 인간의 자아의식에게서는 매우 멀리 있다. 뱀은 자율신경계를 표상한다. 몸에는 지혜가 있지만, 몸의 의식은 자아가 읽고 해석할 수 있을 정도로 약한 의식의 깜빡이 정도에 지나지 않는다. 다른 한편 몸은 어떤 꿈을 꾸게 하는 원인이 되기도 한다. 상징으로서의 뱀의 모호함은 (우리가 높은 안트로포스 수준, 즉 우리의 이상적 수준과 밀접히 연결되어 있어 몸의 본능과 갈등 관계를 형성하므로) 이것을 향한 자아의 양가감정에서 나온다. 또는 의식의 높은 수준들과의 접촉을 잃어 파

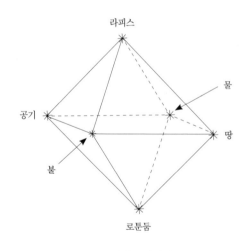

D. 라피스 사위체

괴적일 수 있다는 두려움을 일게 하는 잠재력에서 그 모호함이 오기도
한다. 뱀의 수준은 의식 창조자의 수준에 있는 것이며, 이런 점에서는
정신화psychization 과정을 표상한다.

비유기적 수준으로 관통해 들어가면 현대 물리학이 발견한 순수 에
너지 영역에 이른다. 이것이 계속 진행되어 물질로 더 나아가 마침내
순수 에너지로 전환되는 지점에 도달한다. 그러나 에너지는 형체가 거
의 없다. 사실 에너지는 관념과 추상 및 개념으로서, 그 효과로만 측정
될 뿐 직접적으로 관찰될 수 없는 것을 설명할 때 사용된다. 3장에서
보았듯 정신 에너지는 융에게 생명력, 우리에게 주는 활력, 삶과 그 제
반에 대해 우리가 갖는 관심이다. 우울증 임상 치료에서 정신 에너지가
없어서 고통을 받는 사람이 잘 알듯이, 그것은 깊이 고려해야 할 힘이

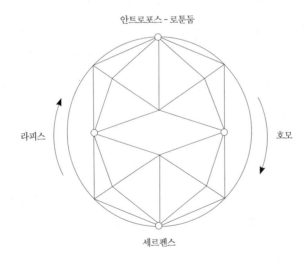

다. 정신 에너지는 산을 옮길 수 있는 힘을 제공하지만, 모호하고 가늠할 수 없기도 하다. 그래서 자아 존재와 몸의 실재의 구체성을 통해 관념과 이상 및 이미지의 가장 높은 수준으로부터 정신의 여러 층들을 하강하여, 우리 물리적 존재의 화학과 분자 성분이 되어 마침내 순수 에너지에 이르고, 다시 누스의 세계, 즉 마음과 영의 세계인 관념 영역으로 되돌아간다. 따라서 사위체들은 최고의 대극, 즉 정신과 물질의 최극단에서 만난다. 융은 이것을 역학적 순환으로 표현하고 있다.

화살표들은 원을 이루어 움직이며, 결국 안트로포스와 로툰둠은 정상에서 다시 하나로 합쳐진다.

정신의 중심적 신비로서의 자기

통일성과 전일성은 융에게 최상의 가치를 지녔으며 자기가 융의 개인 신화를 형성했다는 사실은 그의 저작들을 통해 분명히 알 수 있다. 그러나 이것은 그가 증거를 제기하고 이론을 확립함으로써 근거를 제시하려고 시도한 일종의 신화다. 더 정확히 말해서 자기 이론(정신 밖에서 정신을 다스리고 그 전체를 한정하는 개념)은 원 또는 만다라의 자발적 출현, '보상'이라고 불리는 것에서 정신의 자기 조절 기능, '개성화'라고 불리는 것에서 생애에 걸친 의식의 점진적 발전, 그리고 심리학적 삶에서 일관된 구조를 형성하고 에너지를 발생시키는 수많은 대극의 존재 같은 기본적인 심리학적 현상을 설명하는 데 융이 사용한 수단이었다. 융은 자기self를 신적 개념God-concept으로 변형해 그 스스로 창조한 제단에서 숭배 의식을 치렀다며, 일부 보수적인 신학자들에게서 비판을 받아왔다. 그가 살아 있다면, 자신은 경험과학자로서 단순히 사실들을 관찰해 그 존재와 서로의 관계를 설명하는 것이라고 주장하며 그런 비난에 대응했을 것이다. 자기 개념은 정신의 중심적 신비 가운데 하나에 대한 최상의 설명을 제시했다. 그러한 정신의 중심적 신비들이란 기적적으로 보이는 정신의 창조성, 중심 역학, 질서와 일관성의 심층 구조를 말한다.

대체로 정신계는 수많은 부분으로 구성되어 있다. 사고와 원형 이미지는 스펙트럼의 한쪽 끝에, 충동과 본능의 표상들은 다른 쪽 끝에, 그리고 이들 중간에는 광대한 양의 망각되고 회상된 기억과 모든 콤플렉스가 위치한다. 이러한 전 체계에 질서를 세워주고 체계 모두를 함께 묶어주는 요인은 자기라고 불리는 비가시적 행위자다. 자기는 다른 다양한 요인들 사이의 균형을 유지하고, 그들을 기능 단위unit로 묶어 준다. 자기는 중심이며, 여러 부분들을 통합한다. 그러나 자기는 마치 태양이 행성들의 궤도에 영향을 미치듯 멀리 떨어져 있어도 그렇게 한다. 그 본질은 정신의 경계를 넘어서 있다. 이것은 유사정신이며, 인간 경험과 앎을 초월한 영역으로 확장된다. 이런 의미에서 융은 자기란 무한하다고 말할 것이다. 적어도 우리는 그 가장자리가 어디쯤인지 경험적 증거를 갖고 말할 수는 없다. 융이 자서전에서 적었듯, 그는 이러한 경험적 증거에 도달하고 싶었지만 그것은 분명히 꽤 먼 거리다.

8장

자기의 출현
(개성화)

　이제 융이 그린 영혼의 지도가 갖는 여러 가지 특성이 제대로 마련되었다. 우리 앞에 펼쳐진 전경에서 이 지도를 펼쳐 들고 생애에 걸쳐 이뤄질 심리학적 여행을 할 영토로 들어설 준비가 되었다. 나는 이러한 심리학적 발달 주제를 이미 여러 번 다루었지만, 이제 이러한 이론 전체를 염두에 두고 융의 '개성화 과정individuation process'이라고 일컬어지는 전 범위를 다룰 수 있게 되었다. 우리는 생애 내내 다양한 형태로 성장을 거듭하고, 수많은 변화 단계를 경험한다. 융은 일생에 걸쳐 이뤄지는 전일성에 대한 총체적 경험(심리학적 구조와 의식에서 자기의 출현)을 개념화했는데, 이것을 개성화라고 부른다.

　이 개성화 개념은 부분적으로 수명이 보통 70~80세에 이르는 오늘날 서구인의 생애 동안 이뤄지는 성장 발달 과정을 융이 관찰하면서 터득한 것이다. 사람은 '육체적으로' 갓난아기로 태어나서 몇 년에 걸친 아동기를 거쳐 청소년기와 초기 성인기에 들어선다. 육체적 발달의 절정은 일반적으로 청소년 말기나 초기 성인기에 일어나고, 육체적 성장은 20세 무렵 거의 끝난다. 건강한 몸은 이제 활기에 넘치고 생물학적 재생산을 할 수 있으며, 물리적 세계에 대처하는 데 요구되는 노력과 인내력을 영웅적으로 발휘할 수 있다. 비록 근육 발달이 더 이뤄지고 운동 기술은 연마될 수 있다 하더라도, 육체적 성장은 이 시기에 거의 끝난다. 30대 중반이 지나면 몸 기능의 쇠퇴와 퇴화가 점차적으로 중요한 요인이 된다. 이때 우리는 자신의 몸을 보존하고 보호해야 하며, 고칠 수 없을 정도로 몸이 상하지 않도록 지나치게 부담을 주어서는 안 된다. 중년의 삶과 나이에 접어들면서 일어나는 육체적 변화와 발달은 달갑지 않은 경우가 많으며, 상당한 불안을 야기할 수 있다. 주름, 축 늘어진 아랫배와 가슴, 관절의 쑤심과 통증 등은 모두 나날이 닥쳐올 죽음을 상기시켜준다. 성인기와 중년기는 불가피하게 노년기로 이어지는데, 이 노년기는 오래 지속될 수도 있고 짧게 끝날 수도 있다. 노년기는 보통 70대 때 시작된다. 다음 세기에는 인간 수명이 일반적으로 100세, 심지어 120세에 이를 것이 분명하다. 노년기에는 육체적 쇠퇴가 가속화된다. 물리적 몸은 온 생애에 걸쳐 성장하고, 성숙하고, 노화하며, 쇠약해진다. 육체적 성장과 쇠퇴는 유전적 프로그램의 영향을 깊이 받으며, 융의 정신 이론에서는 원형적 형태와 서로 맞물린다. 삶의 각 단계는 심리학적 태도, 행동, 동기를 정해주는 일련의 원형 이미지의 지탱과 지지를 받는다. 예를 들어 유아는 옹알거리고, 방긋거리고, 젖을 빨고, 애교도 부리면서 자신을 돌보는 어머니의 적절한 태도와 행동에 맞게 역할을 하도록 준비된 세계에 들어간다. 이와 동시에 (만사가 순조로우면) 어머니는 유아를 양육하고 먹이는 역할을 한다. 어머니와 유아 짝은 본원적 인간의 환상과 대인 관계적 상호작용의 원형적 형태를 보여주며, 중요한 생존 가치를 갖는다. 삶의 각 단계에서 본능과 원형이 포진하게 되는데, 이는 행동과 느낌, 그리고 정신 작용의 형태라는 결과를 낳는다.

심리학적 수명

융은 최초로 '심리학적' 수명 이론을 다룬 인물이었다. 심리와 인격 발달의 가장 중요한 특성은 유아기와 초기 아동기에 일어나고 그 뒤에 발생하는 것은 그다지 중요할 게 없다고 주장하는 사람들에 반대한 데서 알 수 있듯이, 융은 발달이란 지속적으로 일어나며 심리 발달의 기회는 중년과 노년기를 포함해 어떤 나이에서도 이뤄질 수 있다고 보았다.

이것은 그가 초기 발달의 중요성을 과소평가한다는 의미가 아니다. 그는 분명히 성격의 유전적 특성과 경향에 깊은 관심을 기울였지만, 성격의 완전한 표현과 표명은 생애에 걸쳐 펼쳐진다고 보았다. 융과 에릭 에릭슨Erik Erikson 같은 이론가들이 설명하듯, 자기는 여러 발달 단계를 통해서 서서히 드러난다.

융에 따르면, 심리 발달은 어느 정도 육체가 발달하는 과정과 다르지 않다. 이 발달 과정은 삶의 전반부와 후반부로 나뉠 수 있다. 그는 짧은 논문이지만 중요한 내용을 담고 있는 〈삶의 단계The Stages of Life〉에서, 아침에 떠올라 정오에 최고조에 올랐다가 오후에 하강해 마침내 저녁에 지는 해의 이미지를 통해 이런 심리 발달의 궤적을 설명한다.[1] 이것은 육체가 성장하는 형태와 거의 비슷하지만, 삶의 후반기에는 육체 발전 과정을 그대로 따르지는 않는다고 융은 덧붙인다. 처음에 유아의 자아가 무의식의 바다에 출현할 때 의식은 여명처럼 솟아나며, 이 의식의 성장과 확장, 그리고 콤플렉스와 힘의 증가는 이 의식을 담고 있는 물리적 몸의 성장 및 발달과 일치한다. 몸이 성장하고 뇌가 성숙하며 학습 능력이 발달하고 확장되면서, 자아의 힘과 능력 역시 발달한다. 첫 번째 단계로 개인의 몸을 주변 환경 대상과 구분하게 되는데, 이는 내면에 있는 무의식의 모체와 구분하는 것에 필적한다. 이런 분별을 통해 세계는 현실적으로 구체화되고, 일방적 투사의 단순한 수용자가 아니게 되는 것이다. 분별이 이뤄지며 관찰이 가능해진다. 사람은 분리된 실체로서 기능할 수 있는 능력을 재빨리 획득한다. 자신과 주변 환경을 자신의 정도에 맞게 통제하고, 어느 정도 영향력을 발휘하고 행동해야 하는지 사회가 요구하는 기준에 맞게 생각의 흐름을 수용할 능력을 갖춘 개인으로 행동한다. 자아는 꽤 자연스럽고 자발적으로 학습함으로써 자신을 둘러싼 문화에서 개인적 생존에 적합하도록 환경을 조작하고 개인에게 필요한 혜택을 만들어낸다. 자아는 페르소나를 발달시킨다. 건강한 아동과 청소년의 자아는 활발한 학습을 통해 자신에게 필요한 세계를 구축해 태어났을 때 환경이 제공한 조건에서 자립적이고 자활적인 능력을 갖추게 된다. 어머니-아기 관계의 단위와 나중에 나타나는 분리와 극복이라는 영웅적 형태 같은 원형 이미지에 기초

---

1   융,《전집》8권, 778항.

를 둔 적응도, 어떤 형태로든 환경과의 관계에서 일어나는 것이다. 결국 모든 것이 순조로울 때 사람은 자기가 태어난 가족에 대한 의존에서 스스로 독립적이게 된다. 그럼으로써 생물학적으로 재생산하고, 자신이 구축한 양육 환경에서 자신의 자녀를 키우며, 현존하는 사회의 성인 세계에서 요구하는 역할을 담당할 수 있다. 내적으로 사람은 자아 구조, 그리고 원형적 잠재력과 유형적 경향에 기반한 페르소나를 형성한다. 삶의 전반부에서 일어날 수 있는 주요한 정신적 성장은 개인적 생장점까지 계속되는 자아와 페르소나의 발달, 문화 적응, 그리고 자녀를 키울 수 있는 성인의 책임 능력을 갖는 것이다.

이러한 발달이 어떻게 성취되고 구체화되느냐 하는 것은 주로 그 사람이 태어난 가족, 사회계층, 특정 문화와 역사적 시기에 달려 있다. 이들 요인은 남성과 여성, 부자와 가난한 자, 동양과 서양 같은 개인 차이에 따라 세세히 다양한 영향과 변화를 초래한다. 이러한 요인들은 역할과 책임을 어떻게 수행할지에 대한 시의 적절성을 결정하기도 한다. 하지만 보편적인 것과 원형적인 것이란 다름 아니라 모든 문화는 청년에게 자아 발전과 적응의 성취를 기대한다는 것이다. 모든 문화에는 이상화된 영웅 이미지가 구축되어 있다. 남자 영웅은 자아 발달을 이루는 사람의 이상적 이미지이므로, 사람은 영웅의 본을 따르고 존경해야 한다. 여자 영웅은 여성을 위한 형태를 제공해주는 이미지다. 어떤 사회에서 자아 발달과 페르소나 발달은 청년기에 이르러 모든 면에서 거의 완성되며, 또 어떤 사회(교육이 끝없이 요구되는 현대사회처럼)에서는 중년기에 임박해도 끝나지 않을 수 있다.

개성화

융은 심리 발달에 대해 논의하고자 개성화라는 말을 사용했다. 그는 개성화란 연합되어 있으면서도 독특한 성격, 개인, 분열되지 않은 통합된 인격이라고 정의 내린다. 개성화는 삶의 전반부에 이상적으로 성취되는 것, 즉 자아와 페르소나의 발달을 넘어서는 것이다. 개성화가 이뤄지면 또 다른 과제가 나타나기 시작한다. 왜냐하면 자아와 페르소나의 이상적 발달은 의식이라는 전체 그림에서 볼 때 처리해야 할 심리적 과제를 제법 남겨놓기 때문이다. 그림자는 통합되지 않았고, 아니마와 아니무스는 무의식으로 남아 있으며, 자기는 이러한 그림의 배후에서 중요한 역할을 한다 하더라도 직접적으로 포착될 일은 거의 없다. 그런데 여기서 이런 질문이 제기된다. 성격에서 의식과 무의식의 결합을 포함한 넓은 의미의 심리적 통일성을 성취할 수 있는가? 개성화의 임무 수행은 실패할 수 있는가? 사람은 분열되고 통합되지 않으며 내면적으로 다중적인 상태로 노년에 이르고, 피상적이라 하더라도 여전히 사회적으로나 집단적으로 성공적인 삶을 영위할 수도 있다. 의식 수준에서 깊은 내면적 통일성deep inner unity은 의심할 바 없이 매우 강한 선천적 충동을 갖췄다 해도 사실 성취하는 경우가 드물다. 여기서 융이 의미하는 개성화의 추동이란 1차적으로 생물학적인 것이 아니라 오히려 심리학적인 것이다. 이러한 추동의 메커니즘은 곧 논의될 것이다.

나는 여기서 융을 다른 심리학 이론가들과 비교하기를 원하는 독자들에게 한 가지 주의할 점을 상기시키고 싶다. 융의 개성화 문제를 다른 심리학적 이론에서 사용되는 개념과 혼동하지 말아야 한다는 것이다. 이것은 융의 자기 개념을 다른 학자들의 것과 비교할 때 야기되는 문제와 다르지 않다. 예를 들어 마거릿 말러Margaret Mahler의 저작을 보면, 그녀는 '분리/개성화separation/individuation' 과정을 지나치게 강조한다. 아이는 두 살만 되어도 "아니요"라고 말할 정도로 어머니에게서 분리된다. 개인의 심리 발달 측면에서 자연스럽게 나타나는 이러한 경향은 자발적으로 일어나며, 자아의 발전을 촉진한다. 이러한 행동은 원형에 기반하고 있고, 어린 초기에 나타나며, 영웅의 원형적 형태에 가까워지려는 경향성과 연관된다. 융에게 이것은 일생에 걸쳐 일어나는 개성화의 한 단면일 뿐 전체를 보여주는 이야기가 아니라는 것은 확실하다. 분리를 향한 이러한 운동의 목적은 의식이 나중에 한 단계 더 나아가도록 심리적 상황을 만드는 것이며, 마침내 개성의 통합과 통일 전반에 이르게 되는 것이다. 말러에게 분리는 그 자체가 목표가 아니라 중간 기착지에 불과하다. 반면 융에게 개성화는 그 자체가 목적이다.

융에 따르면, 개성화가 일어나는 심리학적 과정은 인생 전반기나 후반기와 상관없는 '보상compensation'이다. 의식과 무의식의 관계는 근본적으로 보상적이다. 무의식에서 자아가 성장한다는 것, 즉 본능의 강한 충동으로 자신을 둘러싼 세계에서 분리되어 주변 환경에 더 효율적으로 적응한다는 것은 자아의식과 그 원천인 무의식 모체의 분리를 초래한다. 자아의 경향성은 일면적이며, 지나치게 자립적이다. 우리가 보아온 대로, 영웅의 원형적 형태에 의해 자아는 그런 경향성을 보인다. 이럴 경우 무의식은 이러한 일면적인 면에만 보상을 하기 시작한다. 보상은 주로 꿈으로 나타난다. 보상의 기능은 정신계에서 균형을 맞추는 것이다. 이 보상은 정확히 현재 순간에 맞춰져 있고, 그 시기 선택은 의식이 행하거나 행하지 않은 것, 즉 자아의식의 일면적 태도나 발달에 의해 엄격히 규제된다. 하지만 '시간이 지나면서' 이렇게 수없이 일어나는 일상의 작은 보상은 결국 일정한 형태로 발전되고, 이 양태는 전일성을 향한 나선형적 발달의 토대가 되는데, 이것을 융은 개성화라고 불렀다. 융은 이러한 일이 길게 연속적으로 꾸는 꿈에서 분명히 일어난다고 생각한다. "보상에 대한 이런 명백한 분리 행위들은 스스로를 조절해 계획을 세운다. 이러한 보상 행위들은 서로 협력해 가장 심층적인 의미에서 공통 목적을 향하는 것 같다. (…) 나는 긴 연속적 꿈의 상징으로 스스로를 자발적으로 표현하는 이러한 무의식 과정을 개성화 과정이라고 불렀다."[2] 이러한 동일한 규칙은 심리 발달 일반에도 적용될 수 있다. 무의식은 생애에 걸쳐, 그리고 다양한 방식(혀 내밀기나 건망증 또는 불가사의한 계시 방식, 사고나 재난과 연애 사건 또는 우발적 횡재 형태, 영감적 착상과 재난이 되는 경망한 생각 유발)으로 자아의식을 보상한다. 평생 동안 전개되는 개성화의 원동력은 자기이고, 개인의식의 삶에서 나타나는 기제는 보상이다. 이러한 과정은 삶의 전반기와 후반기 모두에 동일하게 나타난다.

하지만 인생 후반기에는 전반기에 일어나는 것과 다른 종류의 운동이 관여한다. 개성화가 전개되는 이 두 번째 국면에서 두드러진 형태는, 자아가 토대가 된 바탕에서 분리되거나 사회적 환경과의 동일시에서 분리되는 것이 아니라 오히려 성격 전체의 통일이다. 융은 '어머니에게로의 회귀'를 말하곤 했는데, 이는 중년기에 자아 발달이 절정에

---

2 위의 책, 550항.

달했을 때 이전에 추구하던 목적을 똑같이 유지하는 것은 의미가 없음을 은유적으로 표현한다. 사실 이미 성취된 목적의 일부는 이제 궁극적 가치가 있는지 의문시된다. 이로써 그동안 성취한 것을 재평가하고 어디에 그 이상의 의미가 있는지 재평가하게 된다.[3] 삶에는 확고하고 잘 확립된 자아 및 페르소나와 함께 이 세계에 나아가는 것 이상이 존재한다. "겪어봐서 다 안다"는 말은 중년기에 있는 사람의 기분을 제대로 요약한 것이다. 이제 무엇을 하지? 의미는 다른 어딘가에 있고, 정신 에너지는 그 과정을 변경한다. 이제 과제는 자아를 무의식과 통합하는 것인데, 이 통합은 아직 경험하지 않은 삶과 실현되지 않은 잠재력을 포함한다. 삶의 후반기에 일어나는 이러한 발달은 개성화(이미 잠재되어 있었지만 이제 더 심층적으로, 그리고 더 의식적으로 된 것)에 대한 융의 고전적 의미다. 개성화는 모호해 보이는 무의식 내용을 고양하고 이용할 수 있게 하는 상징의 힘을 요구한다. 자아는 스스로의 노력만으로 성격의 이런 큰 통합을 이룰 수 없다. 자아는 도움을 줄 천사가 필요하다.

융은 프로이트와 결별한 뒤로 삶의 전반기 문제에 대해 시간을 많이 할애하지 않았다. 그는 '개성화 과정 연구A Study in the Process of Individuation'[4]에 묘사된 53세 여성 같은 사람들에게 주로 관심을 기울였다. 그의 환자 대부분은 이런 유형의 성인들이었다. 정신질환이 별로 심각하지 않거나, 병원에 입원할 정도는 아니거나, 더는 삶의 초기 단계에 있지 않은 사람들은 융에게 찾아와 내면 발달을 추구하는 데 필요한 지혜와 지도를 구했다. 이것은 그들 중 일부가 신경증 환자나 심

---

3   위의 책, 769항.
4   융,《전집》9권·상, 290~354쪽.

리적 도움이 필요한 사람들이 아니었다는 말이 아니라, 그들이 전형적인 정신병 환자는 아니었다는 말이다. 사실 융은 자아 형성기나 임신 가능한 기간이 지났고 삶의 전반기를 이미 겪은 환자들을 선호했다. 이제 개성화 과정의 두 번째 큰 국면, 즉 자기가 의식에 명백히 출현하는 국면을 추구하는 기회가 중요했다. 융이 이런 복잡한 분석 과정을 통해 환자들을 돕는 방법은 융적 분석이라고 불리게 되었다.

성인기와 노년기의 심리 변화와 발달은 여러 방식에서 인생 전반기의 발달보다 더 감지하기 힘들다. 사람들을 주의 깊게 관찰해야 하고, 심층적 수준에서 그 발달을 간파해야 한다. 간혹 심리 발달이 거의 이뤄지지 않아 관찰할 만한 내용이 없는 경우도 있다. 예를 들어 내가 어린 시절 절친했던 친구의 아버지를 마지막으로 보고 30년 만에 89세가 된 그를 다시 만났을 때, 그 세월 동안 진행된 그의 노화는 뚜렷해 보였다. 그의 삶이 마지막에 가까워졌다는 것은 분명했다. 그렇지만 그의 페르소나와 유머 감각과 성격은 그다지 변하지 않은 것 같았고, 그래서 이전처럼 친숙하고 쉽게 알아볼 수 있었다. 나는 그토록 오랜 세월이 지난 뒤에 그를 다시 만났을 때도 그를 즉각 알아보았다. 내가 알았고 경험했던 그의 성격은 완전히 그대로였고 변한 게 하나도 없었다. 물론 그의 정력은 한창 왕성하던 때보다 못하지만, 여전히 자신이 좋아하는 새 자동차 모델에 대해 활기차게 이야기할 정도로 힘이 넘쳐났다. 몸은 쭈그러들고 쇠약해졌지만, 그는 항상 그랬던 것처럼 변한 것이 거의 없었다.

그에게는 50세 이후 성인기 동안 정신 발달이 있었을까? 그의 태도는 변했나? 나는 그를 얼마나 잘 알았나? 나는 어린 시절 이후로는 그를 알 기회가 없어 단지 그때 가졌던 시각만 간직하고 있었나? 나는 그의 페르소나를 안 것이 전부다. 겉으로 볼 때 모든 면에서 그의 페르소나는 변함이 없었다. 그러나 알다시피 정신에는 페르소나보다 훨씬 더한 무엇이 있다. 그런데 페르소나가 변하지 않는다면, 더 깊은 변화가 가능할까? 이러한 변화는 매우 미묘해서 심층적 해석과 엄밀한 조사가 수반되는 인터뷰 없이는 알 수 없는 것인가? 아마도 내가 아주 오래전에 알던 것과는 완전히 다르게 그의 의식은 극적으로 크게 발전되었을 테지만, 나는 그것을 발견하지 못했다. 융은 심리적 궤도가 노년에 주로 쇠퇴하는 육체적 궤도와 같지 않다고 보았다. 육체적 퇴화를 초월하며, 이런 퇴화와 다른 형태를 보여주는 심리 보상은 있는 것인가?

의식의 다섯 단계

인생 후반기에 일어나는 의식 발달 문제를 이해하기 위해 몇 가지 일반적 척도를 적용할 수 있다. 이에 융은 의식 발달의 다섯 단계[5]를 제시했는데, 이것을 요약하고 부가 설명을 함으로써 우리는 아동기나 성인기에 일어나는 의식 발달을 측정하고 평가할 수 있다.

첫 번째는 '신비로운 참여participation mystique' 단계로서, 이 용어는 융이 프랑스 인류학자 레비-브륄Lévy-Bruhl에게서 차용한 것이다. 신비로운 참여는 개인의 의식이나 주변 세계와 동일시하는 상태에 있다는 인식을 하지 않은 상태를 말한다. 즉 의식과 사람이 동일시하는 대상은

---

5   융, 《전집》 13권, 199~201쪽.

신비스럽게 동일한 것이다. 이것은 한편으론 자신과 자신의 지각의 차이를 인식하지 못하고, 다른 한편으론 자신이 문제시된 대상과 차이가 있다는 인식이 부재한 상태를 말한다. 사람들은 생애 동안 이러한 신비로운 참여 상태를 어느 정도는 유지한다. 예를 들어 많은 사람들이 이런 식으로 자기 차와 동일시한다. 그들은 자기 차에 관련되어 일어나는 모든 종류의 자기감정을 경험한다. 차에 문제가 생겼을 때 차 소유주는 아프다고 느끼고, 감기에 걸리며, 소화가 안 된다. 우리는 무의식적으로 우리를 둘러싼 세계와 연합되어 있다. 이것이 바로 융이 말한 신비로운 참여다.

적어도 삶이 시작될 때 사람들 대부분은 동일시, 내사introjection, 그리고 투사를 바탕으로 한 신비로운 참여를 통해 가족과 연결된다. 이런 용어들은 내면과 외부의 내용을 설명해준다. 문자적으로 말해서 유아는 처음엔 자신이 어디에서 끝나고 어머니가 어디에서 시작되는지를 분간하지 못한다. 유아의 세계는 잘 통일되어 있다. 이런 의미에서 의식의 첫 단계는 의식이 이를 수 있는 최종 단계, 즉 각 부분들이 궁극적으로 하나의 전체로 통일되어야 한다는 것을 예상한다. 하지만 처음 단계에서 보여주는 것은 무의식적 전체인 반면에, 마지막 단계에서 보여주는 전체 인식은 의식적이다.

의식의 두 번째 단계에서 일어나는 투사는 특정 부분에 더 치우치게 된다. 첫 번째 단계에서는 무작정 되는대로 투사를 하지만, 좀 지나면 유아가 자기/타자 구분을 어느 정도 의식하기 시작한다. 유아는 자신의 육체적 존재가 외부 물체와 충돌한 장소를 의식하고, 물체들에 부딪힐까 주의하고, 자기와 타자의 차이, 그리고 자기 주변 세계에 있는 대상들과의 차이를 인식하게 된다. 자기와 타자, 그리고 내면과 외면 사이의 이러한 분화는 서서히 확대되고 선명해진다. 주체/객체 분화가 제대로 일어나며 자기와 타자가 구별되고 차이가 분명해지면, 투사와 신비로운 참여에 변화가 생긴다. 이것은 투사가 극복되었다는 뜻이 아니라, 세계 전체에 초점을 맞추기보다는 국부적으로 소수 대상에 초점을 맞춘다는 의미다. 세계의 일부 대상들은 투사된 것을 운반하고 리비도가 부여한 것을 수령하기 때문에 다른 대상들보다 더 중히 여겨지며 관심을 끈다. 어머니, 좋아하는 장난감, 눈에 잘 띄는 움직이는 물체, 애완동물, 아버지, 친근한 사람들은 다른 대상들에 비해 특별하고 두드러지며 확실히 분간된다. 그래서 의식 발달이 진행됨에 따라 분화가 일어나고, 투사는 특별한 형상에 고착된다. 투사는 미지의 대상을 향해 일어나므로, 세계는 전 생애에 걸쳐 투사를 계속하도록 많은 기회를 제공해준다.

부모는 초기에 일어나는 투사의 주요 운반자이며, 자녀들은 무의식적으로 부모가 전지전능하다는 투사를 한다. 융은 이것을 원형 투사라고 부른다. 부모는 신적 속성이라는 능력을 가진 신이 된다. "아빠 무슨 일이든 하실 수 있어요! 아빠 세계에서 제일 힘이 센 분이에요!" "엄마는 모든 걸 다 아시고, 기적을 일으키실 수 있어요. 엄마는 저를 무조건적으로 사랑해주세요!" 10대가 되면 자기 부모가 모든 것을 다 아는 것은 아니며 결코 신적이지 않다는 사실을 알고는 충격을 받고, 그 후 얼마 동안 부모는 아는 것이 전혀 없다(일종의 투사)고 간주해버린다. 우리는 형제자매에게도 투사를 한다. 이러한 투사는 형제 사이에 뿌리내린 경쟁 관계, 그리고 가족에게 끊임없이 일어나는 일종의 경쟁적이고 때

론 적의를 일으키는 역학 때문에 일어난다. 교사들이나 학교 교육 자체
도 많은 투사를 받는 대상이다. 사실 우리 주변 환경에 있는 무수한 형
상들은 의식의 두 번째 단계에서 투사의 운반자가 된다. 이러한 투사를
통해 사람들과 사회제도는 우리 의식을 형성하고 발전시키는 데 지대
한 역할을 함으로써 우리 의식에 그들의 지식과 지론을 채우게 되는데,
이로써 우리는 자신의 개인적 경험을 점차 집단적 의견과 시각 및 가치
로 대체한다. 이것은 아동기와 유년기에 일어나는 문화 변용과 적응의
과정이다.

사랑에 빠지고 결혼을 하는 것은 전형적으로 아니마와 아니무스를
통해 이뤄지는 막대한 투사에 기인하며, 사랑에 이르게 하는 투사는
바로 임신과 양육의 투사에 이르게 되는데, 자녀가 어릴 때 부모를 신
적인 존재로 투사하듯, 이러한 임신과 양육의 기간 동안 자녀라는 존
재는 부모가 자녀를 신적인 존재로 보는 신성한 자녀 투사의 운반자
가 된다. 첫 번째 단계와 마찬가지로 두 번째 단계는 예외 없이 누구에
게나 일어나는 단계다. 매혹되고, 모험과 로맨스의 감정에 휩싸이고,
확고한 신념으로 모든 것을 감수할 수 있는 한 우리는 투사를 통해 세
계의 구체적 대상으로 나아간다. 많은 사람의 경우 의식 발달은 여기
서 멈추고 더 나아가지 못한다. 이런 사람들은 계속해서 정신의 긍정
적·부정적 특성들을 자기 주변 세계에 막대히 투사를 하다 보니, 마치
정신 이미지와 힘이 외부 대상들과 사람들 가운데 있는 것처럼 반응
한다.

의식 발달이 계속 진행된다면(인지 발달의 새 국면이 구체성에서 비교적
자유로워지는 추상 수준에 도달할 능력을 갖출 때 시작될 수 있다), 특별한 투

사 운반자들과 그들이 운반하는 투사가 같지 않다는 것을 의식하게 된다. 투사 운반자는 투사와 확실히 구분되고, 그 결과로 투사는 탈이상화된다. 이 단계에서 세계는 순진한 마법 상태에 있지 않다고 인식되기 시작한다. 투사된 정신 내용들은 추상적으로 되고, 이들은 이제 상징과 이데올로기 형태로 나타난다. 전지전능이란 관념은 이제 인간에게 부여되지 않고, 이러한 특질들은 신이나 운명 또는 진실 같은 추상적 실체로 투사가 전이된다. 그래서 철학과 신학 같은 추상적 활동이 가능해진다. 이렇게 지향된 최고 가치가 한때 부모나 교사에게 전가되었던 누멘적(성스러운) 힘을 떠맡는다. 율법이나 계시 또는 가르침이 원형적 투사의 권한을 부여받고, 구체적 일상 세계는 비교적 투사에서 자유로워져 중립 상태로서 상호작용할 수 있다. 이러한 의식 단계에 이르면, 악한 원수나 세력에 대한 두려움에서 어느 정도 벗어날 수 있게 된다. 신이 통치하므로 우리는 원수의 보복을 두려워할 필요가 없다. 세계는 자연법칙을 따르고 인간세계를 좋아하지 않을 망령과 악마에게서 자유롭기 때문에, 사람은 세계를 합리적으로 조작하고 통제할 수 있다고 보게 된다. 사람은 타자와 관련하여 오는 고통을 직접적으로 느끼지는 않는다.

이러한 지점에 자기/대상의 이분법이 이를 경우 세계의 피조물이 겪는 고통과 자연 세계에 일어나는 파괴에 대해 자발적 공감의 정도는 상당히 줄어든다. 많은 사람에게 이러한 반응은 의식의 향상이 아니라 하락으로 보일 수도 있다. 초기 발달 단계에 나타나는 정서적 공감 반응은 주로 투사를 바탕으로 하며 대상에게 일어난 일에 대한 객관적 평가와 거의 무관하다는 점을 인식할 필요가 있다. 투사가 세계의 구체적 대상에서 제거될 때, 예지를 갖춘 정치 지도자와 카리스마적 이념론자는 투사에 의한 관념과 가치 및 이데올로기 형태의 추상을 만들어낸다. 이렇게 투사된 추상들은 지각에 있어 최상의 가치와 최고선을 지시하는 개념들로 채워진다. 이러한 가치를 바탕으로 사람은 일단의 책임과 '의무oughts'를 발전시킨다. 이러한 책임과 의무는 의식 수준이 떨어지는 사람들이 세계와 더불어 누리는 자연적이고 자발적인 정서적 관계를 대체한다. 단순히 신비로운 참여나 투사에 기초한 무의식적 공감 대신에 사람은 의무를 지시할 수행 규칙을 갖는다. 예를 들어 사람은 느낌에서가 아니라 의무에서, 즉 자연 세계의 파괴로 아프기 때문이 아니라 쓰레기를 선별하고 연료 소비를 줄이는 것이 도덕적 정언명령이기 때문에 생태학적으로 바른 일을 한다.

의식의 세 번째 단계(나는 내 친구의 아버지가 이 단계에 이르렀다고 믿는데, 그는 전통적 의미에서 종교적인 사람이었다)에서 무의식적 재료의 투사는 여전히 존재한다. 그러나 이 단계의 투사는 인물이나 사물보다는 원리와 상징 및 가르침에 몰입한다. 물론 이러한 투사는 여전히 거의 구체적인 의미에서 '현실적real'인 것으로 간주된다. 신은 진짜 어딘가에 존재하고, 남신 또는 여신은 독특한 성격을 갖는다는 등. 실제로 존재하는 신이 사후에 처벌하거나 보상한다고 믿는 한 이것은 의식의 세 번째 단계에 해당된다. 이 단계에서 투사는 인간 부모에게서 더 추상적이고 신화적인 인물로 이동한 데 지나지 않는다.

네 번째 단계에서 투사는 급격히 소멸하는데, 신학적이고 이념적인 추상 형태에서조차 이런 소멸이 일어난다. 이 같은 소멸은 '텅 빈 중심empty center'의 창조로 귀결되는데, 이것을 융은 근대성이라고 본다.

이것은 '영혼을 찾아 나선 현대인'[6]이다. 영혼에 대한 의식, 즉 삶의 큰 의미와 목적, 불멸, 신적 기원, '내면의 신'에 대한 의식은 실리와 실용 가치로 대체되었다. "작동됩니까?"라는 말이 주요한 질문이 되었다. 인간이 스스로를 거대한 사회경제적 기계의 톱니바퀴로 보면서 의미를 향한 기대는 매우 축소되었다. 사람은 쾌락의 순간과 적당한 정도의 욕망 충족으로 만족한다. 그렇지 않으면 우울해진다! 신은 이제 하늘에 거하지 않고, 악마는 심리적 징후와 뇌의 화학적 불균형에 불과한 것으로 변환된다. 세계는 투사된 심리적 내용을 박탈당한다. 더는 영웅도, 악당도 없이 인간은 현실적으로 된다. 원리는 단지 상대적으로 유효하며, 가치란 문화적 규범과 기대에서 나오는 것으로 간주된다. 문화적인 모든 것은 제조되며 고유한 의미가 없는 것처럼 보인다. 자연과 역사는 우연의 산물이고, 비인격적 힘의 임의적 장난에 지나지 않는다. 여기서 우리는 현대 인간의 태도와 정서적 음조, 즉 세속적, 무신론적, 아마도 가벼운 인간주의적 음조에 이른다. 현대인의 가치는 유보, 조건, '아마도', '확신할 수 없다' 등으로 가려져 있는 것 같다. 현대의 위치는 상대주의적이다.

의식의 네 번째 단계에서, 정신의 투사는 완전히 사라지는 '것처럼 보인다'. 하지만 융은 이것이 의심할 바 없이 잘못된 가정이라고 지적한다. 실제로 자아 자체는 타인, 대상, 추상 관념에 이미 투사된 내용을 부여받는다. 그러다보니 현대인의 자아는 급격히 팽창하고, 드러나지 않으면서 모든 것을 할 수 있다는 전능한 신의 위치를 차지한다. 율법

---

6 '현대인의 영혼 탐구(Modern Man in Search of a Soul)'는 1933년 출판된 유명한 책의 제목이었다.

또는 가르침보다 자아는 이제 좋든 싫든 이 투사의 수령자가 된다. 자아는 옳음과 그름, 진실과 오류, 아름다움과 추함의 유일한 조정자가 된다. 자아를 능가하는 자아 밖의 어떠한 권위도 없다. 의미는 자아가 창출해야 하지 다른 어디에서 발견되는 것이 아니다. 신은 이제 '저기 밖에' 있지 않고, 바로 내가 신이다! 현대인은 합리적이고 토대가 튼튼한 듯 보이지만, 실제로는 미친 상태에 있다. 그러나 이것은 감춰져, 즉 자기 자신에게서 숨겨져 있다.

융은 이 네 번째 단계에서 팽창된 자아는 환경에 잘 적응할 수 없고 파국적 과오를 초래하는 판단을 할 수 있으므로 매우 위험한 사태에 이른다고 생각했다. 이것은 개인적이고 심지어 문화적인 의미에서 진일보한 것이지만, 과대망상을 일으킬 수 있기 때문에 위험하다. 무엇이든 가능하다! 만일 내가 하기를 원하고 해낼 수 있다고 마음속에 그릴 수 있다면, 전혀 문제 될 것이 없다. 자아는 그림자의 유혹적인 설득에 전혀 면역력이 없으므로, 그림자의 권력욕과 세계를 완전히 통제하려는 갈망에 쉽게 빠져든다. 이것은 니체의 초인으로 표현되었고, 이러한 오만은 20세기의 다양한 사회적·정치적 파국에 반영되어 있다. 도스토 옙스키의 《죄와 벌》에서, 우리는 주인공 라스콜니코프를 통해 단지 노파를 죽이는 느낌이 어떤지 알고 싶어 하는 인간을 보게 된다. 네 번째 단계에 있는 사람은 사람이나 가치와 관련된 사회적 관례의 통제를 더는 받지 않는다. 결과적으로 자아는 행동에 거의 제약을 받지 않는다고 간주할 수도 있다. 이것은 모든 현대인이 반사회적이라는 의미는 아니지만, 그렇게 발전될 가능성의 문은 활짝 열려 있다. 최악의 경우 가장 합리적으로 보이는 사람들, 이를테면 정책과 도덕성에 대한 모든 질문에 대답을 산정해낼 수 있다고 생각하는 '가장 우수하고 영리한 사람들'일 수도 있다.

융은 농담조로 말하길, 우리는 길거리에서 모든 단계에 있는 사람들을 만난다고 한다. 즉 네안데르탈인, 중세인, 현대인, 의식 발달에서 생각할 수 있는 모든 단계에 있는 사람들이다. 20세기에 산다고 해서 의식 발달에 대한 근대성의 지위를 저절로 부여받는 것은 아니다. 모든 사람이 단계 4에 근접하는 것은 아니다. 사실 많은 사람들은 이 단계에서 요구되는 수준을 견뎌내지 못한다. 어떤 사람들은 그것을 악하다고 본다. 이 세계에 존재하는 다양한 근본주의는 단계 4의 침해 효과, 그 절망, 그것이 만들어내는 공허가 불러오는 두려움 때문에 단계 2와 3에 집착한다. 그러나 투사가 이 정도까지 제거되고 개인들이 자기 운명에 책임을 진다면, 이는 진짜 심리학적 성취다. 그런데 이것이 주는 함정은 정신이 자아의 그림자에 감춰진다는 것이다.

의식 발달에서 첫 부분인 이러한 네 단계들은 자아 발달, 그리고 인생 전반부와 관련되어 있다. 자기비판적이고 성찰적인 자아 수준에 도달한 사람은 과대망상적 자아 팽창에 빠지지 않은 단계 4의 특성을 갖는다. 이런 사람은 의식 발달을 매우 잘 수행하고 융의 평가에 맞게 적응한 것이다. 그러나 융은 인생 후반부에서 일어나는 발전이 다섯 번째 단계와 연관된다고 보았다. 이는 탈근대적 단계로서 의식과 무의식의 재통합과 관련된다. 이 단계에서 자아의 한계가 의식적으로 인식되고, 무의식의 능력이 감지되며, 융이 초월적 기능과 통합하는 상징이라고 부른 것을 통해 의식과 무의식의 연합 형태가 가능해진다. 정신은 통합되지만, 단계 1과 달리 각 부분들은 미분화되고 의식에 포함된 상태로 남는다. 단계 4와는 달리 자아가 원형과는 동일시되지 않는다. 즉 원형 이미지는 '타자'로 남고 자아 그림자 안에 감추어지지 않는다. 원형 이미지는 형이상학적 공간 어딘가 '저 밖에' 있는 단계 3에서와 달리, 이제 구체적으로 '저 안에' 있고 외부의 그 무엇에도 투사되지 않는다.

'탈근대'라는 표현은 융이 아니라 내 것이다. 융의 의식의 다섯 번째 단계는 예술이나 문학 비평에서 사용된 의미에서의 '탈근대'가 아니라, '근대'를 초월하고 대체하는 단계라는 뜻이다. 의식의 다섯 번째 단계는 모든 것을 간파해서 보며 정신의 실재를 의심하는 근대적 자아를 넘어가는 것이다. 근대적 관점은 '단지 그뿐nothing but'의 태도다. 이러한 관점에서 투사는 제거되고 단지 다수의 교묘한 속임수일 뿐 아무것도 의미하지 않는다. 탈근대적 태도에 따르면, 투사에 정신의 실재가 있지만 구체적이고 물질적인 의미에서는 아니라는 것이다. 만일 우리가 숲에서 꽤 시끄러운 소리를 듣는다면 어쨌든 숲 저 바깥에 무엇인가 있을 것이다. 우리 생각이 아니라 실재하는 무엇인가가 있을 것이다. 우리는 그것을 관찰할 수 있는가? 우리는 그것을 직관할 수 있는가? 우리는 그것을 마음속에 그려낼 수 있는가? 정신 그 자체는 철저한 검토와 성찰의 대상이 되는가? 관찰을 통해서 어떻게 그것을 포착할 수 있는가? 우리가 포착하면 어떻게 그것을 관련시킬 수 있는가? 이들은 탈근대성이 제기하는 논제와 질문들이다. 그래서 융이 《심리 유형》에서 타당한 인식론(융이 부른 대로 '비판심리학')의 공식을 만들려고 한 것은 정신의 실체 자체에 접근하기 위한 토대를 놓으려는 노력이었다. 적극 상상과 꿈의 해석에 대한 그의 기법은 정신과 직접적으로 상호작용하고 의식적 관계를 형성하는 것이다. 이런 식으로 그는 도구들을 연마해 탈근대적이고 의식적인 방식으로 삶에 관련시켰다. 그리고 신화와 신학에서 원시인들과 전통적인 사람들이 찾고, 유아와 어린이가 부모나 장난감 또는 게임에 투사하고, 심한 정신이상과 정신병을 앓는 환자들이 환각과 영상vision 상태에서 보는 것과 동일한 내용에 대해 존중하는 태도를 취했다. 그 내용들은 우리 모두에게 공통적인 것이며, 가장 심층적이고 원시적인 정신의 층, 즉 집단 무의식을 구성한다. 원형 이미지에 접근하고 이 이미지에 의식적이고 창조적으로 연관되는 것은 개성화의 중심부이며, 이것은 의식의 다섯 번째 단계가 수행하는 과제를 구성한다. 의식의 이 단계는 개성화 과정에서 또 다른 운동의 단계를 형성한다. 자아와 무의식은 상징을 통해 결합된다.

비록 여러 곳에서 융이 단계 5를 넘어 더 나아가려고 숙고했다는 지적을 하고는 있지만, 공식적으로 그는 이 단계에서 멈추고 더 나아가지 않았다. 여섯 번째, 심지어 일곱 번째 단계까지 나아갔다고 고려될 수 있는 제안들이 그의 저작들에 나타나 있다. 예를 들어 1932년 개설한 쿤달리니 요가 세미나[7]에서, 융은 서양을 훨씬 능가하는 동양의 의식 상태 달성을 분명히 인식하고 있다. 그는 서구인들이 가까운 미래에 유사한 의식 상태에 이를 수 있다는 전망에 의문을 던지지만, 그래도 그는 그렇게 할 수 있으리라는 이론적 가능성을 부여하고 심지어 그런 단계가 갖는 특징들의 일부를 묘사하고 있다. 쿤달리니에 드러난 의식 유형은 잠재적인 단계 7이라고 볼 수 있다. 좀 더 뒷받침하자면, 서구에서 더 쉽게 접근할 수 있으며 단계 5와 이렇게 추정되는 단계 7 사이

---

7 융,《쿤달리니 요가의 심리학(The Psychology of Kundalini Yoga)》.

의 한 지점을 차지할 수 있는 의식 유형이 있다. 나중에 자신의 삶을 통해 동시성 맥락에서 원형 구조와 기능을 탐구했을 때, 융은 이렇게 분명한 내면 구조는 비정신적 세계의 존재 구조와 상응한다고 제시했다. 이 주제는 9장에서 더 상세히 다뤄지지만, 의식의 가능한 여섯 번째 단계가 정신과 세계 사이의 더 광범위한 생태학적 관계를 고려할 수 있는 단계라는 것은 지금 분명히 말할 수 있다. 물질주의적 태도에 근본적으로 조건 지어진 서구인에게 이 사실은 발달 가능한 선택의 여지가 있다는 것을 보여준다. 그럴 경우 단계 6은 정신과 물질세계의 통일성을 인식하는 의식 상태로 보일 수 있다. 하지만 융은 그러한 영토를 조심스럽게 탐험했다. 왜냐하면 그가 서구 심리학에서 스스로 지적으로 충분한 자격이 없다고 여긴 물리학, 우주론, 형이상학 영역으로 분명히 이동하고 있었기 때문이다. 그럼에도 그의 생각은 점차 이 방향으로 나아갔고, 우리는 그가 용기를 갖고 자신의 직관을 따랐음을 인정해야 한다. 융은 함께 책[8]을 펴내기도 한 볼프강 파울리Wolfgang Pauli 같은 현대 물리학자와 대화를 하면서, 정신과 물리적 세계의 상관관계와 대응 관계의 문제를 해결하려고 시도했다.

융은 앞서 언급된 의식 발달의 다섯 단계를 논문 〈머큐리의 영The Spirit Mercurius〉(머큐리는 로마의 신으로, 그리스의 헤르메스 신에 해당된다)[9]의 두 단락에서 간단히 언급하고 있다. 나는 여기에 그의 다른 저술에 있는 몇 가지 자료를 이용해 이 개념의 의미를 확대했다. 개성화 주제는

---

8 1952년에 출간된《자연의 해석과 정신(Naturerklärung und Psyhe)》(Studien aus dem C. G. Jung-Institut Zürich, 4)을 말한다.

9 융,《전집》13권, 248~249항.

1910년 이후에 나온 그의 저술 전반에 걸쳐 등장한다. 정신 구조와 역동성에 대한 연구를 계속하면서 이 주제에 대한 그의 관심은 더욱 깊어졌다. 그가 86세 나이로 사망하기 약 3년 전인 1958년에 출판된 말년의 논문 〈양심에 대한 한 심리학적 관점A Psychological View of Conscience〉[10]에도 그의 마음은 여전히 이 주제에 머물러 있다. 그가 저술한 거의 모든 글에 개성화 주제가 연관되어 있다. 하지만 이 주제에 관한 두 고전적 텍스트가 있는데, 이들은 이 장 나머지 부분에서 다뤄질 것이다. 두 텍스트는 〈의식, 무의식, 개성화Conscious, Unconscious, and Individuation〉[11]와, 〈개성화 과정에 대한 한 연구A Study in the Process of Individuation〉[12]다.

융은 〈의식, 무의식, 개성화〉에서 그가 의미하는 개성화가 무엇인지 간략히 요약하고 있다. 개성화는 사람이 심리학적 개인, 말하자면 개개의 나뉘지 않은 의식의 통일성, 다른 것과 확연히 구별되는 전체가 되는 과정이라는 것이다. 즉 개성화는 자아의식의 통합 과정으로, 그리고 의식과 무의식의 전체 정신계에 이르는 것이라고 설명할 수 있는데, 이것은 융이 전일성이라고 최종적으로 부르고 싶어 했던 것이다. 전일성은 개성화 과정의 목적을 설명하는 핵심 용어이고, 자기 원형의 심리학적 삶 안의 표현이다.

무의식에 이르는 길은 1차적으로 감정과 정서적 반응을 통하는 것이라고 융은 지적한다. 활동적 콤플렉스는 정서적 반응으로 자아를 혼란에 빠뜨림으로써 스스로를 드러낸다. 이것이 무의식에서 오는 보상

---

10 융,《전집》10권, 437~455쪽.
11 융,《전집》9권·상, 275~289쪽.
12 위의 책, 290~354쪽.

이며, 성장 잠재력을 제공해준다. 이어서 융은 결국 정서적 반응이 주는 침해는 본능의 근원적 뿌리까지 추적해 들어갈 수 있지만, 미래를 예상하는 이미지로 귀결될 수도 있다고 지적한다. 융은 최종적 관점, 즉 목적을 향해 가는 이동을 가정한다. 전일성에 다가가기 위해 의식/무의식 체계는 서로 관계를 형성해야 한다. "정신은 모순된 두 절반으로 구성되어 함께 전체를 이룬다."[13] 이제 그는 사람들이 사용할 수 있는 실제적 방법을 제시해 정신의 두 이질적 절반을 결합하는 작업에 임했다.

융은 내가 앞에서 단계 4에 있는 서구인을 설명한 것과 같은 내용을 논하고 있다. 단계 4의 서구인은 "자아의식과 현실이라고 부르는 바를 믿는다. 북부 지역에서 보이는 기후 현실들은 분명히 확신할 수 있어서 우리가 이 날씨 상황을 잊지 않고 있을 때 훨씬 더 잘 느낀다. 우리는 자신을 현실에 연관시킬 때 더 잘 이해된다. 따라서 우리 유럽인의 자아의식은 무의식을 삼켜버리는 경향이 있고, 이것이 실현 가능성 없다고 입증될 경우 우리는 무의식을 억압하려 한다. 그러나 만일 우리가 무의식을 조금이라도 이해한다면, 무의식이 삼켜질 성질의 것이 아님을 알 수 있다. 무의식은 삶이므로 억압되면 위험하다는 것을 우리는 알고 있고, 이 삶이 억압되면 신경증이 발생하는 경우처럼 우리에게서 등을 돌린다."[14] 신경증은 한쪽 면만 확실히 떠맡아주는 갈등에 기초한다. 즉 무의식은 억압되고, 사람은 에너지가 흐르지 않는 교착상태에 빠진다. 에너지는 매우 좁은 활동 범위에, 그리고 봉인된 무

---

13 위의 책, 520항.
14 위의 책, 521항(원서에는 221항으로 되어 있는데, 잘못 표기된 것으로 보인다).

의식을 방어하는 데 사용되므로 삶의 전일성을 확립하고 충족할 수 있는 많은 가능성이 부정된다. 종종 사람은 극도로 고립되고, 삶은 황폐화되며 진척이 전혀 없는 상태가 될 수도 있다. "의식과 무의식은 한쪽이 다른 쪽에게 억압되고 해를 입으면 하나의 통일체를 만들지 않는다. 만일 그들이 서로 경쟁해야 한다면, 양쪽이 동등한 권리를 갖고 공정한 싸움을 하게 하라. 양자는 삶의 양상들이다. 의식은 그 존재이유를 방어하고 스스로를 보호해야 하며, 무의식의 혼돈의 삶은 자체 방식을 유지할 수 있는 기회를 가져야 한다. 우리가 두 발로 서 있는 것처럼 말이다. 의식과 무의식의 관계는 열린 갈등인 동시에 열린 협력을 의미한다. 이것은 인간의 삶이 당위적으로 요청하는 방식이다. 이것은 망치와 모루가 보여주는 오래된 게임이다. 망치와 모루 사이에 놓인 환자인 쇠는 파괴할 수 없는 전체, 즉 '개성화'로 단련된다."[15]

망치와 모루 사이에 놓여 파괴되지 않으면서 전체로 단련되는 것! 이 생생한 이미지는 융이 이해한 대로 개성화 과정의 본질에 대해 말해 준다. 근본적으로 별 탈 없이 조용히 보육기에 보호되어 성장하는 과정이 아니라, 대극 간 격렬한 충돌로 성장하는 것이다. 예를 들어 페르소나와 그림자 사이, 또는 자아와 아니마 사이의 충돌에 직면해야 하는 과제를 받아들임으로써 얻는 것은 '기개mettle', 즉 의식과 무의식이 서로 조우하는 경험(융은 이것을 독일말로 Auseinandersetzung이라고 함)에서 비롯된 지식이다. "이것이 바로 대략적으로 일컬어 내가 말하려는 개성화 과정이다. 이 말이 보여주듯이, 두 근본적 정신의 실재[의식과 무의

---

15 위의 책, 522항.

식]가 갈등을 일으키면서 생긴 발달의 과정 또는 진행이다."[16]

개성화의 한 사례 연구

두 번째 논문 〈개성화 과정에 대한 한 연구〉에서 융은 인생 후반부 초기 단계에도 일어날 수 있는 개성화 과정에 대한 구체적 세목을 제공한다. 이 연구에서 그는 55세 나이에 유럽으로 돌아와 융의 지도 아래 함께 작업한 여성 환자에 대해 묘사하고 있다. 그녀는 매우 교양 있고 교육을 잘 받은 아버지처럼 생각하고 행동하는 '그 아버지의 그 딸'이었다. 그녀는 미혼이었다. "그러나 학문적 교육을 받은 여성들에게서 특징적으로 나타나곤 하는 형태로서 (…) [그녀는] 인간 파트너에 준하는 역할을 하는 무의식, 즉 아니무스와 함께 살았다."[17] 그는 여기서 근대적 여성에 대해 말하고 있다. 그녀와의 만남은 그에게 명백히 매혹적이고 유익한 경우였다. 그녀는 융이 여성들의 개성화에 대해 평소 생각하던, 인생 후반기가 되어야 지적이고 영적인 측면(아니무스)을 발달시킬 필요를 느끼는 전통적인 어머니나 가정주부가 아니었다. 이러한 전형적 여성들과 달리 그녀는 강한 지적 발전과 전문적 이력을 갖추고 있었다. 그러나 그녀는 남성적 정체성을 갖고 있었고, 이제 그녀의 스칸디나비아인 어머니와 모국을 발견하려는 탐색 과정에 있었다. 그녀는 무의식 상태에 있는 자기 성격의 여성적 측면과 접촉하기를 원했다.

이후로 여러 해 동안 이런 유형의 많은 여성들이 계속해서 융에게

---

16 위의 책, 523항.
17 위의 책, 525항.

치료를 받으러 왔다. 이런 환자는 가정을 꾸려 아이를 갖기에 앞서 교육을 받고 경력을 쌓는, 아마도 아이를 갖는 일이 점점 멀어져가는 신기루가 되어버린 오늘날 여성과 유사하다. 하지만 1928년의 상황을 고려해볼 때 그녀는 다소 이례적인 여성이라고 볼 수 있었다.

이 환자는 그림을 그리기 시작했다. 그녀는 전문적으로 훈련받은 예술가가 아니었는데, 그래서 오히려 분석에 도움이 되었다. 이로써 무의식은 더 직접적이고 자발적인 방식으로 스스로를 드러낼 수 있었다. 환자는 자신의 상태를 설명하기를, 눈은 이것을 하기를 원하는데 머리는 다른 것을 하기를 원한다고 했다. 하지만 그녀는 의식에 부각된 새 중심은 자체 의지를 갖는다고 하면서, 눈이 자체 방식을 갖도록 했다고 했다. 그 중심은 이런 식으로 하기를 원하지 저런 식은 아니었으므로, 그녀는 자체가 원하는 대로 일어나게 했다. '저절로 일어남Geschehenlassen, letting it happen'은 무의식을 작업 가운데 저절로 포착하는 방식이다. 융은 그녀가 그리는 그림의 심리학적 의미를 적극적으로 해석하지 않고, 오히려 그 여성의 무의식이 원하는 대로 '저절로 일어나게 하도록' 고무하면서 그 과정에 참여했다. 종종 그는 그 그림들이 드러낸 내용을 넘어 말하고자 하는 것을 이해하려는 노력조차 하지 않았다. 그는 단순히 그녀가 그 일을 계속하도록 고무하기만 했다. 이렇게 하여 이야기는 점차적으로 전개되고 발전했으며, 적절한 때가 되어 그 목적을 드러냈다.

그림 1[18]은 환자의 처음 상황을 보여주는데, 심리학적 측면에서나

---

18 이 아름다운 색채의 그림 시리즈는 《전집》 9권·상 292쪽 이후에 나타난다(스타인은 상황에 따라 페이지와 항을 번갈아가며 융의 《전집》을 인용하고 있다. 여기서 말하는 그림들은 스타인의 이

발달 측면에서나 진전 없이 막혀 있는 상태를 묘사하고 있다. 이 그림은 몸이 바위에 끼인 한 여성이 빠져나와 자유로워지려고 애쓰는 모습을 보여주며, 그녀가 자신에 대한 분석을 시작할 때 직면하는 상황을 나타낸다. 그림 2는 번개가 바위를 쳐서 하나의 둥근 돌이 다른 바위에서 분리되어 구별되는 그림으로, 이 돌은 여성의 핵심(자기)을 표상한다. 융은 이 그림이 무의식에서 자기self가 방면되는 것을 표상한다고 보았다. "번개는 바위에서 구체球體를 방면해주었고, 일종의 해방을 초래했다."[19] 이 환자는 번개를 자신의 분석가와 관련지었으며, 그런 전이는 그녀의 성격에 심대한 영향을 미쳤다. 이 드라마에서 융은 번개로 표상되는데, 이 번개는 내리쳐서 수태시킨 그녀가 갖는 성격의 남성적 요소다. 융은 이런 심상이 성적 의미를 갖는다는 사실에 주목하고 있다.

이어서 융은 스스로를 환자의 열등 기능인 직관의 투사 운반자로 보고 있다. "'열등' 기능은 방면하거나 '상쇄해주는' 중요한 기능을 한다. 우리는 경험을 통해 열등 기능이 항상 우등 기능을 보상해주고, 보완해주고, 균형을 맞춰준다는 것을 알고 있다. 이런 관점에서 나의 정신적 특성은 적격의 투사 운반자가 된다."[20] 그녀의 투사 운반자로서 융이 한 말과 그의 출현은 이 환자의 의식에 보상적 역할을 하게 되었고, 이들이 갖는 능력과 힘을 그녀는 지나치게 신뢰했다. 그녀는 그를 무엇이든 다 알고 이해하는 직관의 천재로 생각하곤 했다. 이것은 일종의 강

책에는 수록되어 있지 않으므로 이 그림에 대해 궁금한 독자들은 《전집》 9권·상의 그림들을 참조해야 한다).

19 위의 책, 538항.

20 위의 책.

한 전이가 전형적으로 환자에게 알려주는 방식이다. 그래서 번개처럼 쳐서 환자에게 심대한 영향을 미치게 한 것은 바로 융의 직관이었다. 직관은 이 환자가 가졌던 열등 기능이기도 하기 때문에, "그것은 번개처럼 예기치 않게 의식을 내려치고, 어떤 경우엔 파괴적 결과를 초래하기도 한다. 직관은 자아를 한쪽으로 제쳐두고 상위 수준의 요인, 즉 사람의 총체성을 위한 여지를 만들어준다."[21]

따라서 이 그림은 자아가 뒷전으로 밀려나고 자기self가 처음으로 출현했음을 나타낸다. 분리되어 떨어져 나온 돌은 그녀의 자아가 아니라 오히려 자기를 표상하는 것이다. 번개는 지금까지만 해도 무의식에 갇혀 있던 전일성을 향한 그녀의 잠재력을 자유롭게 해준다. "이러한 자기는 항상 있었지만 잠자고 있었다."[22] 이 여성의 놀라운 자아 발달로 오히려 자기가 뒤처지게 되었고, 그래서 그녀는 페르소나의 적응, 그리고 부친 콤플렉스와 아니무스, 즉 그녀의 그림 속 '바위'와의 동일시에 갇혀 있었다. 그녀는 이러한 동일시에서 자유로워질 필요가 있었다. 개성화 과정의 핵심에 있는 자기와 잘 접촉하고 결합하는 것은 무의식에서 방면되어야 가능한 일이며, 이런 경우에는 치료 능력이 있는 번개 같은 행동을 통해 일어난다. 바로 이런 이유로 전이는 치료를 성공적으로 수행하는 데 중요한 역할을 한다고 말했던 것이다.

이러한 일련의 그림들 가운데 매우 중요한 세 번째 그림을 평가하기 전에, 융은 "세 번째 그림은 (…) 연금술과 명백히 관련되어 있다는 확고한 동기를 부여해주었고, 실제로 나는 옛 숙련자들의 작품들을 철저

21 위의 책.
22 위의 책.

히 연구하게 하는 결정적 자극을 이 그림에서 받았다"[23]고 지나가듯 술회한다. 이 말은 융이 자기 인생의 상당 부분을 집중적으로 연금술을 깊이 연구하는 데 보냈다는 사실에 비추어 놀라운 진술이다. 그림 3은 "몽상가 탄생이 아니라 자기self 탄생의 시간을 묘사하고 있다."[24] 이 그림은 우주 공간에 자유롭게 떠다니는 검푸른 구체球體, 즉 "생성 중인 행성"[25]에 대한 이미지로, 환자가 자신의 '진짜 성격'이라고 부르는 것을 드러내고 있다. 이 그림을 그리는 순간에 그녀는 삶의 최고점, 즉 위대한 해방의 순간에 도달했다고 느꼈다.[26] 융은 이것을 자기 탄생과 연관시키고 있으며,[27] 환자의 "이러한 해방이 의식 안으로 통합되는 현실로 나타날 때"[28] 자기의 의식적 실현 지점에 도달한다는 사실을 지적하고 있다.

그림 4를 보면 이 구체에 중대한 변화가 일고 있음을 알게 된다. 이제 여기서 분화가 일어나고 있는데, 구체는 "외막外膜과 내핵"[29]으로 나뉜다. 앞 그림에서 구체 위로 떠 있는 뱀은 이제 구체 안으로 뚫고 들어와 이 구체를 수태시킨다. 네 번째 그림은 수태에 대해 다루고 있으며 성적 심상을 선명히 떠올리게 한다. 그녀는 자신의 남성적 동일시를 제쳐두고, 삶을 향한 새로운 가능성에 자신의 존재를 열어 보인다. 이

---

23 위의 책, 544항.
24 위의 책, 548항.
25 위의 책, 545항.
26 위의 책, 548항.
27 위의 책, 550항.
28 위의 책, 549항.
29 위의 책, 556항.

환자와 융이 네 번째 그림을 해석할 때, 이 그림은 비개인적인 의미도 지니게 된다. 즉 자아가 '자유로움letting go'을 경험하려면 지평을 확대해 성격 전체(그림자 통합)의 긍정적이고 부정적인 면 모두를 포용해야 한다. 뱀과 구체의 연합은 환자의 정신에 내재한 정신의 대극들이 결합되고 있음을 표상한다. 융은 여기서 이것을 구체적인 성적 전이sexual transference라고 쉽게 해석하는 것을 피하는데, 이러한 해석은 성적 환원주의로 귀결되거나 개성화 과정의 진척을 방해할 수 있기 때문이다. 여기서 환자가 겪는 고통이 정확히 말해 개별적 해석에서, 즉 남자로서의 융에 대한 그녀의 성적 희구에서 자유로워지고, 대신 심리적으로 매우 친밀한 관계이면서도 분석가와 사랑에 빠지지 않았지만 그러면서도 개성화 과정의 원형적 수준이 활성화되었는데, 개인적 관계를 초월해서 이뤄진 것이다.

이러한 일련의 그림들은 이제 훨씬 더 깊고 상세히 그림자 문제와 선과 악의 통합으로 나아간다. 그림 5에서 악은 거부되며, 뱀은 구체 밖으로 밀려나 있다. 그림 6은 내·외부의 대극을 연합하려는 시도를 보여주는데, 의식적 현실화를 향한 운동이라고 할 수 있다. 그림 7은 얼마간의 우울증 징후와, 이를 통해 결과적으로 일어나는 의식을 드러낸다. 그림 8은 땅, 모성, 여성성을 향한 운동을 그리고 있다는 점에서 매우 중요하다. 이 그림은 그녀가 유럽으로 온 이유를 알려주는데, 그녀는 존재의 여성적 측면에 접촉하려고 단단히 벼르고 있었다. 그림 9는 다시 그녀가 선과 악의 대극을 연합하려고 분투하고 있음을 보여준다. 그림 10에서 이러한 대극이 균형을 이루고는 있지만, 암 이미지가 처음으로 나타난다(실제로 이 여성은 16년 뒤 암으로 사망했다). 그림 11은 외부 세계가 중요하게 부각되면서 만다라의 가치가 흐릿해지는 것을 보여준다. 이 그림부터 만다라 주제의 그림들은 변형된 여러 형태로 반복되는데, 각각은 자기self의 추가적 통합과 표현을 드러내고 있다. 이 시리즈는 그림 19에서 1차적으로 마무리되지만, 그러고 나서 그녀는 치료 후 그림 그리기를 10여 년 더 지속해, 마침내 흑색 배경의 황금색 원환 안에 가운데 노란색을 띤 아름다운 흰 연꽃 이미지를 나타낸 그림 24로 끝마친다. 이 황금색 원환 안에 있는 연꽃 위쪽에는 황금빛 별 하나가 보인다. 연꽃 자체는 녹색 잎들 위에 안착해 있고, 이 잎 아래에는 황금색 뱀 같은 것이 두 마리 보인다. 이것은 현시되고 완전히 실현된 자기self의 화사한 이미지다. 융은 그림 19 이후의 이미지에 대한 설명은 더 하지 않지만, 이 그림들 스스로 심화되고 통합된 자기에 대해 표현하고 있다. 이것은 융과 환자의 분석 기간과 그 뒤에 발견되고 경험된 것이다.

이 사례에 대해 융은 이 여성이 자신의 분석 기간 동안 강력한 개성화 과정의 초기 단계에 있었다고 결론적으로 진술하고 있다. 그가 분석을 통해 그녀를 보는 동안 그녀는 자기self가 의식으로 출현하는 평생 잊지 못할 경험을 했으며, 이후 여러 주와 여러 달에 걸쳐 자신의 정신 모체 안에서 대극들을 연합하려고 분투했다. 여기서 자아는 자기에 비해 상대화되었고, 그녀는 개인을 넘어서는 원형적 정신을 경험할 수 있었다. 이것은 융이 인생 후반부의 개성화 과정이라고 한 것의 고전적 형태들이다.

자기의 운동

개성화 주제에 대해 마지막으로 정리해보자. 자기에 대한 융의 견해
는 구조적이면서 역동적이다. 이전 장에서 나는 주로 자기의 구조적 특
성들에 대해 논했다. 그러나 개성화 과정을 고찰할 때, 두드러진 특성
은 그 역동성이다. 융은 자기가 생애 과정에서 지속적 변화를 겪는다고
본다. 출생부터 노년에 이르기까지 그 발달 과정에서 나타나는 각각의
원형 이미지, 즉 거룩한 아기, 영웅, 영원한 소년과 소녀the puer and puella,
왕과 왕비, 노파와 현명한 노인은 이러한 단일 원형의 다양한 양상 또는
표현이다. 자기는 발달 과정에서 정신에 영향을 미치고, 모든 수준(육체
적, 심리적, 그리고 영적)에서 개인의 변화를 초래한다. 개성화 과정은 자
기에 의해 추진되고 보상 기제를 통해 수행된다. 자아는 이 과정을 생성
하거나 제어하지 않지만, 인지함으로써 이 과정에 참여할 수도 있다.

융은 후기 저작《아이온》마지막 부분에서, 도표를 그려 자기의 역
동적 움직임을 설명한다. 이 도표 모양은 마치 탄소 원자처럼 보인다.

이것은 개인의 연속적인 심리적 삶의 맥락에서 단일 실체인 자기의
변화에 대한 한 가지 공식을 제시한다. 이 도표에서 융은 순수 잠재태
에서 현실화에 이르기까지 자기 안에 일어나는 운동을 묘사하려고 시
도하고 있다. "우리가 제시한 공식에 묘사된 과정은 본래의 무의식의
총체성을 의식의 총체성으로 변화시키는 것이다."[30] 이것은 동일한 실
체의 계속적인 변화 과정이므로, 의식을 향한 운동일 뿐만 아니라 변화
와 재생의 과정이기도 하다.

---

30 융,《전집》9권·하, 410항.

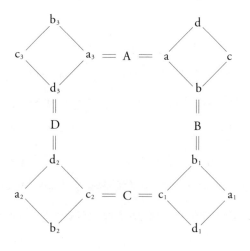

  자기의 운동은 원형적 수준, 즉 정신 스펙트럼에서 영 spirit의 끝을
표상하는 사위체 A에서 시작한다. 여기서 자기의 운동은 이상적 이미
지로 드러난다. 자기는 사위체 A, 사위체 B, 사위체 C, 그리고 사위체
D를 통한 다음 A로 돌아오는 반복적 순환을 하며, 이에 따라 정신 내
용인 원형 이미지는 이 스펙트럼 원형의 끝에 있는 정신계로 들어가고
통합 과정은 나머지 세 수준에서 계속 일어난다.

  먼저 이 이미지는 원형의 사위체의 네 지점을 통해 순환하는데, 이
렇게 해서 자기 관념은 더 분명해진다. 그런 다음 이 관념은 b의 입구를
통해 수준 B로 들어가는데, 이것은 원자에서 에너지의 수준을 변경하
는 것과 유사한 과정으로 된다. 이제 이 관념은 그림자 수준에서 존재
하고, 여기서 대상들이 그림자를 드리우는 현실과 일상의 삶으로 들어
간다. 자기 관념은 실체성을 요구하고, 단일성·총체성·전일성 관념은
이제 삶에서 이어져야 한다. 이 관념은 이러한 정신 수준을 통해 자기

를 발현하고, 이제 시공에서 구체적으로 실현되어야 하는데 한계와 난관에 봉착한다. 융은 모든 인간 행위가 긍정이나 부정 둘 중 하나로 범주화될 수 있으며[31] 생각에서 실행으로 옮길 때 사람은 잠재적 그림자 세계로 들어가는 것이라고 말한다. 모든 작용은 반작용을 수반한다. 이 작용은 외적 영향을 받고, 그래서 실제로 개성화를 시작해 다른 사람들이 불평하는 변화를 단행하게 된 사람은 그림자 사위체 안에서 움직이고 있는 것이다. 이 관념은 구체화되어 실제 삶의 행동에 영향을 미치고, 본능 수준에까지 이른다. 원형과 본능은 이 수준에서 서로 연결되고, 이 관념이 그림자 사위체로 이동해 들어가면 점점 더 본능적이고 구체화된 속성을 띠게 된다.

이 관념이 C 수준으로 내려가면 몸의 물질적 기질基質에 깊이 내장된 사물 본성에까지 도달하고, 몸 자체가 변하기 시작한다. 자기 이미지로 시작하고 정신에 들어가는 조직 원리는 행동이 되고, 이어서 본능을 자극하고 포진시키며, 이제 몸이 분자들을 재배열하는 방식으로 몸에 영향을 미치기 시작한다. 이렇게 심원한 물리적 수준은 정신에 속한 유사정신의 장벽을 넘어 존재하는데, 진화 자체의 배후에 존재하는 하나의 원동력이다. 구조가 형상form을 따르는 셈이다.

에너지 자체는 D 수준에 도달한다. 여기가 바로 에너지의 물질적 결정화가 일어나는 곳이다. 이렇게 에너지에서 결정화된 물질은 아분자submolecular와 아원자subatomic 수준 에너지이며, 에너지 외양을 구체화하는 형태다. 이 수준에 이른다는 것은 실로 에너지의 심대한 변화,

---

31 위의 책, 355항.

즉 에너지 자체와 조직 수준에서의 변화를 의미한다.

이 공식은 자아에 대한 상징을 제시하는데, 자아는 정적이고 지속적인 형태일 뿐 아니라 역동적 과정을 나타내기도 한다. 이와 같은 방법으로 고대인은 인간 안에 있는 신의 형상Imago Dei을 단순한 흔적, 즉 활기 없고 정형화된 자국이 아니라 활동적 힘으로 보았다. (…) 이러한 네 수준으로의 변화는, 말하자면 자기self 내부에 일어나는 회복 또는 재생 과정을 표상한다. 이것은 하나의 탄소 핵이 양성자 네 개를 포획하고 있다가 (…) 순환의 마지막에 알파 입자 형태로 이 양성자를 방출하는 태양에서의 탄소/질소 순환과 비교될 수 있다. 탄소 핵 자체는 '잿더미에서 다시 태어나는 불사조'처럼 이러한 반응에서 변하지 않은 상태로 나온다. 존재의 비밀, 즉 원자와 그 결합물의 존재는 지속적으로 반복되는 재생 과정에 있게 되며, 원형의 누멘적인 것(성스러움)을 설명할 때도 유사한 결론에 이르게 된다.[32]

다음 장에서 전개될 내용을 예상해보면, 자기가 인간 삶에 출현해 정신을 통하여 끝없는 순환으로 스스로를 새롭게 한다고 할 수 있다. 아마도 자기는 인간 개개인에 의존해 스스로를 의식하며, 시간과 공간의 3차원적 세계에 구현되고, 스스로를 재생하며, 자신의 존재를 확장한다. 자기는 정신을 초월해 우주에 존속한다. 자기는 자체의 목적을 위해 우리 몸을 비롯해 정신과 물질세계를 이용하고, 우리가 성장하고

---

32 위의 책, 410항.

나이 들어 죽은 다음에도 계속 존속한다. 우리 인간은 자기가 출현하고 거주하는 집을 제공하지만, 그런데도 교만과 자아의 팽창으로 말미암아 우리는 자아의 자질과 아름다움을 과도하게 신뢰한다.

— 9장 —

시간과 영원에 대해
(동시성)

융은 인간 영혼을 탐험하고 이 영혼의 지도 제작을 기획해 경계선들을 그리려는 시도를 할 때부터, 탐험을 통해 미지의 세계에 새롭게 긋게 되는 인식의 지도에 매혹되었다. 이것은 그의 기질과 무관하지 않았다. 그는 미지에 맞닿은 기지既知 끝자락에 머물지 않고 더 나아가려 했다. 그의 첫 번째 주요 연구는 영매적 몰아沒我와 어린 나이로 죽은 지 오래된 사촌 헬레네 프라이스베르크라는 인물에 대한 기이한 진술을 담은 논문이었다. 의식의 정상적 상태와 초자연적paranormal 상태의 관계를 심리학적으로 연구하는 것이었다.[1] 단어 연상과 콤플렉스 이론

---

1 융은 또한 경계성 현상인 유령과 폴터가이스트(기이한 소음을 내는 유령)의 증거를 찾는 데 관심이 있었다. 그리고 그는 (내면) 정신과 (외부) 대상 사이에 특별한 관계가 있다는 점에 주목했다. 사람들이 프로이트 연구실에 있는 나무 책꽂이에서 나는 큰 소리를 들었을 때, 이것은 융이 프로이트 면전에서 '촉매적 역할을 하는 외부화 현상'이라고 언급한 것과 비슷했다. 융은 이것을 그의 《기억, 꿈, 회상》 155쪽에서 언급하고 있다.

에 대한 후속 저작들은 정신의 의식과 무의식의 경계를 연구했다. 융은 무의식의 영토로 나아가면서 또 다른 접경지대를 발견했다. 의식의 성격과 비성격적 내용 사이, 즉 콤플렉스 영토와 원형적 이미지/본능이 결합된 영토 사이에 있는 접경지였다. 자기自己에 대한 후속 연구 조사에서, 그는 정신과 비정신 사이에 존재하는 경계 지역을 찾아냈다. 원형 자체는 유사정신이며 정신 경계들의 한계에만 엄밀히 속해 있지 않으므로, 원형은 내면과 외부 세계 사이의 교량 역할을 하며 주체와 객체의 이분법을 부순다.

융은 궁극적으로 경계에 대한 호기심 때문에, 물질과 정신 모두를 포괄하고 시간과 영원의 다리를 놓아 단일 통일 체계를 지향하는 이론을 제시했다. 이것이 바로 '동시성synchronicity' 이론이다. 자기 이론을 우주론으로 확대한 동시성 이론은, 존재하는 모든 것에는 겉으로 드러나지 않은 심원한 질서와 통일성이 있다는 것이다. 이 이론은 융 스스로 자주 부인했던 형이상학자로서의 그의 정체성을 드러내기도 한다.

혼돈 속 형태

융은 동시성에 대해 논한 몇몇 저작을 통해 임의로 보이는 사건에서 의미 있는 질서를 찾아내고자 한다. 다른 학자들이 그러하듯, 정신 이미지와 객관적 사건은 때로 일정한 형태로 배열되긴 하는데, 이러한 배열은 우연히 일어날 뿐 이전 사건들의 인과적 연쇄로 일어나는 것은 아니라는 점에 주목한다. 즉 드러난 형태들에 대한 인과론적 근거가 없다는 것이다. 그래서 다음과 같은 질문이 제기된다. 이러한 양태를 갖는 우연한 사건은 완전히 임의적인가, 아니면 의미가 있는가? 점ㅑ이란 어떤 우연한 사건들이 의미가 있다는 생각을 따른다. 새 한 마리가 머리 위로 날 경우, 점쟁이는 왕에게 전투에 나설 때가 되었다고 말한다. 중국 고대 점복에서 세밀히 설명하는 경우로는《주역I Ching》이 있다. 이 점복은 엽전이나 뻣뻣한 시초蓍草를 던져 64괘 중 한 괘에 관련되는 수의 양태를 결정해 운세를 알아본다. 이 괘를 살펴봄으로써 현재 일어나는 사건에서의 의미 형태와 미래에 구체화될 형태를 결정할 수 있다. 여기에서 사람은 자문을 구할 수 있다. 이 점복은 동시성 원리에 기초를 둔다. 동전을 던져서 나타나는 우연한 결과, 화급한 주요 문제, 외부 세계에서 일어나는 일들의 배후에 의미 있는 질서가 있다고 가정하는 것이다.《주역》을 이용하는 사람들은 이것이 불가사의할 정도로 정확하다는 사실에 놀란다. 이미 알려진 원인으로 생성되지 않았는데도 이러한 의미 있는 배열과 형태를 보이는 것을 어떻게 설명할 수 있을까?

융이 매혹되어 주목한 이 현상은, 즉 심리적 보상은 꿈에서 나타날 뿐만 아니라 심리와 무관하게 통제된 사건들에서 일어난다는 것은 융의 분석 작업과 심리학적 이론에 밀접히 연관된다. 때론 보상이 외부 세계에서 온다. 융의 한 환자는 황금색 풍뎅이에 관한 꿈을 꾸었다. 융이 연구 과정으로 그 환자와 이러한 꿈의 상징에 대해 논하는 동안 그들은 창문에서 나는 소리를 들었고, 스위스 지방에서 볼 수 있는 쇠똥구리Cetonia aurata가 방에 들어오려 한다는 것을 알았다.[2] 이 같은 경우를 통해, 꿈속에 원형 이미지가 나타나는 것은 다른 사건들과 우연히

2   융,《전집》8권, 843항.

일치할 수도 있다는 추론이 가능하다. 보상적 현상은 주체와 객체 사이에 공통으로 수용되는 경계들 위에 교차되며, 대상 세계에 드러난다. 다시 말해 융이 직면한 난제는 그의 이론에서 이것을 어떻게 설명해내느냐 하는 것이었다. 엄밀히 말해 그러한 사건들이 심리적인 것은 아니지만, 그럼에도 심리적 삶과 깊이 연결되는 것이다. 그는 원형이 '경계를 침범하는 것transgressive'[3]으로서 정신 영역에만 제한되지 않는다고 결론 내린다. 원형이 경계를 침범할 때 정신의 모체 안에서 나오거나 우리 주변 세계에서 나오거나, 또는 양자에서 동시에 나와 의식으로 들어간다. 양자가 동시에 일어나는 것을 동시적이라고 한다.

'통합된 우주unus mundus'와 동시성 개념(정확한 용어는 아닐지라도)에 대한 언급은 그의 《전집》 전체에 걸쳐, 그리고 편지 같은 비공식적 글들에 흩어져 나타난다. 하지만 그가 이 주제에 대한 생각을 인생 말년에 이르기까지 충분히 드러낸 것은 아니었다. 1952년 그는 노벨상을 수상한 물리학자 볼프강 파울리와 함께 《자연의 해석과 정신Naturerklärung und Psyche》을 출판했다. 이 책은 자연과 정신의 가능한 관계를 설명하려는 시도였다. 융이 철학자나 신학자 또는 신화학자가 아니라 노벨상 수상자인 과학자와 함께 이 저작을 출판한 것은 의미심장한 일이었다. 융의 모든 이론적 작업 가운데 동시성에 대한 이 저작은 가장 왜곡되기 쉽다. 융은 신비주의자 또는 괴짜로 보이는 것을 피하고자 했고, 그가 과학적 사고에 익숙한 현대인의 눈에 자신의 사상 일부를 드러내는 데 특별히 신경을 많이 썼다는 것은 분명하다. 파울리

---

3   위의 책, 515항.

의 논문 〈케플러의 과학 이론에 나타난 원형적 사고의 영향The Influence of Archetypal Ideas on the Expression of Scientific Theories of Kepler〉은 케플러의 과학적 사상에 나타난 원형적 형태에 대한 탐구이며, 어떤 면에서는 융의 대담한 논문인 〈동시성 : 비인과적 연결 원리Synchronicity : An Acausal Connecting Principle〉[4]를 위한 길을 준비한 것이다. 동시성에 대해 논구한 이 저작은 융의 심리학 이론에 정신과 세계 사이에 높은 정도의 연속성이 존재한다는 관념을 부가한 것으로서, (케플러 사상의 핵심처럼 추상적 과학 사상의 핵심도 포함하는) 정신 이미지는 인간 의식의 반사경 형태로 실재에 대한 진실을 드러낼 수도 있다. 정신은 인간존재에서만, 그리고 우주로부터 고립된 상태에서 자체를 소진燒燼해버리는 것이 아니다. 정신과 세계가 긴밀히 상호작용하며 서로를 비추는 차원이 있다. 이것이 융이 주장하는 기본 테제다.

동시성의 관념 발달

융은 알베르트 아인슈타인의 전기를 쓴 스위스 작가이자 언론인인 카를 젤리히Carl Seelig에게 보낸 편지에서 처음으로 동시성에 대해 암시하고 있다.

아인슈타인 교수는 제가 저녁 식사에 여러 번 초대한 적 있는 손님 중 한 분이었습니다. (…) 이렇게 초대한 때는 아인슈타인 교수께서 상

---

4   이 논문은 《전집》 8권 419~519쪽에 나온다.

대성 이론을 처음으로 발전시키던 초기 시절이었습니다. 그분은 우리에게 이 이론의 핵심을 이해시키려고 하셨는데, 어느 정도는 성공하셨습니다. 수학에 문외한인 우리 정신과 의사들이 그의 논증을 제대로 따라갈 수는 없었습니다. 그렇지만 제 이해력은 그다지 나쁘지 않아 그분의 가르침에서 강한 인상을 받았습니다. 무엇보다 제게 깊은 인상을 심어주고 저 자신의 지적인 작업에 지속적으로 영향을 끼친 것은 천재적 사상가로서 그분이 보여주신 간명함과 방향 제시였습니다. 아인슈타인 교수를 통해 저는 공간뿐 아니라 시간의 가능한 상대성, 그리고 시공이 갖는 정신의 조건성에 대해 처음으로 생각하기 시작했습니다. 이러한 자극 때문에 30여 년이 지난 뒤에도 저는 물리학자인 파울리 교수와 교류하게 되었고, 급기야 정신의 동시성에 대한 논문까지 쓰게 되었습니다.[5]

융은 아인슈타인의 상대성 이론의 세부 사항이나 수학적 논거를 이해할 수 없었지만, 그래도 상대성 이론은 그의 상상력을 사로잡았다. 또한 유명한 물리학자들이 동시성 이론의 시작과 끝을 이론화하는 데 일부 역할을 했다는 것은 흥미로운 일이다. 현대 물리학과의 이러한 연관은 융의 동시성 이론 형성에 적절한 역사적 상황을 제시해준다.

융과 현대 물리학의 선구자들의 관계는 아직 제대로 설명되지 않은 이야기다. 아인슈타인과 파울리뿐만 아니라, 20세기 초반 취리히에 살았고 1930년대 융이 심리학 교수로 재직한 폴리테크닉대학에서 강의

---

5   융,《서신들》2권, 108~109쪽.

하던 현대 물리학의 중요한 인물들이 많았다. 20세기 초반의 취리히는 현대 물리학의 참된 온상이었고, 이러한 지성인들이 만들어낸 자극제를 무시하기는 거의 불가능했을 것이다. 물리적 실재의 본질이 무엇인지에 대한 재고가 철저히 이뤄지게 되었다는 인상은 지울 수 없었고, 융은 일찍이 (아인슈타인에 대해 쓴 그의 편지가 가리키듯) 현대 물리학과 분석심리학의 유사성에 대해 생각하기 시작했다. 동시성에 대한 융의 논문이 그 최종 형태로 출판되기까지 30년이나 그보다 더 오래 그가 여러 사람들과 수없이 검토한 결과라는 것은 의심할 나위 없다.

원형 이론과 자기, 그리고 동시성 이론이 결합해 단일한 사상의 피륙으로 짜였다는 사실은 분명히 인식되어야 한다. 이것이 바로 이 책 서론에서 언급된, 융이 지향하는 통합된 시각이다. 이러한 시각은 자기 이론의 모든 범위를 파악하기 위해 동시성에 대한 융 사고의 맥락에서 고찰되어야 한다. 즉 그의 자기 이론을 파악하려면 그의 원형 이론에 대해서도 알아야 한다. 이것은 심리학자들이 융이 안내하는 원형 이론에 관심을 갖지 않는 이유이기도 하다. 원형 이론은 형이상학 영역에 가까운 메타심리학metapsychology이고, 이 이론을 포괄하는 데 요구되는 모든 영역, 즉 심리학과 물리학 및 형이상학에 편안함을 느끼는 심리학자는 거의 없다. 이것은 현대 사상가들이 필적하고 싶어도 도달하기 힘든 지적 범위다. 학자들은 특히 자신들의 전문 연구 분야의 한계를 넘어서는 것에 관여하기를 꺼린다. 동시성 이론에 따르면, 융의 자기에 대한 시각은 대체로 의식과 정신에서 철저히 초월해 있는 특성을 보여주며, 이것은 심리학, 물리학, 생물학, 철학, 영성이 갖는 능력을 분리하는 공동 경계선에 도전한다. 심리학은 전통적으로 인간의 마음 문제에만 관여하는 것으로 한계를 두지만, 자기와 동시성 이론을 통한 융의 분석심리학은 이러한 임의적 분할에 도전했던 것이다. 융이 한때 학생들에게 자기의 끝은 어디까지며 그 경계가 무엇인지 질문을 받았을 때, 자기는 끝이 없다, 즉 무한하다는 것이 그의 대답이었다. 이 말의 의미를 이해하려면 그가 자기 이론에 동시성의 함축을 고려하고 있었음을 숙지해야 한다.

동시성이 수반하는 중대한 문제에 대해 융이 양면적 감정을 보였다는 것은 이해할 만하다. 신중하고 보수적인 스위스 사람인 융은 자신의 연구 사례를 의심할 바 없이 자신의 전문 영역인 심리학적 논증에만 주로 기초하려 했다. 하지만 동시성 이론에 관련해서 그는 불리한 처지에 있었다. 여기서 정신이란 개념 자체가 그의 이론을 저절로 지탱해주지는 않았을 것이다. 그래도 융은 75세 때 이런 종류의 우주론적 고찰에 몰두할 수 있는 것이 분명 정당하다고 느꼈을 것이다. 그는 정교하게 다듬을 여지가 가장 많은 개념 가운데 하나인 자기self와 존재being의 통합에 대해 세상에 알릴 준비가 되었다. 이것은 자기와 신은 하나라는 주장과 크게 다른가? 그는 예언자, 더 심하게 표현하자면 괴짜처럼 보일 위험도 감수했다.

동시성과 인과성

이 논문은 그 자체로 난해하며, 그의 한 동료가 결혼한 부부들에 대해 한 연구물의 잘못된 통계분석에 따른 깊은 오류가 있다는 것도 분명하다. 나는 이에 대한 평가를 이론적 부분으로만 한정하겠다. 융은 인과성과 확률 법칙의 개념에 대한 평가를 하고, 인과성에 투사하려는 인간의 보편적 경향에 주목한다. 사람들이 왜 이 일이 일어났는지 의문을 갖는 것은 거의 피할 수 없다. 그들은 모든 사건이 앞서 일어난 일에서 비롯된다고 추정한다. 이런 종류의 인과론적 관계가 자주 나타나기는 하지만, 가끔은 이런 관계가 나타나지 않을 수도 있다. 예를 들어 심리학에서 우리가 행하고 생각하고 느끼게 하는 것이 무엇인지 아무도 확신할 수 없으므로 인과성을 확인하는 것은 특별히 어렵다. 의식의 동기가 있고, 정신 내용과 충동에 대한 무의식의 동기가 있다. 감정과 행동을 인과론적으로 설명하려고 시도하는 많은 이론이 있기는 하지만, 투사 때문에 우리는 의심할 바 없이 실제로 거기에 있는 그대로보다 심리학적 현상 영역에서 인과를 더 찾으려 한다. 아니면 우리는 사건들을 잘못된 원인 탓으로 돌리고, 나중에야 우리가 잘못되었다는 것을 알게 된다.

우리는 아마도 한 남성이 어린아이였을 때 매를 맞았거나, 아니면 규칙적으로 어머니를 구타하는 아버지를 보았기 때문에 자신의 아내를 구타한다고 성급히 결론 내릴 수도 있다. 그는 어린 시절의 경험 때문에, 또는 그의 부모가 이런 방향으로 그에게 영향을 끼쳤기 때문에 그렇게 행동한다는 것이다. 그는 '그의 아버지를 따라 한다'거나, '그의 어머니 콤플렉스'에 원인이 있다는 예리한 심리학적 통찰을 했다고 확신할 수 있다. 이런 인과론적인 즉각적 판단은 가히 나쁘지 않지만, 이러한 환원적 분석으로는 일어날 수 있는 원인과 의미의 전 범위를 철저히 밝혀내지 못한다. 예를 들어 사람들로 하여금 목표를 달성하거나 삶에 적응하는 데 필요한 것을 얻도록 하는 최종적 원인도 있다. 아마도 이 남성은 힘이 있어 아내를 통제하려 하고, 이렇게 함으로써 자신의 미래에도 더 군림하려 할 것이다. 심리학적 인과 작용은 역사로 후퇴하거나, 이와 동일하게 미래로 나아갈 수도 있다. 그리고 적당한 시간과 장소에 일어나는 우연한 사건도 있다. 왜 어떤 사람들은 운이 참 좋거나 운이 나쁜지 설명하기는 어렵고, 우리는 종종 그들이 하지도 않은 일을 칭찬하거나 불가피하게 할 수밖에 없던 일을 비난하곤 한다. 투사와 추측을 위한 무한한 여지가 있는 것이다.

우리는 과학 시대에 살고 있기 때문이 아니라 인간이기 때문에 원인과 결과의 견지에서 생각한다. 시대나 문화적 차이와 상관없이 사람들은 인과론적으로 생각한다. 심지어 우리의 과학적 지식과 모순되는 사건을 인과적으로 보기도 한다. 오늘날 정신이상자가 된 것은 어렸을 때 심한 학대를 받았기 때문이라고 말할 수도 있지만, 중세 시대에는 악마 때문이라고 보았다. 이렇게 다른 이유가 제시되었지만, 이들 두 유형이 갖는 사고는 동일하다. 인과론적 사고 자체에 대한 도전은 상식에 어긋나는 것임을 융은 알고 있다. 그런데 융은 왜 인과론적 사고에 도전하는가? 왜냐하면 인과성의 모든 이론으로 포괄될 수 없는 사건들이 있기 때문이다.

융은 원인과 결과로 추론하는 것이 궁극적이라는 생각에 의문을 던지면서, 현대 물리학이 자신의 동맹자임을 발견했다. 왜냐하면 물리학은 인과적 설명 대신 통계적 확률만 있는 사건과 과정이 있다는 점을 밝혀냈기 때문이다. 예컨대 융은 방사성 원소의 붕괴를 언급한다. 이러저러한 특별한 라듐 원자가 해체될 때 왜 그렇게 되는지에 대한 인과적 설명은 없다. 방사성 원소의 붕괴는 통계학적으로 예측되고 측정될 수 있으며, 붕괴율은 시간이 지남에 따라 일정하게 나타난다. 그러나 이러한 붕괴가 어떤 순간에 일어나는지, 그리고 왜 일어나는지에 대한 설명은 없다. 단지 일어날 뿐이다. 그것은 '단지 그대로just so'의 사물이다. 비인과적 사건에 대한 이러한 발견은 인과적 우주에서의 여지를 남겨준다. 과학은 여기서 인과론이 어떻게 작용하는지를 아직 파악하지 못했을 뿐 아니라, 오히려 원칙적으로 인과율은 적용되지 않는다. 만일 선행하는 원인에서 비롯되지 않은 사건이 있다면, 우리는 어떻게 그 기원에 대해 생각할 수 있는가? 왜 사건들이 발생하는가? 이러한 발생을 설명하는 것은 무엇인가? 이러한 사건들은 무작위적이며 순전히 우연적인가?

융은 확률을 통해서 많은 사건들을 설명할 수 있다고 보았다. 그러나 명백히 임의적으로 보이는 사건들은 수의 연속적 배열이나 다른 보기 드문 우연의 일치 같은 확률적 범위를 넘어서는 형태를 보여준다. 도박꾼들은 설명될 수 없는 이러한 행운의 연속적 배열을 바라고 기도하며 살아간다. 융은 점술사나 쇼펜하우어 같은 예지적 철학자들이 제시한 선택적 친화성이나, 상응 같은 매우 직관적 또는 비술적occult 개념에서 거리를 두려 한다. 대신 그는 이처럼 난해한 주제에 대해 경험적으로, 과학적으로, 이성적으로 접근하는 것을 선호했다. 이보다 여러 해 전에도 그는 자신의 논문에서 비술적 영매 활동의 신비를 경험적·과학적으로 규명하려고 노력했다. 융은 철저히 과학적으로 접근해 이해하고자 했다.

하지만 동시성에 대한 융의 저작을 사람의 인생을 더듬는 전기적傳記的 견지에서 더 볼 필요가 있다. 인생 후반기에 일어나는 개성화에 대한 그의 견해는, (적어도 서구 세계) 사람들은 그들의 합리적 자아의식이 자아의 합리적 처지를 희생시키지 않고도 비합리적 집단 무의식과 접촉하도록 해야 한다고 주장한다. 융은 인생 후반기의 주요한 심리학적 과제가 삶의 개인적 철학인 세계관(Weltanschauung 또는 worldview)을 형성하는 것이라고 보았다. 그리고 이것은 합리적, 그리고 비합리적 요소를 포함해야 한다. 우리는 동시성에 대한 이 논문에서, 융이 서구의 합리적인 과학적 자아를 사용해 주술 세계와 집단 무의식에서 일어나는 희귀하고 설명하기 힘든 현상을 탐험한다는 것을 알 수 있다. 그는 개념 형태로 대극들이 빚어내는 긴장 가운데서도 이들 두 영역을 함께 묶어낼 수 있는 상징을 만들려 한다. 여기서 다루는 문제는 종교와 철학에서 취급하는 것들과 비슷하긴 하지만, 융은 자신의 과학적·합리적 방법과 세계관을 통해 비과학적인 것으로 간주되는 신비적·종교적·유사주술적 현상에 대한 연구를 시도하고 있다. 융 자신의 개인적 이유, 그리고 서구적 문화가 갖는 과학적 경향으로 그는 서구의 두 지배적 문화인 과학과 종교의 연결을 구축하려고 시도하고 있다. 그는 둘 중 한 요소에 대한 일방적 선호를 피하고 이들 사이의 긴장을 유지하려 한다. 그의 동시성 이론은 이러한 대극적 짝을 포함하려는 시도임을 상징적으로 보여준다. 이 저작은 그의 개인적 측면을 나타내 보인다.

카를 융은 듀크대학교의 라인J. B. Rhine이 실시한 실험인 초감각지각extrasensory perception, ESP에 매료되었다. 확률 이론을 적용해서 라인의 실험이 밝혀낸 것은, ESP 현상은 인과론적으로 설명될 수 없다는 것이었다. 이 실험은 시공時空 연속체에만 한정하는 절대적 경계를 우리가 넘어갈 수 있다는 것을 보여주었다. 이것은 융에게 아인슈타인의 상대성이론은 물론, 그의 관찰대로 현재와는 먼 사건들이 꿈을 통해 발생

전후에 이미지화되는 것에 대해서도 상기시켜준다. 라인의 실험은 융이 이미 결론 내렸던 것, 즉 정신은 시공의 경계에 의해 절대적으로 제한을 받지는 않는다는 결론에 대한 새로운 경험적 증거를 제공했다. 절대적으로 한정된 시공 연속체를 보여주는 인과성은 이러한 사건들을 설명할 수 없다. 융은 어떠한 에너지도 라인의 ESP 실험에서는 전달될 수 없다는 점을 지적한다. 즉 사유와 사건의 때에 '함께 일어나는 것'이다. 카드 게임을 할 때 카드 하나를 한쪽 방에서 뒤집으면 그 이미지가 다른 방에 있는 사람의 정신에 나타나는데, 이들은 통계적으로 일어날 수 있는 확률보다 더 자주 동시에 발생난다. 융은 이 논문에서 인쇄된 형태로선 처음으로 '동시성'이라는 용어를 사용한다. "그것은 원인과 결과의 문제가 아니라 적절한 시간에 함께 일어나는, 즉 동시에 일어나는 문제다. 이렇게 동시에 일어나는 성질 때문에, 나는 설명 원리로서의 인과성과 역할상 등급이 같은 가설적 요인을 명시하려고 '동시성'이라는 말을 선택했다."[6]

동시성과 원형 이론

동시성에 대한 논문이 나온 지 2년이 되는 1954년, 융은 결정적으로 중요한 이론적 논문의 수정판 〈정신의 본질에 관하여〉를 출판했다. 그는 주요 별책에서 원형 이론을 동시성 원리와 연결한다. 이것이 중요한 이유는 그의 사유의 두 형태를 함께 묶어 단일하게 통합된 이론적 진

---

6   앞의 책, 840항.

술을 하고 있기 때문이다. 우리 주변 세계가 사람들과 사물들의 영역을 구성하고 있는 것과 마찬가지로 무의식은 '대상들(콤플렉스와 원형 이미지)'의 영역이라는 견해를 설명하기 위하여, 융은 '객관적 정신objective psyche'이라는 말을 사용한다. 이러한 내면 대상들은 외부 대상들과 동일한 방식으로 의식에 영향을 미친다. 내면 대상들은 자아에 속해 있지는 않지만 자아에 영향을 미치고, 이 자아는 이들 대상과 관련을 맺고 이들 대상에 적응해야 한다. 예를 들어 사유가 우리에게 일어난다. 즉 사상은 의식에 '떨어진다fall into'(독일어 Einfall은 문자적 의미에서 의식 속으로 '떨어지는' 것이지만, '영감'이란 의미도 된다). 융에게 무의식에서 나오는 직관과 사유는 생각하려고 의도적으로 노력하는 산물이 아니라 내면 대상, 즉 자아 표면에 가끔 나타나는 무의식의 일부다. (융은 사유란 새 같다고 즐겨 말했다. 새들은 의식의 나무에 와서 잠시 둥지를 틀었다가 날아가 버린다. 새들은 잊히고 사라진다.) 더욱이 우리가 객관적 정신으로 들어갈수록, 이 객관적 정신은 자아 주관성과의 관련이 점점 줄어들기 때문에 더욱더 객관적으로 된다(융은 의식과 마찬가지로 무의식이 관찰하는 주체임과 동시에 객관적 실재로서의 역할을 동시에 한다고 본다). "그것〔무의식의 실재 또는 객관적 정신〕은 절대적 주관성인 동시에 보편적 진리다. 왜냐하면 성격 본성의 의식적 내용이라고 분명히 말할 수 없는 무의식의 실재가 원칙적으로 도처에 나타나는 것처럼 보이기 때문이다. 정신 관념과 관련하여, 포착하기 어렵고 변덕스럽고 모호하고 독특한 면은 보통 의식에만 적용되는 것이지 절대적 무의식에 적용되는 것은 아니다."[7] 의식과 달리

---

7   위의 책, 439항.

무의식은 규칙적이고, 예측 가능하며, 집단적이다. "무의식이 작동하는 단위인 원형은 양적이라기보다 질적으로 규정할 수 있는 것으로서, '정신이라고 확실하게 말하기 힘든'(융 자신의 강조) 본성을 갖고 있다."[8]

이전 장에서 나는 원형이란 순전히 정신적이라기보다 유사정신적이라는 사실에 주목했다. 다음 구절에서 융은 이 사실을 분명히 밝히고 있다. "비록 내가 순전히 심리학적 고려만으로 원형이 오로지 정신의 본질에만 속한다는 것을 의심하긴 했지만, 심리학 역시 물리학적 발견에 비추어 '오직 정신만'이라는 가정을 수정해야 한다. (…) 연속성 맥락에서 정신과 물리학 사이에는 상대적 또는 부분적 동일성이 존재한다는 것은 이론적으로 매우 중요하다. 왜냐하면 이러한 동일성은 서로 비교할 수 없는 것incommensurability(통약불가능성)처럼 보이는 물리적 세계와 정신적 세계 관계에 매우 간단히 다리를 놓아주기 때문이다. 물론 이것은 구체적 방식에서가 아니라, 수학 방정식을 통한 물리적 측면과 마음에 표상될 수 없어서 실험적으로 추론된 가정(원형 내용)에 근거한 심리학적 측면에 기인한다."[9] 다시 말해서 융은 원형 정신의 심층적 형태(원형 이미지)와 물리적 세계에 확실히 나타나고 물리학자들이 연구를 통해 밝혀낸 과정 및 형태 사이에 상당한 일치가 일어난다고 본다. 그래서 매우 역설적이게도, 첫 번째 단계인 원시적 심리의 '신비로운 참여'는 현실과 크게 동떨어진 것이 전혀 아니다! 어떤 내용이나 지각이든 원칙적으로 의식하고 의지의 영향을 받을 수 있는 것으로 융이 정의 내린 정신은 자아의식, 콤플렉스, 원형 이미지, 본능의 표상을 포함

---

8 위의 책.
9 위의 책, 440항.

한다. 그러나 원형과 본능 자체는 이미 정신이 아니며, 물리적 세계와의 연속체에서 존재한다. 이 연속체는 그 깊이에서 (현대 물리학이 탐구한 대로) 정신만큼 신비롭고 '영적'이다. 둘 다 순수 에너지로 전환된다. 이점이 중요한 이유는 어떻게 정신이 몸과 물리적 세계에 연관되는지 이해할 수 있는 방법을 제시해주기 때문이다. 정신과 물리적 세계라는 두 영역은 수학 공식과 "실험적으로 추론된 가설인 원형"[10]을 통해 연결될 수 있다. 물질적 몸도 정신도 서로에게서 파생되어 나올 필요가 없다. 이들은 동시적으로 관련되고 동등한 위치에 있는 두 평행적 실재다.

마음과 물질

마음과 물질의 관계는 융을 끊임없이 자극했다. 그는 예컨대 수학적 사고만을 바탕으로 어마어마한 자연과 인간의 교통량을 견뎌낼 수 있는 다리를 만든다면 흥미로울 것이라고 생각했다. 수학은 마음의 순수한 산물이고 자연 세계 어디에도 나타나지 않지만, 사람들은 연구실에 앉아서 물리적 대상이나 사건들을 정확히 예측하고 포착하는 방정식을 고안해낼 수 있다. 융은 정신의 순전한 산물(수학 공식)이 물리적 세계와 그처럼 놀라운 관계를 지닐 수 있다는 사실에 깊은 인상을 받았다. 다른 한편으로 융은 원형도 정신과 물리적 세계 사이의 직접적 연결 고리 역할을 할 수 있다고 제안한다. "우리는 정신 현상을 제대로 명확히 설명해내지 못하는 때조차, 원형은 비정신적 측면을 분명히 갖는

10 위의 책.

다고 추정하지 않을 수 없게 된다. 그러한 결론은 무의식적 동인들의 활동과 연관되고 '텔레파시' 등으로 간주되거나 거부되는 동시성 현상에 기인한다."[11] 융은 동시성 현상과 관련해 인과성이 원형 때문에 일어난다고 하는 데는 대체로 신중하지만(그렇지 않으면 그는 인과성 모델로 후퇴해 원형이 동시적 사건의 원인들이라고 보았을 것이다), 이 구절에서 그는 동시성을 조직하는 '동인들'을 원형들과 연결하는 듯 보인다.

동시성은 정신적 사건과 물리적 사건 사이에 의미 있는 일치가 일어나는 것으로 정의된다. 비행기가 추락하는 꿈은 다음 날 아침 라디오 방송에 반영되어 나타난다. 꿈과 비행기 추락 사이에 어떠한 인과적 연결이 존재하는지 알려져 있지 않다. 융은 이렇게 일어나는 우연의 일치가 한편에서는 정신적 이미지를, 다른 한편에서는 물리적 사건을 유발하는 조직자에 근거한다고 가정한다. 두 사건은 거의 동시에 일어나며, 이 사건들 사이의 연결 고리는 인과적인 것이 아니다. 이러한 주장에 대한 비판을 예상하면서, 융은 다음과 같이 적고 있다. "회의론은 (…) 스스로 존재하는 사실 자체가 아니라 부정확한 이론에 겨냥되어야 한다. 편향적이지 않은 어느 관찰자도 이 사실을 부인할 수 없다. 이런 사실을 인정하지 않으려는 것은 원칙적으로 사람들이 '천리안' 같은 정신에 부가된 초자연적 능력에 대해 느끼는 혐오에 기인한다. 내가 현재 볼 수 있는 대로, 이러한 현상에 대해 매우 다양하면서도 혼란스러움을 보여주는 양태는 정신적으로 상대적 시공 연속체의 가정에 근거해 완전히 설명할 수 있다. 정신의 내용은 경계를 넘어 의식에 들어서자마자

11 위의 책.

동시적인 주변부 현상이 사라지고, 시간과 공간은 기존의 지배력을 다시 갖게 되며, 의식은 다시 그 주관성 안에 고립된다."[12]

동시성 현상은 꿈이나 묵상에서 일어나는 것과 마찬가지로 의식의 낮은 수준에서 정신이 작용할 때 가장 자주 일어난다. 공상에 빠지는 것은 이러한 현상이 일어나는 데 이상적 상태다. 사람이 동시적 사건에 대해 의식하고 집중하자마자 시간과 공간의 범주가 지배력을 다시 갖는다. 라인의 실험에서 피험자들이 이러한 시험 기획에 흥미를 갖고 흥분하게 되면, 그들의 의식은 분명히 흐릿해졌을 것이라고 융은 결론 내렸다. 그들이 자신들의 의식을 사용해 여러 개연성을 알아차리려 했다면, 그들의 ESP(초감각지각) 결과는 떨어졌을 것이다. 왜냐하면 인지적 기능이 장악하자마자 동시성을 향한 문은 닫혀버리기 때문이다. 또한 융은 동시성이 주로 감정 상태가 있느냐 없느냐, 즉 감정 자극에 민감하냐에 의존한다는 점을 지적한다.

융은 자신의 저작들에서 동시성에 대한 협의와 광의의 정의를 각각 내리고 있다. 협의의 정의에 따르면, "어떤 정신 상태가 일시적으로 주관적 상태와 중요한 평형을 이루는 것으로 보이는 외부적 사건과 동시에 일어나는 것"[13]이다. '동시에 일어나는simultaneous' 것이란 말은 몇 시간 또는 며칠의 범위에서 동일한 시기에 발생하지만 필연적으로 정확히 같은 시간에 일어나는 것은 아니라는 의미라고 융은 보고 있다. 두 사건, 즉 한쪽에는 정신의 사건이, 다른 한쪽에는 물리적 사건이 단순히 '동시에 일어난다는 것'이다. 정신의 측면에서 볼 때 이것은 꿈 이미

---

12 위의 책.
13 위의 책, 850항.

지나 사상 또는 직관이 될 수 있다. (정신과 대상 세계 사이의 이러한 신비스런 상관관계는 동시성에 대한 협의의 정의이고, 광의의 정의는 나중에 논의될 것이다.)

위에서 주목한 대로, 동시성은 사람이 정신적으로 '정신 수준의 축소abaissement du niveau mental'(낮은 수준의 의식적 인식과 일종의 흐릿한 의식 상태)[융은 이 말을 프랑스 심리학자 피에르 자네에게서 빌려왔다]에 떨어져 있고 의식 수준이 오늘날 알파 상태라고 부르는 정도에 있을 때 자주 일어난다. 이것은 또한 무의식이 의식보다 더 활기를 띠고 콤플렉스와 원형은 더 활성화된 상태로 변해서 그 경계를 의식 상태까지 밀어 올릴 수 있음을 의미한다. 이러한 정신의 재료가 정신 외부의 대상적 자료와 상응하게 되는 것이 가능하다.

절대지(絕對知)

융은 경험을 통해 확정적 증거를 제법 확보하기는 했지만 논리적 비약이 좀 있었는데, 무의식이 선험적 지식을 갖는다는 점이다. "필수적인 에너지 전달이 이뤄진다고 생각조차 할 수 없는 경우에도 시간과 공간에서 동떨어진 한 사건이 이에 상응하는 정신 이미지를 어떻게 생산할 수 있는가? 아무리 파악하기 힘든 것처럼 보여도, 무의식 안에 선험적 지식 또는 어떠한 인과적 토대에 기반을 두지 않은 '사건들의 직접성' 같은 것이 있다고 상정하지 않을 수 없다."[14] 이것은 우리가 합리적

---

14 위의 책.

방법으로 알 수 없는 것을 직관적으로 알 수 있다는 가능성을 허용한다. 깊은 직관은 진정으로 참된 지식을 제공할 수 있는 것이지, 단지 추측이나 짐작 또는 공상이 아니다. 융에게 무의식은 칸트적 지식의 범주에 도전하고, 그래서 칸트적 앎의 가능한 범위를 의식에 묶어두는 것을 능가한다. 다시 말해 무의식에서 우리는 부지불식간에 많을 것을 알게 된다. 이것들은 생각해본 적이 없는 생각 또는 무의식의 선험적 지식이라고 할 수 있다. 이것이 바로 정신과 세계의 통합에 대해 융으로 하여금 극단까지 숙고하도록 하게 하는 그 개념이다. 만일 우리가 앎에 대한 의식의 가능성을 넘어서 있는 것이 있음을 안다면, 우리 안에 알려지지 않은 인식 주체, 즉 시간과 공간의 범주를 초월하고 여기와 저기, 지금과 그때 동시에 있는 정신의 한 측면도 존재하는 것이다. 이것이 바로 자기self일 것이다.

융 연구자들은 무의식 안에 비밀이란 없다고 지적하곤 한다. 즉 누구든 전부 안다는 것이다. 이것이 이러한 정신적 실재의 수준으로 말하는 방식이다. 일단 직관에 비상한 재능이 있는 사람들(알지도 못하고 전혀 본 적도 없는 사람들을 진단할 때 놀라운 정확도를 보여주는 직관력 뛰어난 일부 의사들처럼)은 제쳐놓고라도, 어떤 사람들은 의식적으로 접근해서 얻지 못하는 정보를 제공해주는 꿈을 꾼 경험이 있다. 물론 그들은 자기들이 꾸는 특별한 꿈이 정확한지 모를 수도 있다. 때로 우리는 다른 민족들에 대한 꿈을 꾼다. 분석가로서 나는 전이 꿈에 대한 이야기를 많이 듣는다. 이러한 전이 꿈의 일부(어떤 경우에도 꿈의 전부는 아니지만)는 환자들이 의식적으로 나에 대해 아는 것이 제한되어 있음에도 나에 대해 꽤 정확히 알고 있다는 것을 입증할 수 있다. 한 환자의 꿈이 당시

나 스스로 의식적으로 알지 못한 것을 알려준 일도 있었다. 그녀는 내가 몹시 지쳐서 쉴 필요가 있다는 꿈을 꾸었다. 나는 시간을 갖고 성찰하기 전까지 그 점을 의식하지 못했는데, 감기에 걸린 다음에야 나 스스로 의식적으로 읽어낼 수 있는 것보다 그녀의 무의식이 내 몸 상태를 더 정확히 발견했다는 것을 알았다. 사람들 안에 있는 이러한 무의식의 앎의 주체는 신의 눈the eye of God과 비교될 수 있는데, 이것은 이전에 수녀들이 어린 학생들로 하여금 교회의 가르침에 엄격히 순종하게 하려고 사용한 개념이다. 신이 감시하고 지키는 평행상태는 바로 우리가 행하는 것뿐만 아니라 우리가 생각하는 것(사실 이것이 우리의 본질이다)이다. 이것은 어떤 절대적 지식이 무의식에 존재한다는 동일한 관념이 투사한 형태다.

융은 선험적 지식 문제를 더 고찰하려고 수에 대한 심리학적 의미를 검토한다. 수란 무엇인가? 우리가 "의식하는 질서의 원형으로서의 수를 심리학적으로 정의한다"[15]고 가정해보자. 존재의 우주적 구조는 수와 수의 관계에 기초하고 있다는 고대의 시각도 물론 있다. 예를 들어 피타고라스 학설은 그러한 시각을 설파한 것이다. 융은 이러한 고대 접근보다는 오직 정신과 세계의 근본적 구조로서의 현대의 수학적 개념을 통해 이와 비슷한 접근을 한다. 존재의 이러한 기본적 구조가 정신에 이미지로 형성되면, 이 구조는 전형적으로 원(만다라)과 정사각형(사위체)으로 나타나는데, 여기에 수 1과 4가 관련된다. 수 1(시작)에서부터 중재의 수 2와 3을 거쳐 수 4(완성, 전일성)로 이동하는 것은 1차적(그

---

15 위의 책, 870항.

렇지만 단지 가능성의) 통합에서 실제적인 전일성의 상태로 통과하는 것을 상징한다. 수는 정신에서 개성화 구조를 상징하며, 비정신 세계에서 질서의 창조를 상징하기도 한다. 그래서 수에 대한 인간의 앎은 우주적 구조에 대한 앎이 된다. 인지적 능력과 지능을 통해 선험적 지식을 갖게 되는 한에서 사람들은 또한 우주에 대한 선험적 지식을 갖는다. (흥미롭게도 엠페도클레스 같은 고대 그리스인들은 신을 수학적 견지에서 생각하며, 수학적 천재였던 인간들은 신과 같다고, 즉 자신들이 신이나 다름없다고 믿었다. 이러한 확신 때문에 엠페도클레스는 에트나 산에서 스스로 몸을 던져 활화산으로 떨어졌다.)

수가 질서의 원형을 의식적으로 드러낸다고 하더라도, 수는 질서의 이러한 상태의 궁극적 원인이 '무엇'인지에 대한 질문에는 여전히 대답하지 못한다. 수와 질서 이미지의 기초가 되는 것은 무엇인가? 질서의 원형은 본질적으로 무엇인가? 동시성 현상에서 명백한 질서를 부여하고 스스로를 수와 이미지의 형태로 드러내는 역동적 배후의 힘은 분명히 존재한다. 융은 새로운 우주론을 향한 자신의 작업, 즉 정신뿐만 아니라 세계를 위한 질서 원리에 대한 진술을 향한 작업을 하고 있었다. 이러한 진술은 종교적 또는 상상의 의미에서 1차적으로 신화적이라기보다 오히려 현대의 과학적 세계관에 기초한다.

새로운 패러다임

융은 이 논문 끝 부분에서, 인간이 경험하고 과학자들이 측정하는 대로 실재에 대한 완전한 진술을 제공할 수 있는 패러다임 형태로서 동시성(시간, 공간, 인과성과 더불어)을 포함하는 포괄적 아이디어를 소개한다. 융이 여기서 시도한 것은 정신을 실재 전체에 제대로 포함하는 면도 있다. 그래서 그는 "정신적 사건과 대상적 사건 사이에 의미 있는 일치"[16]가 고려되어야 한다고 본다. 이것은 과학적 패러다임에 정신 요소를 첨가하는 것이다. 그렇지 않을 경우 이 과학적 패러다임은 인간의 의식 또는 의미의 가치와 관련 없이 따로 가게 된다. 융은 실재를 제대로 진술하려면 인간 정신의 출현(관찰자)과 의미의 요소를 포함해야 한다고 제안한다.

우리는 이미 이전 장들에서 융이 인간의 의식을 매우 중요하게 여겼다는 것을 살펴보았다. 사실 융은 이 땅에서 인간 삶의 의미는 인간이 의식을 수용하는 능력과 밀접히 연관된다고 보며, 이 세계에 보이지 않고, 사고되지 않고, 인식되지 않은 상태로 끝없는 시간의 영겁을 통해 흐르고 말았을 사물과 의미를 반영하는 인식을 세계에 덧붙이게 된다는 것이다. 융에게 있어 유사정신의 집단 무의식 심층에서 나온 형태와 이미지가 의식 안으로 출현하는 것은 인간에게 우주에는 목적이 있음을 보여주는 것이다. 왜냐하면 (우리가 알고 있는 한) 인간만이 이러한 형태를 실현하고, 이렇게 실현한 것을 표현하기 때문이다. 다시 말해 신은 인식되기 위해 우리를 필요로 한다. 인간은 우주에 질서의 원리가 있다는 의식을 할 수 있는 위치에 있다. 우리는 저기 객관적으로 있는 의미를 주목하고 마음에 새길 수 있다. 그런데 융은 단지 여기서 사변 철학을 시도하는 것만은 아니라는 점을 분명히 하려고 한다. 이러한 그

---

16 위의 책, 850항.

의 논리는 전통적이고 구식이며, 전근대적 의식 수준에 머물고 있는 것일 수 있다. 그는 단계 5의 의식은 물론 단계 6의 의식을 획득하려고 노력하며(8장 참조), 그래서 실증적·과학적으로 이 일을 성취하려고 한다. 융은 동시성이란 1차적으로 철학적 관점이 아니라 경험적 사실과 관찰을 바탕으로 한 개념임을 분명히 하고자 한다. 이것은 실험실에서 시험될 수 있다.[17] 이런 종류의 우주론만이 현대 세계에서는 수용될 만한 것이리라. 전통적 신념 체계에 대한 향수는 오늘날 세계의 많은 영역에서 발견되지만, 현재와 미래, 그리고 최상의 의식 수준과 무관하지 않은 이 패러다임은 신화적일 수 없다. 이것은 과학적이어야 한다.

동시성 개념과 이것이 보여주는 것은 새로운 세계를 보는 시각을 위한 기초로서 쓸모가 있는데, 직관적으로 이해하기 쉽고 일상의 삶에 매우 용이하게 관련되기 때문이다. 행운이나 제대로 돌아가는 것이 아무것도 없는 불운한 날들에 대해 의식하지 않을 사람은 아무도 없다. 의미와 이미지를 통해 관련은 되지만 인과적으로 연결되지 않은 일련의 사건들은 모두에게 즉각 경험되고 입증된다. 그러나 이 개념이 과학적 원리로 진지하게 수용되는 것은 결코 쉬운 일이 아니다. 이것은 혁명적이다. 무엇보다 이것은 자연과 역사에 대해 전적으로 새로운 방식의 사고를 요구한다. 예를 들어 사람이 역사적 사건에서 의미를 찾으려 한다면, 질서에 깔려 있는 원형은 의식이 진일보하는 방식으로 역사를 배치한다는 함의를 갖는다. 이것은 인간이 그렇게 생각하고 싶어 해서 오는 진보가 아니라, 오히려 실재에 대한 이해가 진척됨을 의미한다. 이해는

---

17 위의 책, 960항.

실재의 아름다움과 영광뿐만 아니라 실재의 끔찍한 면을 인식하는 것이기도 하다.

이러한 동시성 개념은 융으로 하여금 《아이온》이라는 책을 집필하게 한 추진력이었다. 2,000년에 이르는 서구의 종교와 문화의 역사는 겉으로 드러나지 않지만 근원적인 원형 구조에 대해 의식이 펼쳐지는 형태로 보일 수 있다. 굽이치고 변천하는 역사 과정에서 우연이란 없다. 이 역사는 어딘가로 흘러가면서 인간 의식에 반사되고 반영을 필요로 하는 특별한 이미지를 생산한다. 이 이미지에 밝은 면도 있고 어두운 면도 있다. 이러한 반영 양식은 집단의 역사뿐만 아니라 개인 삶의 역사에 적용될 수 있으며, 이러한 두 역사는 서로의 관계로 나타날 수 있고(그리고 나타나야 하며) 건설적인 방식으로 연결될 수 있다. 우리 각자는 어느 정도는 역사 전개의 근본적 동기인 의식을 진척시키기 위해 각 시대가 요청하는 의식의 운반자다. 예를 들어 원형적 본질을 갖고 있는 개인의 꿈은 각 시대에 관여해 개인의 의식 일면뿐 아니라 문화의 일면을 상쇄할 수도 있다. 이런 의미에서 개인은 대체로 역사가 총체로서 드러내는 실재를 반영하는 공동 창조자다.

동시성을 포함하는 측면에서 문화와 역사에 대해 고찰하게 하는 정신적 도약은 특별히 인과성을 엄격히 고수한 나머지 협소한 합리성을 고수하는 서구인에게 의미심장한 것이다. 계몽주의의 시대는 의미가 상실된 사실성의 유산만을 남겼다. 우주와 역사는 우연과 물질을 지배하는 인과적 법칙에 의해 배열된다는 것이다. 융은 이러한 도전을 염두에 두고 있다. 결국 그 자신이 서구의 과학적 세계관에 몰두하지 않을 수 없게 된다. "의미의 고유성을 지닌 동시성의 관념은 당혹스럽게도 표상되지 않는 이 세계의 현실을 여실히 보여준다. 하지만 이러한 동시성 개념을 통해 우리로 하여금 자연을 묘사하고 탐구하는 데 필요한 유사정신적 요소(즉 선험적 의미 또는 '그에 동등한 가치')를 포함하는 시각을 가질 수 있게 한다."[18] 융은 물리학자 볼프강 파울리와 함께 고안해 낸 도표를 제시한다.

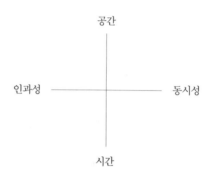

세로축에는 시간과 공간의 연속체가 나타나고, 가로축에는 인과성과 동시성의 연속체가 나타난다. 실재에 대한 가장 완벽한 설명은 이러한 네 요인, 즉 그 사건이 일어난 때와 장소(시공 연속체), 그리고 그 사건에 이르게 된 여러 사건들의 연쇄와 의미(인과성과 동시성 연속체)를 고려한 현상 이해를 포함해야 한다. 이러한 문제 제기에 대한 해답을 얻을 수 있는 사건은 완전히 파악될 것이다. 이 네 가지 중 어느 하나 또는 모두에 대한 논란이 일어날 수 있다. 즉 한 사건의 의미에 대한 문제가 제기되면 큰 차이나 논란이 일어나리라는 것은 분명하다. 이에 대

---

18 위의 책, 962항.

한 해석의 차이는 끊임없이 일어난다. 예를 들어 가족 중 어느 한 사람의 출생과 사망 같은 매우 개인적인 사건은 말할 것도 없거니와 최초의 원자폭탄 폭발 같은 중대한 사건들에 대한 해석은 여전히 분분하다. 여기에는 의견 차이가 여러 형태로 나뉠 여지가 많다. 인과성에 대한 광범위한 의견 차이도 물론 존재한다. 융이 말하는 핵심은 이렇다. 어느 특정 사건의 의미에 대한 답을 단지 이 사건을 초래한 여러 사건들의 인과적 연속만으로 설명하기란 부족하다는 것이다. 의미에 대한 질문에 답을 구할 때 동시성이 고려되어야 한다고 융은 주장한다. 어떤 사태에 대해 심리학적·유사정신적 측면에서 볼 때, 무의식 내용이 포진된 상황에서 드러나는 원형적 형태를 조사할 필요가 있다. 왜냐하면 이 형태들은 동시성과 심층적 구조의 의미에 대한 질문에 제대로 응답하는 데 필요한 매개변수가 되기 때문이다. 예컨대 세계사 무대에서 원자탄의 출현과 관련한 의미의 탐구에서는 2차 세계대전을 야기한 요인과 이 전쟁으로 격화된 반대 진영의 양극화를 포함시켜야 한다. 이러한 분석을 할 때, 원자폭탄을 만들려고 한 현대 인류의 열망도 포함되는 것이다. 원자폭탄은 존재의 구조에 대한 인간의 일면적 의식에 무엇을 추가하는가?

융은 정신세계의 경계를 과감히 넘어서는 동시적 사건과 관계하는 원형 이론을 다루기 위해 원형의 비정신적 본질에 대한 개념을 확대하지 않을 수 없었다. 한편으로 원형은 이미지와 관념의 형태로 정신 내부에서 경험되므로 정신적이며 심리학적이다. 다른 한편으로 원형은 그 자체로 표상될 수 없으며 그 본질은 정신 밖에 놓여 있다. 융은 동시성에 대한 이 논문에서, 원형이 갖는 '경계 넘기transgressivity' 속성을 소개한다. "비록 인과적 과정과 연관되거나 이러한 과정에 의해 '수행된다'고 하더라도, 그들[원형들]은 계속적으로 그 지시 대상의 틀을 넘어가는데, 이러한 침해를 '경계 넘기'라고 한다. 왜냐하면 원형들은 정신 영역에서만 독점적으로 발견되는 것이 아니라, 정신이 아닌 환경(정신의 과정과 맞먹는 형태를 드러내는 외부의 물리적 과정)에서도 마찬가지로 일어나기 때문이다."[19] 원형은 정신과 인과성 둘 다에 의해 '수행된다'고 할지라도 둘의 경계를 넘어가는 위반을 한다. 융이 의도한 이 경계 넘기의 의미는 정신 안에서 일어나는 형태가 정신 밖에 있는 형태 및 사건과 서로 연관된다는 것이다. 그러므로 정신과 인과성의 공통적인 것은 원형이다. 원자폭탄의 경우에 자기 원형은 폭발 사건에 의하여, 이 사건이 나타나는 세계 역사의 맥락에 의하여, 그리고 폭탄이 나오게끔 한 몇백만 명(이에 대한 연구가 이뤄지긴 했지만 나의 추측임)의 열망에 의하여 정신의 내면세계와 외부 세계의 역사에서 드러난다.

이러한 경계 넘기에 대한 관념은 두 방향으로 나뉜다. 먼저 내가 논의한 대로, 정신과 세계에서 함께 일어나며 우리 직관을 통해 의미 있게 보이는 동시 사건들이 발생하는 경우로, 근본적으로 객관적 의미가 분명히 존재한다는 것을 보여준다. 그리고 순전히 우연으로 보이는 사건들이 발생하는 경우에도 우리 직관을 통하지 않은 의미가 존재할 가능성이 있다는 것이다. 양자의 경우, 이러한 의미의 유형은 직선적 인과성의 연쇄를 넘어간다(경계를 위반한다). 우리가 어느 특정한 가정에 태어나는 것은 단지 우연과 인과인가, 아니면 의미도 있는가? 또는 발

---

19 위의 책, 964항.

달심리학에서 통용되듯이, 정신이 인과적으로 조직화되고 구조화될 뿐만 아니라 동시적으로 된다고 가정해보자. 이것은 성격 발달이 이미 정해져 있어서 후생적後生的 연속 단계를 밟는 것일 뿐 아니라 의미 있는 동시 발생(동시성)의 계기를 통해 일어난다는 것도 의미한다. 또한 본능적인 것들과 원형들은 인과적으로, 그리고 동시적으로 (의미 있게) 맺어지고 활성화된다는 것을 의미한다. 예를 들어 성sexuality 같은 본능은 연속되는 사건의 인과적 연쇄(유전적 요소와 심리학적 고착 또는 아동기의 경험)에만 한정되는 것이 아니라, 원형의 장이 특별한 순간에 형성되고 누군가와의 우연한 만남이 평생 관계로 바뀌기 때문에 활성화될 수 있다. 이 순간에 유사정신 세계의 무언가는 가시적이고 의식적이게 된다('대점', 곧 영혼의 짝). 원형이 포진된 이미지는 사건을 만들지는 않지만, 내면 심리의 준비된 상태(이때 전적으로 무의식적일 수도 있는)와 한 사람의 외부적 모습 사이의 상응은 납득과 예측이 안 될 정도로 동시적이다. 우리가 인과성 견지로만 성찰한다면 왜 그러한 연결이 일어나는지 미스터리처럼 보이겠지만, 동시성 요소와 의미의 차원을 도입한다면 훨씬 완벽하고 만족스러운 답을 찾게 된다. 임의로 된 우주에서 필요와 기회 또는 욕망과 만족이 이렇게 동시에 일어나는 것은 불가능하거나, 적어도 통계학적으로는 일어날 것 같지 않다. 동시적 사건에 구현된 잊을 수 없는 이러한 신비스러운 일들은 사람들을 변화시킨다. 삶은 새롭게 바뀌고, 동시적 사건들의 배후를 숙고함으로써 의식은 심원한 수준에 이르거나 심지어 궁극적 수준에 이르게 될 것이다. 원형의 장이 밤하늘의 별처럼 펼쳐지고 그 펼쳐진 형태가 정신과 대상적인 비정신 세계 안에 동시적으로 출현할 때, 사람은 도道 안에 머무는 경험을 한다.

그러한 경험을 통해 의식에 이용될 수 있다는 것은 인간이 실현할 수 있을 만큼 궁극적 실재에 이르게 되는 전망을 준다는 점에서 근본적이라는 의미다. 동시적 사건의 원형적 세계에 떨어지는 것은 신의 뜻 안에 사는 듯 느끼는 것이다.

우주론

동시성에 대한 이 논문은 융이 동시성에 대해 내린 '협의의 정의'로 시작하고 여기에 초점을 맞춘 것이다. 좁은 의미에서 동시성이란 꿈이나 사고 같은 정신의 사건과 비정신적 세계의 사건 사이의 의미 있는 일치다. 융은 동시성에 대한 광의의 정의도 내린다. 광의의 정의에 따르면, 인간의 정신과 특별한 연관이 없어도 세계에서의 비인과적 질서가 존재한다는 것으로, 세계에서 "동시성이 갖는 관념을 '비인과적 질서'로 보는 광의적 개념 활동"[20]을 말한다. 이것은 융의 우주론적 진술이다. 동시성 또는 '비인과적 질서'는 우주적 법칙을 지배하는 근본적원리다. "'모든 창조 활동', 즉 자연수의 속성이나 현대 물리학의 비연속성 같은 선험적 요소들이 이러한 범주에 든다. 협의로 이해되는 동시성에 포함된 현상의 본질과 일치하지 않는 것처럼 보일지라도, 결국 우리는 확장된 개념의 영역 안에 지속적이며 실험적으로 재생할 수 있는 현상들을 포함해야 한다."[21] 동시성에 대한 일반적 원리의 관점에서 볼 때, 유사정신 요인과 원형이 경계를 넘은 위반으로 얻는 비인과적 질서

---

20 위의 책, 965항.
21 위의 책.

에 대한 인간의 체험은 우주에서 훨씬 폭넓은 질서를 보여주는 특별한 사례다.

나는 이러한 우주론적 그림과 함께 융이 그린 영혼의 지도 탐험을 마무리하고자 한다. 융은 정신과 그 경계의 탐험을 통해 통상적으로 우주론자, 철학자, 신학자가 차지한 영토로 들어갔다. 하지만 그가 그린 영혼의 지도는 더 넓은 관점의 맥락에서 보아야 한다. 왜냐하면 이 지도는 그의 통일된 비전 가운데 최상의 범위를 제시해주기 때문이다. 융은 우리 인간존재가 우주에서 특별한 역할을 수행한다고 가르친다. 우리 의식은 우주를 성찰하고, 이 우주를 의식의 거울로 가져올 능력이 있다. 네 가지 원리, 즉 불멸의 에너지, 시공 연속체, 인과성, 그리고 동시성을 통해 가장 잘 설명될 수 있는 우주에 우리가 살고 있다는 것을 깨닫게 된다. 융은 이러한 관계를 도표로 보여주고 있다.

인간의 정신과 우리의 개인적 심리는 무의식의 유사정신적 수준을 통해 가장 심원하게 이러한 우주 질서에 참여한다. 정신화 과정을 통해 우주에 나타나는 질서 형태는 의식에 이용될 수 있고, 결국 이해되어 통합될 수 있다. 각 사람은 이미지와 동시성에 관심을 기울임으로써 내

면에서 나오는 창조자와 창조적 작업을 증언할 수 있다. 왜냐하면 원형은 정신의 양태일 뿐만 아니라 우주의 실제적 기본 구조를 반영하기 때문이다. 고대 현자들은 "위에서처럼, 아래도 그러하다"고 말한다. 현대의 영혼 탐험가 카를 구스타프 융은 "내면에서처럼, 외면도 그러하다"고 응답한다.

개성화 individuation	전일성을 의식적으로 인식하는 정신 발달 과정을 의미하며, 개인주의와 혼동해서는 안 된다.
그림자 shadow	성격에서 거절당하고 수용되지 않는 양상을 일컫는 말로, 억압된 상태에 있으면서 자아가 지향하는 이상(ideals)과 페르소나에 대한 보상적 구조를 형성한다.
내향성 introversion	내성 지향적이며 대상과의 관계에 관여하기보다 면밀히 검토하기를 선호하는 의식의 습관적 태도를 말한다.
동시성 synchronicity	내면적·정신적 사건과 외면적·물리적 사건이 단순한 인과적 연관이 아니라 서로 의미 있는 일치가 일어난 상태를 말한다.
리비도 libido	'정신 에너지'라는 개념으로 대체할 수 있고, '생명력'이라는 철학적 개념과 깊은 연관이 있다. 수량화되고 측정될 수 있다.
무의식 unconscious	의식적 인식 외부에 있는 정신의 일부를 말하며, 그 내용은 의식적으로 된 적이 전혀 없는 사고, 이미지, 감정 같은 억압된 기억과 재료로 구성된다. 콤플렉스를 포함하는 개인 무의식과, 원형 이미지와 본능의 무리들을 수용하는 집단 무의식으로 나뉜다.

보상 compensation	자아의식과 무의식이 항상성 균형을 이루게 하는 자기 조절적인 역동적 과정으로, 개성화를 발전시키고 전일성을 향한 진전을 촉진하기도 한다.
본능 instinct	타고나며 육체에 기초한 정신 에너지(또는 리비도)의 원천으로, 정신에서 원형 이미지에 의해 형성되고 구조화된다.
신경증 neurosis	자아의식에 편향적으로 견고히 구축된 습관적 태도로서, 무의식의 내용을 방어적·조직적으로 의식에서 배제하는 경향을 말한다.
심리 유형 psychological type	두 태도(외향성, 내향성) 가운데 하나와 네 기능(사고, 감정, 감각, 직관) 가운데 하나가 서로 결합해 자아의식이 독특한 습관적 경향을 갖게 한다.
아니마 anima	남성의 무의식에 나타나는 영원한 여성성의 원형 이미지로서, 자아의식과 집단 무의식을 연결해주고 잠재적으로는 자기에 이르는 길을 열어준다.
아니무스 animus	여성의 무의식에 나타나는 영원한 남성성의 원형 이미지로서, 자아의식과 집단 무의식을 연결해주고 잠재적으로는 자기에 이르는 길을 열어준다.
원형 archetype	상상이나 사고 또는 행동으로 나타나는 고유한 잠재적 형태로서, 모든 시공의 인간에게 발견된다.
원형 이미지 archetypal image	인류에게 공통으로 나타나는 마음 또는 행위의 정신적 형태를 말한다. 원형 이미지는 개인의 꿈과 신화, 동화, 종교 상징 같은 문화적 재료에서 발견된다.

유사정신의 psychoid	정신의 경계들을 지시하는 형용사로, 이 경계들 가운데 하나는 몸과 물리적 세계와 '영(spirit)'의 영역을 가진 타자와 상호작용한다.
외향성 extroversion	대상들을 면밀히 검토하기보다는 적극적으로 관여하는 것을 선호하는 의식의 습관적 태도를 말한다.
이마고 imago	부모 같은 대상이 나타내는 정신적 표상 또는 이미지를 의미하며, 실제적 대상과 혼동해서는 안 된다.
자기 self	모든 원형 이미지의, 그리고 구조와 질서 및 통합을 지향하는 고유한 정신적 경향성의 중심, 즉 원천을 말한다.
자아 ego	의식의 중심, 즉 '나'.
자아의식 ego- consciousness	중심이 자아, 즉 '나'로서, 접근이 용이한 사상과 기억 및 감정으로 구성된 정신의 일부를 말한다.
전일성 wholeness	전 생애에 걸쳐 발달하는 정신의 복잡성과 통합에서 나타나는 감각을 말한다.
정신 psyche	의식, 개인 무의식, 그리고 집단 무의식의 영역을 포괄하는 용어다. 집단 무의식은 개인적이거나 개별적이지 않으므로 때론 대상적 정신을 의미하기도 한다.
정신병 psychoid	자아의식이 무의식의 과다 출현으로 종종 스스로를 원형 이미지와 동일시함으로써 방어하려고 하는 몰입 상태를 말한다.

초월 기능
transcendent
function

꿈의 해석과 적극 상상의 결과로서 자아의식과 무의식 사이에 형성된 정신의 연결을 의미하며, 인생 후반기에 일어나는 개성화에 필수적인 기능이다.

콤플렉스
complex

개인 무의식의 자율적 내용에 조율되는 감정으로서, 보통 정신적 상처 또는 외상을 통해 형성된다.

투사
projection

무의식적 정신 내용의 외면화를 의미하며, 때론 (그림자와 마찬가지로) 방어 목적으로, 때론 (아니마나 자기와 마찬가지로) 정신의 발달과 통합을 목적으로 이런 투사가 이뤄진다.

페르소나
persona

한 사람의 사회적 정체성을 구성하는 개인과 사회 사이를 조화롭게 이어주는 정신의 수단을 말한다.

참고 문헌

Burnham, J. S. and McGuire, W. (eds.). 1983. *Jelliffe: American Psychoanalyst and Physician.* Chicago: University of Chicago Press.

Clark, J. J. 1992. *In Search of Jung.* London and New York: Routledge.

Csikszentmihalyi, M. 1990. *Flow.* New York: Harper and Row.

Dieckman, H. 1987. On the theory of complexes. In *Archetypal Processes in Psychotherapy* (eds. N. Schwartz-Salant and M. Stein). Wilmette, IL.: Chiron Publications.

——. 1988. Formation of and dealing with symbols in borderline patients. In *The Borderline Personality in Analysis* (eds. N. Schwartz-Salant and M. Stein). Whlmette, IL.: Chiron Publications.

Ellenberger, H. 1970. *The Discovery of the Unconscious.* New York: Basic Books.

Erikson, E. 1968. *Indentity, Youth, and Crisis.* New York: Norton.

Fordham, F. 1953. *An introduction to Jung's Psychology.* Baltimore: Penguin Books.

Fordham, M. 1970. *Children an Individuals.* New York: Putnam.

——. 1985. *Explorations Into the Self.* London: Academic Press.

Hannah, B. 1976. *Jung, His Life and Work.* New York: G. P. Putnam's Sons.

Henderson, J. 1990. Cultural attitudes and the cultural unconscious. In *Shadow and Self.* Wilmette, IL.: Chiron Publications.

Hogenson, G. 1994. *Jung's Struggle with Freud*. Wilmette: Chiron Publications.

Jaccobi, J. 1943. *The Psychology of C. G. Jung*. New Heaven, Conn.: Yale University Press.

James, W. 1902. *Varieties Religious Experience*. New York: Longmans, Green, and Co.

———. 1950. *The Principles of Psychology*. New York: Dover.

Jung, C. G. Except as below, references are to the *Collected Works (CW)* by volume and paragraph number.

———. 1961. *Memories, Dreams, Reflections*. New York: Random House.

———. 1973. *Letters*, Vol. 1. Princeton: Princeton University Press.

———. 1974. *The Freud/Jung Letters*. Princeton: Princeton University Press.

———. 1975. *Letters,* Vol. 2. Princeton: Princeton University Press.

———. 1977. *C. G. Jung Speaking*. Princeton: Princeton University Press.

———. 1983. *The Zofingia Lectures*. Princeton: Princeton University Press.

———. 1991. *Psychology of the Unconscious*. Princeton: Princeton University Press.

Kerr, J. 1993. *A Most Dangerous Method*. New York: Knopf.

Maidenbaum, A. (ed.). 1991. *Lingering Shadows: Jungians, Freudians and Anti-Semitism*. Boston: Shambhala.

McGuire, W. (ed.). 1974. *The Freud/Jung Letters*. Princeton : Princeton University Press.

Noll, R. 1989. Multiple personality, dissociation, and C. G. Jung's complex theory. In *Journal of Analytical Psychology* 34: 4.

———. 1993. Multiple personality, and the complex theory. In *Journal of Analytical Psychology* 38: 3.

———. 1994. *The Jung Cult*. Princeton : Princeton University Press.

Rieff, P. 1968. *Triump of the Therapeutic*. New York: Harper and Row.

Samuels, A. 1992. National psychology, National Socialism and analytical psychology: Reflections on Jung and anti-semitism, Pts. I, II. In *Journal of Analytical Psychology* 37: 1 and 2.

———. 1993. New material concerning Jung, anti-Semitism, and the Nazis. In *Journal of Analytical Psychology* 38: 4, pp. 463-470.

Satinover, J. 1995. Psychopharmacology in Jungian practice. In *Jungian Analysis* (ed. M. Stein), pp. 349~371. LaSalle, IL.: Open Court.

Stevens, A. 1982. *Archetypes: A Natural History of the Self.* New York: William Morrow and Co.

Stein, M. (ed.). 1995. *Jung on Evil.* Princeton : Princeton University Press.

Tresan, D. 1995. Jungian metapsychology and neurobiological theory: auspicious correspondences. In *IAAP Congress Proceedings 1995.* Einsiedeln: Daimon Verlag.

von Franz, M. L. 1971. The inferior function. In *Jung's Typology.* Dallas: Spring Publications.

Wehr, G. 1987. *Jung, A Biography.* Boston: Shambhala.

옮긴이의 말

1. 영혼의 지도를 따라서

머리 스타인Murray Stein의 《융의 영혼의 지도 Jung's Map of the Soul》는
인간의 정신 또는 영혼이라는 우주를 탐험하기 위한 책이다. 그가 말하
는 영혼soul 또는 정신psyche의 모든 과정은 의식과 무의식 전체를 의미
한다. 스타인은 몇십 년에 걸쳐 연구된 융 분석심리학analytic psychology
의 핵심을 지도로 나타내 우리 정신의 여행을 안내한다. 프로이트의 정
신분석학psychological analysis의 무의식이 억압된 성적 본능에 기초하고
있다면, 융의 분석심리학은 프로이트보다 포괄적인 면을 보여주며 원
형으로서의 집단 무의식을 포함한다. 그래서 융의 분석심리학은 개인
의 의식과 무의식뿐 아니라 집단 무의식을 포괄하는 인간 정신의 전반
을 다루기 때문에 매우 방대하다. 이 책은 융의 이렇게 폭넓은 저작의
핵심을 정리한 것이다. 그러므로 이 책의 모든 진술은 그냥 쉽게 나온
것이 아니라 융에 대한 스타인의 해박한 지식과 이해, 그리고 스타인
자신의 경험에 바탕을 둔 것이다. 이 책의 모든 행간과 단락에는 융 심
리학을 연구하는 학자로서의 열정과 성찰이 배어 있다.

2. 프로이트를 넘어서

스위스 사람 카를 구스타프 융Carl Gustav Jung(1875~1961년)은 분석심리학의 창시자로 알려져 있으며, 융의 무의식의 심리학은 프로이트와의 만남에서 시작되어 결별로 이어지는 과정에서 좀 더 성숙하고 심화된다. 융은 1907년부터 프로이트를 만나 교류하며 그의 정신분석학psychoanalysis에 깊은 관심을 가진다. 그러나 그들의 관계는 오래 지속되지 못하고 1913년에 끝나고 만다. 두 사람 다 꿈에 대해 연구했지만, 융은 성적 문제에 주로 초점을 맞춘 프로이트의 환원주의적 경향에 동의할 수 없었다. 프로이트는 신경증 같은 증세가 성적인 것에 뿌리를 두고 있으며, 꿈은 개인적 원망顯望과 억압된 두려움을 드러낸다고 보았다. 즉 프로이트의 리비도가 주로 성과 죽음의 추동이나 욕망에 근거한 것이라면, 융은 이를 넘어선 정신 에너지의 측면에서 보았다. 이러한 새로운 전망에서 융은 무의식의 자료의 원천이 되는 꿈과 환상에 대한 연구에 천착하면서 원형적 상징 등에 더 관심을 기울였다. 즉 그는 무의식이 개인 무의식에 한정된 것이 아니라 집단 무의식도 있다는 것을 발견하고 이를 통합하려고 했다. 의식의 중심은 자아지만, 무의식은 우리 의식에 창조적 영향을 미친다. 의식의 활동, 그리고 의식과 무의식의 관계에서 형성된 것이 자아ego, 페르소나와 그림자, 아니마와 (또는) 아니무스, 자기self, 그리고 개성화individuation다.

　융이 발견한 의식과 무의식의 정신세계는 상반되는 두 극의 역동적 관계에서 형성된다. 즉 정이 있다면 반이 있고, 이 대극 사이에 에너지가 흐른다. 이러한 에너지 흐름을 통해 대극이 하나로 통합하면서 실현되는 것을 개성화라 한다. 사람이 태어날 때 자아ego는 잠재적 형태로만 있을 뿐이지 모든 것은 자기self다. 즉 갓 태어난 아기는 자아도 없고 의식도 존재하지 않는다. 모든 것은 무의식의 상태다. 그런데 성장하면서 자아가 발달되고, 자아는 자기에서 분리된다. 이러한 과정에서 페르소나와 그림자 대극 등의 갈등이 일어난다. 이 갈등이 해소되고 자아와 자기의 연합이 일어나는 순환적 과정이 개성화다. 성격 발달 과정에서 자아와 자기의 분리 및 연합은 평생 동안 계속 반복되어 일어나는데, 이러한 개성화는 이상적으로 말하자면 자기가 완전히 실현된 상태다. 개성화 과정에서 처음에는 자아의식이 통합되고, 그다음에는 의식과 무의식이 통합되어 전체 정신계에 이른다. 이러한 개성화를 융은 전일성(全一性, wholeness)이라고 부르고 싶어 했다. 우리가 앎에 대한 의식의 가능성을 넘어서는 것이 있음을 안다면, 우리 안에 알려지지 않은 인식 주체, 즉 시간과 공간의 범주를 초월하고 여기와 저기, 지금과 그때 동시에 있는 정신의 한 측면도 존재하는 것이다. 이것이 바로 '자기self'라는 개념이다. 이러한 기본 전제를 두고 이제 스타인의 지도를 따라 융의 심리학이 갖는 구조를 더 구체적으로 추적해보자.

3. 융 심리학의 구조

1) 자아의식과 자아

융 심리학의 핵심은 의식과 무의식이 연합하는 정신의 전일성psychic wholeness 또는 전체 성격personality에 이르는 것이다. 그러므로 인간을 이해하는 데 무의식은 물론 의식에 대한 이해 역시 반드시 필요하다. 융에게 의식이란 타고난 것이며, 유아기부터 시작된다. 자아ego는 의식하고 깨어 있는 상태로서, 내면과 외부 세계에서 일어나는 일을 관찰하고 정리하는 역할을 한다. 이 의식의 중심에 자아가 자리 잡고 있고, 자아는 주로 의식에 제한되어 있다. 자아는 의식의 관리자 역할을 하는 콤플렉스 가운데 하나로서 의식에서 지배적 역할을 한다. 그러므로 자아 없는 의식은 있을 수 없다. 이 자아에 정신의 내용contents이 표상되지만, 의식은 무의식의 내용 일부만 갖고 있는 것이다. 자아가 의식의 중심이라면, 자기self는 의식과 무의식을 포함한 정신 전체의 중심이라고 할 수 있다.

2) 콤플렉스

정신 표층으로서의 자아의식은 개인과 외부 환경의 활발한 상호작용 또는 관계를 통해 발달한다. 그런데 이러한 환경적 요인과 상관없이 일어나는 내면의 작용, 즉 미지의 정신을 융은 무의식이라 한다. 그리고 이 무의식에 존재하는 것, 즉 무의식의 내용을 '콤플렉스complexes'라 한다. 융은 단어 연상 실험을 통해 이러한 무의식의 실재를 밝혀내고자 했으며, 나중에 이것을 '개인' 무의식이라고 불렀다. 그러나 억압된 기억이라고 볼 수 있는 콤플렉스는 개인적 무의식에만 한정되지 않고, 사회적·문화적으로 공유될 수 있다. 여기서 특기할 점은 정신 요소를 이루는 각각의 콤플렉스가 에너지를 갖는다는 것이다. 콤플렉스 가운데 하나인 자아 역시 자유의지라는 특별한 양의 에너지를 갖는다. 강력한 콤플렉스의 배출은 정신적·육체적 에너지를 크게 소비하게 한다. 콤플렉스 에너지가 넘치면 약한 자아를 압도하게 된다.

3) 정신 에너지로서의 리비도

에너지는 물리적 영역뿐 아니라 정신에서도 존재한다. 바로 정신 에너지라고 하는 리비도다. 프로이트는 리비도를 성적 에너지로 한정하고, 정신 에너지는 상당 부분 성적 추동과 이러한 추동의 승화 또는 억압의 결과임을 보여주려고 했다. 융은 프로이트의 이러한 관점을 부정하지는 않지만, 이보다 더 보편적인 정신 에너지를 탐구하고자 했다. 융은 성적 동기나 생각이 인간의 의식과 무의식의 삶에서 점차적으로 은유, 유비, 상징으로 대체되었다고 보았다. 융은 이러한 에너지의 실재를 물리학적 은유를 통해 설명하고자 했다. 에너지는 최종 형태이기 때문에 인과론에 얽매이지 않는다. 이렇게 에너지는 사람의 정신 활동에 영향을 미친다. 물리학의 에너지 보존 법칙처럼, 이 에너지는 정신에서 사라지지 않고 다만 의식에서 사라지는 것이다. 이러한 리비도의 정신 에너지로 하여금 고차원적으로 나아가게 하는 것이 상징이 주는 힘이다. 상징 역시 상당한 에너지를 끌어들인다.

4) 집단 무의식 : 정신의 경계들

　인간의 정신 발달은 백지 상태에서 시작되는 것이 아니다. 사람은 긴 시간에 걸친 진화 과정을 통해 물려받은 무의식을 갖고 태어나는데, 이것을 집단 무의식(원형적 정신)이라고 한다. 이것은 융이 무의식 자료의 원천인 꿈과 환상을 깊이 연구하면서 얻은 결론이다. 집단 무의식은 의식이 야기한 억압과 상관없이 존재하는 무의식 층이다. 이러한 집단 무의식의 내용은 '본능instincts'과 '원형archetypes'이라는 보편적 형태와 힘이 결합된 것으로서, 모든 사람이 부여받은 자연의 선물이다. 본능이 주로 몸의 징후나 본능적 지각과 관련된다면, 원형은 영, 꿈, 이미지, 환상 등과 연관된다. 융은 본능과 원형을 어느 한쪽의 우위 없이 나란히 존재하는 것으로 보았다. 즉 정신 스펙트럼에서 원형과 본능의 양극은 무의식에서 함께 나타난다. 두 양극이 잘 조절될 때 원형은 본능에 형태와 의미를 제공하고, 본능은 있는 그대로의 물리적 에너지를 원형적 이미지에 제공한다.

　그러면 정신psyche의 범위는 어디까지인지에 대한 문제가 제기된다. 정신은 본능과 원형의 두 극poles 사이의 범위를 말한다. 이것을 빛의 적외선과 자외선 스펙트럼으로 설명해보자. 본능은 적외선의 극이고,

원형은 자외선의 극을 표상한다. 본능의 극단에 이른 것은 물질(순수물질)이 되고, 원형의 극단에 이른 것은 영(초월적 마음)이 된다. 그러므로 정신의 과정은 원형의 극과 본능의 극 사이에 흐르는 에너지의 균형을 유지하는 것이다.

정신의 범위

본능(적외선) ⟵⟶ 원형(자외선)

정신은 순수한 몸과 초월적 마음 사이, 즉 물질과 영 사이 공간에 존재하며, 정신의 스펙트럼에서 원형과 본능의 양극은 무의식에서 함께 나타난다. 이러한 본능과 원형의 양극인 외부의 경계는 점차로 '사이코이드psychoid' 영역이 된다. 스타인은 형용사 '사이코이드'를 완벽하지는 않지만 '정신 같은psyche-like' 또는 '유사정신의quasi-psychic'라는 말로 설명한다. 이 유사정신은 다른 활력적인 정신 내용들과 구별된다. 유사정신이라는 새로운 개념의 등장으로 융 심리학은 정신the psychic, 유사정신the psychoid, 비정신the nonpsychic(또는 물질)의 기본 구조를 구성하게 된다. 유사정신은 정신과 비정신의 중간 단계, 즉 경계치threshold의 형태를 취한다. 정신의 양 끝에 있는 유사정신 영역은 정신과 물질(비정신)에 속하지 않은 모호한 지대 또는 경계인 것이다. 역설적으로 이 영역은 영적일 뿐만 아니라 물질적인 측면으로도 보인다. 그래서 유사정신이란 정신처럼 보이거나 정신과 유사하지만, 정신이 하는 것처럼 적절히 파악되지 않는 과정을 설명하는 용어다. 그러므로 원형이란 순전히 정신적이라기보다 유사정신적이다.

이러한 본능과 원형의 극 사이에 있는 정신의 내용은 유사정신을 통과해 집단 무의식으로, 그다음에는 개인 무의식으로 전달되고 마침내 의식에 이르게 된다. 이 스펙트럼의 양 끝에 정보가 의식으로 전달되는 통로가 있다. 정신에서 물질과 영이 서로 만난다. 먼저 이러한 일단의 정보는 집단 무의식으로 들어가고, 이러한 무의식 상태에서 다른 내용과 섞이게 되며, 결국 이렇게 섞인 정보는 직관, 영상, 꿈, 본능적 충동의 지각, 이미지, 감정, 관념의 형태로 의식에 들어간다. 자아는 이렇게 출현하는 무의식의 내용을 처리해서 그 가치를 판단하며, 때론 이렇게 처리된 내용에 따라 행동을 할지 말지 결정한다. 이러한 유사정신의 개념은 융 심리학에서 가장 중요하면서도 가장 난해한 부분이다.

5) 페르소나와 그림자

다양한 잠재 인격의 짝인 페르소나와 그림자는 보완적 구조를 이루며, 성장한 모든 인간 정신에 존재한다. 페르소나는 공적인 것에 반응하며, 그래서 '공적 인물'로 존재한다. 페르소나는 자아의식과 어느 정도 동일하며, 개인의 정신적·사회적 정체성을 형성한다. 이에 반해 자아가 제어할 수 없는 무의식의 정신 요소 가운데 하나가 그림자인데, 자아는 보통 그림자의 발산을 그다지 인식하지 못할 뿐만 아니라, 직접적으로 경험하는 것은 아니지만 자아의식이 거절한 것이 그림자가 된다. 자아의식이 긍정적으로 받아들여 동일시하고 흡수하는 것은 자아와 페르소나의 일부가 된다. 그러므로 그림자와 페르소나는 자아의 양극성으로서 정신에 위치해 있는 대극적 짝이다. 텔레비전 드라마 〈킬미 힐미〉나 〈하이드 지킬, 나〉의 내용처럼,《지킬 박사와 하이드 씨》의 주인공은 페르소나와 그림자가 제대로 통합되지 못하고 완전히 분열된 모습을 보여준다.

6) 아니마와 아니무스

자기와 자아의식을 연결하는 원형 이미지는 중간 영역, 즉 융이 '아니마anima'와 '아니무스animus'라고 일컬은 정신의 원형적 인물들이다. 남성에게 아니마는 여성적 인물이고, 여성에게 아니무스라는 내적 인물은 남성적이다. 아니마와 아니무스는 그림자보다 더 심층적인 무의식을 표상하는 정신의 원형적 인물들이고, 페르소나를 보완하며, 자아를 정신의 최심층인 자기self가 드러내는 이미지 및 경험과 연결해주는 정신의 한 구조다.

7) 중년의 위기와 '자기(self)'의 발견

융은 프로이트와 결별한 뒤 중년의 위기와 맞물린 내적 혼란을 겪었는데, 이 기간은 그에게 내적 추구의 시간이기도 했다. 그는 자신에게 닥친 중년의 위기를 통해 인생에는 중대한 전환점이 있다는 것을 인식하게 된다. 다름 아니라 인생은 전반기와 후반기로 나뉜다는 것이다. 프로이트는 인생 전반기the first half of life의 문제에 전적으로 매달려 있는 데 반해, 융은 인생 후반기the second half of life가 더 중요하다고 보았다. 인생 전반기는 출생, 아동기, 청년기, 초기 성년기인데, 주로 외부 세계에 적응하면서 독립을 추구하는 시기로서 강한 자아를 확립하게 된다. 인생 전반기에 관련해서 프로이트와 융이 같은 관점을 취했지만, 융은 더 나아가 외부 세계뿐만 아니라 내면세계, 즉 무의식에 대해 깊이 의식하는 시기에 대해 관심을 기울였다. 인생 후반기는 성인기에 도달하는 누구에게나 오지만, 내면세계에 대한 탐구는 아무에게나 쉽게 오는 것이 아니다. 이러한 중년의 위기 때, 융은 정신의 전일성과 질서를 가장 근본적으로 설계하는 설계가인 '자기self'를 발견하게 된다. 그는 모든 원형적 정보의 형태들이 단일한 원천인 자기에서 온다고 보았다.

정신계가 파편화되는 위험이 있을 때, 자기는 전일성에 이르게 되도록 보상적 상징을 산출한다. 이때가 바로 자기의 원형이 연합하려고 하는 시점이다. 자기는 서서히 경험적으로, 자발적으로 의식 안으로 출현한다. 즉 전일성은 자기가 의식에서 실현될 때 일어난다. 이러한 자기의 전일성 실현이 표현된 것이 사위체quaternity 또는 만다라라는 상징 형태들이다. 이러한 자기의 상징은 원형 자체에서 나와 원형적인 유사정신 지역을 통과해 정신에 전달된다. 이러한 형태를 융은 이 책 8장에서처럼 도표로 설명하려고 시도한다. 이들 도표는 앞서 설명한 유사정신, 즉 본능의 극인 물질과 원형의 극인 영 사이에 존재하는 자기의 구조를 보여준다. 정신의 여러 층으로 하강하면 순수 에너지에 이르고 상승하면 영의 세계에 이르게 되는데, 이러한 사위체들은 최고의 대극, 즉 정신과 물질의 최극단에서 만난다. 이렇게 정신계에 등장하는 수많은 요인들 사이의 균형을 맞춰주는 것이 자기다. 자기는 주체가 존재의 구조인 세계와 공통성을 갖는 데 필요한 근거를 제공한다. 즉 자기는 융 심리학의 우주에서 자석처럼 끌어당기는 중심이며, 개성화가 실현되는 성격의 전일성이다.

8) 자기의 실현으로서의 개성화

자기를 실현하는 개성화는 융 심리학에서 중추적 역할을 하는 것으로서, 개인이 무의식의 내용들을 의식화하려는 고투에서 얻는 결과로 일어난다. 정신의 자기 조절 기능인 개성화 과정은 인간의 생애 내내 다양한 형태로 성장을 거듭하고, 수많은 변화 단계를 통해 경험된다. 개성화는 삶의 전반부에서 일어나는 자아와 페르소나의 발달을 넘어서는 것이다. 그림자는 아직 통합되지 않았고, 아니마와 아니무스는 무의식으로 남아 있으며, 자기는 이러한 배후에서 중요한 역할을 한다 해도 직접적으로 포착될 일은 거의 없다. 이렇게 무의식으로 남아서 투사된 형태로만 나타나는 그림자와 아니마(여성의 경우 아니무스)를 받아들여, 즉 이미지화를 통해 의식화하면서 통합해가는 가운데 개성화는 실현된다. 그래서 인생 후반기에 주로 전개되는 개성화는 성격 전체의 통일을 지향한다. 한 사례로서 융은 어느 여성 환자가 그린 만다라 그림을 통해 개성화가 일어나는 과정, 즉 한 사람의 정신이 전인격으로 성숙하는 과정을 보여준다.

9) 인과성을 뛰어넘는 동시성

융은 정신과 물리적 세계의 상관관계와 대응 관계 문제를 해결하려고 시도했다. 정신은 인간존재에서만, 그리고 우주로부터 고립된 상태에서 자체를 소진해버리는 것이 아니다. 정신과 세계가 긴밀히 상호작용하며 서로를 비추는 차원이 있다. 이것이 가능한 것은 정신과 비정신 사이에 존재하는 경계 지역인 유사정신 때문이다. 정신과 물리적 연속에 동일성이 존재하며, 이러한 동일성은 서로 비교할 수 없는 것처럼 보이는 물리적 세계와 정신적 세계 관계에 다리를 놓아주는 것이다. 융은 물질과 정신 둘 다를 포괄하고 시간과 영원의 다리를 놓아 단일 통일 체계를 지향하는 이론을 제시했다. 이것이 바로 '동시성synchronicity' 이론이다. 인간의 정신과 특별한 연관이 없어도 세계에는 비인과적 질서가 존재한다. 이러한 동시성의 아이디어는 아마도 융이 깊은 관심을 보였던 연금술에서 통찰을 얻어, 물질과 정신이라는 양극이 갖는 역동적 관계를 끊임없이 탐구한 결과일 것이다. 집단 무의식에 나타나는 원형은 사이코이드 양상(유사정신의 양상)을 드러내는데, 이 때문에 동시성이란 현상이 일어난다. 이러한 동시성 이론은 융의 가장 과감한 이론이며, 과학적 검증을 초월한 형이상학적 함의를 지닌다. 그러므로 과학적 검증의 단계가 아닌 융의 사색speculation의 과정에서 나온 이 부분은 우리에게 숙고의 여지를 남기며, 새로운 도전을 안겨준다.

4. 맺는말

이상으로 옮긴이는 머리 스타인의《융의 영혼의 지도》에 대한 약도를 그려보았다. 스타인이 지적했듯이 융은 철학자 헤겔이나 신학자 틸리히 같은 체계적 사상가는 아니지만, 그가 포괄하는 사상은 심리학을 넘어 철학, 종교학, 생물학, 물리학을 넘나들면서 가장 독창적인 집단 무의식 이론을 제시했다. 이런 점에서 그의 복잡한 사상을 한 분야로 환원하기는 어렵다. 이 책의 저자 머리 스타인은 이 점을 잘 간파하고 융을 융답게 이해하는 데 진력하고 있다. 스타인은 예일대 신학대학원을 졸업하고 시카고대학에서 박사 학위를 받았으며, 취리히 '융 연구소'에서 훈련을 받은 융 심리학 전문가다. 또한 미국 장로교회에서 목사 안수를 받은 교역자이기도 하다. 스타인이 신학도 공부했다고 해서 이 책을 융에 대한 기독교적 해석으로 오해해서는 안 된다. 오히려 이 책에서는 스타인 자신의 개인적·사상적 배경을 배제하고 융 사상을 최대한 잘 이해해 해설하고자 하는 노력이 엿보인다. 이 책은 '사이코이드'라는 말을 포함해 융의 난해한 개념들을 실제로 우리가 경험하거나 알 수 있는 사례를 들어 친절히 설명한 새로운 개론서다. 그러므로 이 책은 융의 심리학 자체를 이해하려는 독자뿐 아니라 문학이나 종교학 또는 다른 과학적 분과에서 공부하는 누구에게나 추천할 만하다고 볼 수 있다. 그러나 스타인 스스로 고백했듯이, 융 사상의 광대한 맥을 한 권의 책으로 정리한다는 점에서 야심이 과하다는 느낌도 든다. 이러한 스타인의 야심에서 자유로울 수 없는 옮긴이 역시 번역하면서 많은 고심을 해야 했다.

　이 책에서 스타인이 혼용하고 있는 '정신 psyche'과 '영혼 soul'은 동의

어로 봐도 무방하며, '성격personality'도 의미상 거의 차이가 없다고 볼 수 있다. 이 책을 번역하면서 적절한 말을 찾는 데 어려움을 겪었다. 'personality'는 '성격'으로, 'multiple personality'는 많이 통용되는 '다중 인격'으로 번역했다. 'psychoid'는 형용사인데, 정신과 유사하지만 정신이 아니라는 의미를 갖는다. 의도적으로 명사형이 아닌 형용사형으로 쓴 것 자체가 의미를 실체화하는 것을 거부한다는 맥락에서, 완벽히 적합하지는 않겠지만 '유사정신의'로 번역했다. 대부분 개론서가 언급하지 않은 융의 핵심 개념인 '유사정신의'라는 말을 논의의 핵심으로 삼은 스타인의 이 개론서는 융 심리학 이해의 새로운 지평을 열었다고 할 수 있다. 'Constellation'이라는 말 역시 문자적으로는 성좌 또는 별자리를 뜻하지만, 무의식 내용이 의식에 별자리처럼 적극적으로 자리 잡는다는 점에서 '포진'이라는 말을 택했다. 융이 제시한 도형적 이미지를 살리기 위해 'trinity'는 '삼위'나 '삼위일체' 대신 '삼위체'로, 'quaternity'는 '사위'나 '사위일체' 대신 '사위체'로 번역했다. 스타인이 융의 글을 직접 인용한 부분은 최대한 원문을 찾아 애매한 부분을 확인하면서 번역하려고 노력했다. 스타인도 융의 심리학적 유형론에 대해 설명하고 자주 논하고는 있지만 참고로 좀 더 설명하자면,

융의 심리학적 유형론은 심리적 방향, 즉 정신 에너지의 운동과 관련된 것이다. 첫째, 성격의 태도로서 내향성introversion과 외향성extraversion 두 가지가 있고, 둘째, 적응의 형태를 설명하는 심리적 방향으로서 사고thinking, 감각sensation, 직관intuition, 감정feeling 네 가지가 있다. 사람에게서 이들 네 기능 중 하나는 더 발달된 주 기능이고, 나머지는 그렇지 않은 부차적 기능들이다. 이들 네 기능 각각은 내향성, 외향성과 결합되어 사람마다 다양한 성격의 유형을 갖게 한다.

옮긴이가 이 책을 번역하게 된 것은 캐나다 캘거리대학 심리학과 이기범 교수의 소개 및 추천을 통해서다. 번역자 선정은 문예출판사의 몫이었지만, 종교학을 공부하는 사람으로서 이 책을 번역하기로 지원한 것은 융의 사상이 비의적esoteric 종교 전통과 무관하지 않기 때문이었다. 번역하는 동안 융의 책들과 융에 대한 연구서들을 다수 병행해 읽으면서 그에 대한 이해의 폭을 넓힐 수 있었다. 하지만 옮긴이가 타국에 살고 있어서 한글로 된 융 관련서를 거의 참조하지 못한 아쉬움은 크다. 이 책을 번역할 수 있도록 소개와 추천을 해주시고, 번역 초기에 조언을 해주신 이기범 교수께 감사드린다. 또한 문예출판사 홈페이지 게시판을 통해 이 책을 처음으로 한국에 소개한 김상현 님의 서평도 도움이 되었기에 감사한다. 그리고 지체된 번역 원고를 오래 기다리고 원고 교정과 편집을 맡아준 편집부 여러분께 감사의 말을 전한다. 특히 교정자의 꼼꼼한 지적은 마지막 교정을 하는 데 크게 도움이 되었다. 이 점에 깊이 감사한다.

이 책은 머리 스타인의 *Jung's Map of the Soul : An Introduction* (Chicago, Illinois : Open Court, 2013)을 원본으로 삼았다. 2015년 5월 현재 이 책은 아마존(www.amazon.com)에 독자 리뷰 27개가 달려 있고, 평점은 거의 별 5개일 정도로 호평을 받고 있다. "지도는 영토가 아니다"라는 말이 있지만, 지도는 진짜 영토를 찾아가는 안내 역할을 한다. 이 책은 융 사상의 바다를 항해하는 데 필요한 지도다. 앞으로 융 사상의 영토에 들어온 독자는 융의 분석심리학 자체를 이해하고 적용하는 데 매진할 수 있을 것이며, 누군가는 신화나 상징 연구에 도움을 받을 수 있을 것이다. 종교학도는 융 사상이 종교 현상에서 어떤 위치를 갖는지 그 역사적 과정이나 현상학적 구조를 살펴볼 수 있을 것이다.

김창한

찾아보기

옮긴이 **김창한**

캐나다 캘거리대학 종교학과 박사 과정을 졸업(종교학 박사)했다.
캘거리대학, 엠브로즈대학, 부스대학 등에서 세계종교와 신종교 등을
가르쳤으며, 현재는 부스대학 강사로 있다.

융의 영혼의 지도

1판 1쇄 발행 2015년 8월 14일
1판 15쇄 발행 2023년 10월 1일

지은이 머리 스타인 | 옮긴이 김창한
펴낸곳 (주)문예출판사 | 펴낸이 전준배
출판등록 1966. 12. 2. 제 1-134호
주소 04001 서울시 마포구 월드컵북로 21
전화 393-5681 | 팩스 393-5685
홈페이지 www.moonye.com | 블로그 blog.naver.com/imoonye
페이스북 www.facebook.com/moonyepublishing | 이메일 info@moonye.com

ISBN 978-89-310-0973-6 93180

◦ 잘못 만든 책은 구입하신 서점에서 바꿔드립니다.

문예출판사® 상표등록 제 40-0833187호, 제 41-0200044호